Fabian Grabbe/Almut Küppers/
Ursula Lassert/Jutta von der Lühe-Tower

5.–8. Klasse

Deutsch komplett

Alle wichtigen Regeln
mit Beispielen erklärt

Mit extra
Rechtschreibteil!

Autoren:
Jutta von der Lühe-Tower: Deutsch 5./6. Schuljahr
Ursula Lassert: Deutsch 7./8. Schuljahr
Ursula Lassert: Deutsch Rechtschreibung 5./6. Schuljahr
Almut Küppers/Fabian Grabbe: Deutsch Rechtschreibung 7./8. Schuljahr

9 783129 200780

Bibliografische Information der Deutschen Bibliothek
Die Deutsche Bibliothek verzeichnet diese Publikation in der Deutschen Nationalbibliografie; detaillierte bibliografische Daten sind im Internet über http://dnb.ddb.de abrufbar.

Auflage 4. 3 2. | 2012 2011 2010
Die letzten Zahlen bezeichnen jeweils die Auflage und das Jahr des letzten Druckes.

Dieses Werk folgt der reformierten Rechtschreibung und Zeichensetzung. Ausnahmen bilden Texte, bei denen künstlerische, philologische oder lizenzrechtliche oder andere Gründe einer Änderung entgegenstehen.

Druck: Medienhaus Plump, Rheinbreitbach
Printed in Germany
ISBN 978-3-12-920078-0

Inhaltsverzeichnis

Dieses Buch enthält

Deutsch
5./6. Schuljahr

Inhaltsverzeichnis Deutsch 5./6. Schuljahr

Wortarten

1. Die Wortarten im Überblick

lateinische Bezeichnung	deutsche Bezeichnung	Beispiele
Verb	Tätigkeitswort, Zeitwort	sehen, laufen, sein
Substantiv / Nomen	Namenwort, Hauptwort	Haus, Stuhl, Liebe, Idee, Zeit
Adjektiv	Eigenschaftswort	klein, grün, still
Artikel	Begleiter	der, die, das; ein, eine
Pronomen	Fürwort	ich, wir; sich; mein, unser; dieser; welche
Numerale	Zahlwort	eins, erster, viele, alle
Adverb	Umstandswort	heute, nie, abends, dort
Präposition	Verhältniswort	am, über, im, auf, vor
Konjunktion	Bindewort	oder, da, wenn, und, weil, damit, obwohl
Interjektion	Ausrufewort	Hu! Oje! Aua!

1 **Substantiv, Artikel, Adjektiv** und **Pronomen** sind **deklinierbare Wortarten.** Das bedeutet, dass sie ihre Form je nach Kasus (Fallsetzung: der Vater, des Vaters, dem Vater ...) und Numerus (Singular/Plural: das schöne Bild – die schönen Bilder) **verändern**.

2 Auch das **Verb** ist eine **veränderliche Wortart,** weil es seine Form entsprechend der Anzahl der Personen und der gewählten Zeit verändert. Dies bezeichnet man als **Konjugation:** ich gehe; wir gingen; ihr seid gegangen.

3 **Adverb, Präposition, Konjunktion** und **Interjektion** sind **Partikeln.** Diese Wortarten können **nicht verändert** werden.

2. Das Verb

1 Verben bezeichnen eine Handlung, einen Vorgang oder einen Zustand. Sie werden **konjugiert,** das heißt, sie verändern ihre Form. Diese **finite Verbform** nennt man auch **Personalform.** Sie bildet im Satz das **Prädikat** und stimmt in Person und Numerus immer mit dem Subjekt überein.

Beispiele: Max schreibt. Wir schreiben. Ich schreibe nicht.

2 Die **Personalform eines Verbs** zeigt zugleich Folgendes an:

Person	ich schreibe (1. Person), du schreibst (2. Person)
Numerus (Zahl)	ich schreibe (Singular) wir schreiben (Plural)
Tempus (Zeit)	ich schreibe (Präsens) ich schrieb (Präteritum)
Genus (Aktiv oder Passiv)	Ich **schreibe** einen Brief. (Aktiv) Der Brief **wird geschrieben.** (Passiv)
Modus (Aussageweise): **Indikativ** (Wirklichkeitsform) oder **Konjunktiv** (Möglichkeitsform)	ich schreibe ich schriebe (wenn ich könnte)

3. Die Stammformen des Verbs

1 Mit Hilfe der Stammformen eines Verbs können **alle Zeitformen** gebildet werden.

1. Stammform	**Infinitiv:** singen	**= Präsensstamm**
2. Stammform	**1. Person Singular Präteritum:** (ich) sang	**= Präteritumstamm**
3. Stammform	**Partizip II/ Partizip Perfekt:** gesungen	**= Perfektstamm**

2 **Starke Verben** ändern im Präteritum den Stammvokal (singen – ich sang). Das Partizip Perfekt erhält die Vorsilbe ge- und endet auf -en.
Bei **schwachen Verben** bleibt der Stamm unverändert. Das Präteritum wird durch die Nachsilbe -te gebildet, das Partizip Perfekt erhält ebenfalls die Vorsilbe ge- und endet auf -t.

	Infinitiv	Präteritumstamm	Perfektstamm
schwache Verben	lachen reden packen	lachte redete packte	gelacht geredet gepackt
starke Verben	gehen fahren laufen	ging fuhr lief	gegangen gefahren gelaufen

4. Die Partizipien

1 Das **Partizip Präsens** (Mittelwort der Gegenwart) bildest du, indem du an den Infinitiv eines Verbs ein -d anhängst. Im Deutschen wird es hauptsächlich als **Adjektiv** verwendet und wie dieses **dekliniert.** Wie alle Adjektive kann es auch **substantiviert** werden.

Infinitiv	Partizip Präsens	Beispiel
schreiben	schreibend	Die **schreibenden** Schüler waren mucksmäuschenstill.
warten	wartend	Die **Wartenden** wurden ungeduldig. (Substantivierung)

2 Das **Partizip Perfekt** bezeichnet den Abschluss eines Geschehens oder Zustands. Es endet auf -en (starke Verben, z. B. gefahren) oder auf -t (schwache Verben, z. B. gemalt). In den meisten Fällen hat es die Vorsilbe ge-. Die deutsche Bezeichnung **Mittelwort** für das Partizip Perfekt weist darauf hin, dass es zwei Wortarten angehört.

Als **Verb** wird das Partizip Perfekt für die **zusammengesetzten Zeiten** und für das **Passiv** benutzt.	Ich habe/hatte **geschrieben.** Der Chor hat schön **gesungen.** Der Brief **wird** gerade **geschrieben.**
Das Partizip Perfekt kann jedoch auch die Aufgabe eines **Adjektivs** erfüllen (und wird entsprechend **dekliniert**).	Der **gebrauchte** Wagen war knallrot. Das eben **aufgehängte** Bild war bereits voller Staub.

5. Die Zeitformen im Überblick

Die Verben der deutschen Sprache lassen sich in folgende Zeiten setzen:

Zeitform (Tempus)	Zeitstufe	Beispiele
Präsens (Gegenwart)	Gegenwart	ich spiele, wir gehen, sie schreiben
Perfekt (vollendete Gegenwart)		ich habe gespielt, wir sind gegangen, sie haben geschrieben
Präteritum / Imperfekt (Vergangenheit)	Vergangenheit	ich spielte, wir gingen, sie schrieben
Plusquamperfekt (vollendete Vergangenheit)		ich hatte gespielt, wir waren gegangen, sie hatten geschrieben
Futur I (Zukunft)	Zukunft	ich werde spielen, wir werden gehen, sie werden schreiben
Futur II (vollendete Zukunft)		ich werde gespielt haben, wir werden gegangen sein, sie werden geschrieben haben

6. Präsens und Perfekt

1 Das Präsens bezeichnet eine Handlung, die **gerade in dem Augenblick** des Sprechens oder Schreibens **stattfindet.**

Singular	Plural
ich sehe, gehe du siehst, gehst er, sie, es sieht, geht	wir sehen, gehen ihr seht, geht sie sehen, gehen

2 Das Präsens drückt auch **Allgemeingültiges** oder sich **wiederholende Vorgänge** aus.

Beispiele: Die Erde ist rund. Heute regnet es. Du kommst immer zu spät.

3 Du kannst das Präsens auch für **Zukünftiges** verwenden (jedoch mit entsprechender Zeitangabe).

Beispiel: Ich fahre morgen in den Urlaub.

4 Das **Perfekt** bezeichnet ein Geschehen, das in der Vergangenheit abgeschlossen wurde, **für die Gegenwart aber noch Bedeutung hat.**

Beispiel: Ich habe angenommen, dass er schon angekommen ist.

5 Das Perfekt gehört zu den **zusammengesetzten Zeiten**. Um es zu bilden, brauchst du das **Partizip Perfekt** und eine Form der **Hilfsverben** haben oder sein.

Singular	Plural
ich habe gesehen, bin gegangen du hast gesehen, bist gegangen er, sie, es hat gesehen, ist gegangen	wir haben gesehen, sind gegangen ihr habt gesehen, seid gegangen sie haben gesehen, sind gegangen

7. Präteritum und Plusquamperfekt

1 Das **Präteritum** bezieht sich auf ein vergangenes Geschehen. Du findest es häufig in Erzählungen oder auch Berichten. **Starke Verben** verändern im Präteritum ihren Stammvokal (sehen – sah). Schwache Verben hängen ein -te an (hören – hörte).

Beispiele: Ich sah einen Unfall, als ich zur Schule ging.
Ich meldete ihn der Polizei.

2 Das **Plusquamperfekt** bezeichnet die **Vergangenheit zum Präteritum**. Es kommt fast nur in Verbindung mit dem Präteritum vor und drückt dann **Vorzeitigkeit** aus. Du benötigst zu seiner Bildung die Hilfsverben haben oder sein und das **Partizip Perfekt**.

Beispiele: Nachdem ich den Unfall gesehen hatte, meldete ich ihn der Polizei.
Obwohl Rita schon lange fortgegangen war, blieb Max noch wie angewurzelt stehen.

8. Futur I und Futur II

1 Für eine Handlung, die in der Zukunft stattfinden wird, verwendest du das **Futur I**. Dazu benötigst du eine Form des **Hilfsverbs** werden und den **Infinitiv Präsens** eines weiteren Verbs (z. B. ankommen, landen).

Beispiele: Er wird morgen ankommen.
Dann werde ich ihn abholen.

2 Das **Futur II** kommt im Deutschen selten vor. Es bezeichnet ein abgeschlossenes Geschehen, das erst in der Zukunft stattfinden wird. Für das Futur II benötigst du ebenfalls eine Form des **Hilfsverbs** werden, außerdem das **Partizip Perfekt** und den **Infinitiv** von haben oder sein.

Beispiele: Um 12 Uhr wird das Flugzeug gelandet sein.
Dann werde ich angekommen sein.

9. Genus Verbi: Aktiv und Passiv

1 Den Inhalt von vielen Sätzen kannst du auf zwei verschiedene Weisen ausdrücken: Im **Aktiv** geht die Handlung vom Subjekt aus, das **Subjekt steht im Mittelpunkt.** Im **Passiv** steht **der Vorgang oder der Zustand im Vordergrund.**

Aktiv	Frau Mahlmann **kauft** ein altes Bild.
Passiv	Das alte Bild **wird** von Frau Mahlmann **gekauft.** (Vorgang) Das alte Bild **ist verkauft.** (Zustand)

2 Um das Passiv zu bilden, brauchst du eine Form von werden bzw. sein und das **Partizip Perfekt** eines Verbs.

Aktiv	reparieren	Sie **repariert** das Auto.
Vorgangspassiv	repariert werden	Das Auto **wird** (von ihr) **repariert.**
Zustandspassiv	repariert sein	Das Auto **ist repariert.**

Aktiv	waschen	Er **wäscht** das Auto.
Vorgangspassiv	gewaschen werden	Das Auto **wird** (von ihm) **gewaschen.**
Zustandspassiv	gewaschen sein	Das Auto **ist gewaschen.**

3 Auch in Passivsätzen können **sämtliche Zeiten** vorkommen. Dabei zeigen die Hilfsverben werden und sein die Zeitformen an und werden mit dem **Partizip Perfekt des Verbs** kombiniert.

	Aktiv	Vorgangspassiv	Zustandspassiv
Präsens	Sie schreibt den Brief.	Der Brief **wird geschrieben.**	Der Brief **ist geschrieben.**
Perfekt	Sie hat den Brief geschrieben.	Der Brief **ist geschrieben worden.**	Der Brief **ist geschrieben gewesen.**
Präteritum	Sie schrieb den Brief.	Der Brief **wurde geschrieben.**	Der Brief **war geschrieben.**
Plusquamperfekt	Sie hatte den Brief geschrieben.	Der Brief **war geschrieben worden.**	Der Brief **war geschrieben gewesen.**
Futur I	Sie wird den Brief schreiben.	Der Brief **wird geschrieben werden.**	Der Brief **wird geschrieben sein.**
Futur II	Sie wird den Brief geschrieben haben.	Der Brief **wird geschrieben worden sein.**	Der Brief **wird geschrieben gewesen sein.**

10. Der Imperativ

1 Der Modus bezeichnet die Art der Verbaussage. Anhand des Modus kannst du erkennen, wie die Satzaussage einzuschätzen ist. Es gibt insgesamt **drei Modi**: **Imperativ** (Befehlsform), **Indikativ** (Wirklichkeitsform) und **Konjunktiv** (Möglichkeitsform).

2 Der **Imperativ** drückt **eine Aufforderung, einen Befehl** oder **eine Bitte** aus.

	Imperativ
Singular	**Gib** mir mein Heft! **Lass** mich schlafen!
Plural	**Gebt** mir mein Heft! **Lasst** mich schlafen!
Höflichkeitsform (beim Siezen)	**Geben Sie** mir bitte mein Heft! **Lassen Sie** mich doch bitte schlafen!

11. Der Indikativ

Der **Indikativ** (Wirklichkeitsform) drückt aus, dass ein Geschehen **wirklich** stattfindet, stattfand oder stattfinden wird. Dies gilt auch für das Erzählen von erfundenen Geschichten. Der Indikativ ist die gebräuchlichste Aussageweise.

Beispiele: Max nimmt zwei Löffel Zucker.
Er soll hoch leben.
Die Prinzessin ging nach Hause.
Morgen wird schlechtes Wetter sein.
Petra sagt: „Ich habe Hunger."

12. Konjunktiv

1 Der Konjunktiv (Möglichkeitsform) ist dann zu benutzen, **wenn man einer Sache nicht so sicher ist.** Man benutzt den Konjunktiv auch, wenn man einen **Wunsch** oder eine **Aufforderung** ausdrücken will.

Beispiele: Ich glaubte, er sei krank.
Der Wetterbericht sagt, es gebe Regen.
Er lebe hoch!
Man nehme zwei Löffel Zucker!
Seien Sie doch ruhig!

2 Beim Konjunktiv unterscheidet man **Konjunktiv I und II**, die folgendermaßen gebildet werden:

Konjunktiv I leitet seine Formen vom Indikativ des Präsens ab. Er unterscheidet sich vom Indikativ Präsens nur in der 3. Person Singular.	er fährt – er **fahre** sie geht – sie **gehe** er ist – er **sei** sie hat – sie **habe** sie lacht – sie **lache** es regnet – es **regne** er gießt – er **gieße**
Konjunktiv II leitet seine Formen vom Indikativ des Präteritums ab. Er unterscheidet sich nur bei den starken Verben vom Indikativ.	er fuhr – er **führe** (**würde fahren**) sie flogen – sie **flögen** sie lag – sie **läge** ich war – ich **wäre** sie hatten – sie **hätten** ihr nahmt – ihr **nähmt** ich sang – ich **sänge** sie wurde – sie **würde**

3 Der **Konjunktiv I** ist sehr wichtig zur Kennzeichnung der **indirekten Rede.** Dadurch wird deutlich, dass hier die **Aussage einer anderen Person wiedergegeben wird.** Es bleibt die Möglichkeit offen, dass das Gesagte vielleicht nicht stimmt oder auf einem Irrtum beruht. Wenn Indikativ und Konjunktiv I gleich lauten, verwendet man für die indirekte Rede den Konjunktiv II.

Direkte Rede (Indikativ)	Indirekte Rede (Konjunktiv)
Maria rief aus: „Ich **bin** wirklich unschuldig. Ich **habe** nichts damit zu tun!“	Maria rief aus, dass sie unschuldig **sei** und nichts damit zu tun **habe.** (Konjunktiv I)
Die Kinder sagten: „Wir **kommen** pünktlich.“	nicht: Die Kinder sagten, dass sie pünktlich kommen. (Konjunktiv I gleich lautend mit Indikativ) **sondern:** Die Kinder sagten, dass sie pünktlich **kämen.** (Konjunktiv II)

4 Der Konjunktiv II bringt zum Ausdruck, dass **an dem Geschehen gezweifelt wird** und dass sich das Geschehen in Wirklichkeit nicht ereignet.

Beispiel: Er sagte, er hätte kein Geld mehr. (Ich glaube ihm nicht.)
Wenn er doch ehrlicher wäre. (Das ist er aber nicht.)

13. Modalverben

1 Bei den Verben unterscheidet man **Vollverben, Hilfsverben** und **Modalverben.**

2 **Vollverben** können allein das Prädikat bilden.

Beispiele: lesen (Er liest.); lachen (Sie lacht.)

3 Die drei **Hilfsverben** haben, sein und werden sind zur Bildung der **Zeiten** und des **Passivs** notwendig. Sie können im Allgemeinen nicht allein stehen.

Beispiele: sie haben gelesen, sie sind gegangen, sie wurden gesehen.

4 Die **Modalverben** können, müssen, mögen, sollen, wollen und dürfen bestimmen die **Art des Geschehens.**

Möglichkeit	Es **kann** morgen kalt sein. Das **mag** wohl richtig sein.
Fähigkeit	Er **kann** gut schreiben.
Erlaubnis	Du **darfst** fernsehen. Du **kannst** jetzt fernsehen.
Notwendigkeit	Die Aufgabe **muss** richtig sein.
Pflicht	Er **soll** pünktlich sein.
Wunsch und Absicht	Ich **will** nach Hause gehen. Wir **wollen** verreisen.

14. Das Substantiv

1 Substantive bezeichnen **Lebewesen** (Mädchen, Hund, Baum), **Dinge** (Tür, Auto) oder **abstrakte Sachverhalte und Gedanken** (Idee, Liebe, Einsicht) mit Namen. Deshalb heißen Substantive auch Nomen (Namenwörter).

2 Jedes Substantiv hat ein **Geschlecht (Genus)**, das du am begleitenden Artikel erkennen kannst.

Beispiele: der Baum (Maskulinum/männlich)
die Tür (Femininum/weiblich)
das Radio (Neutrum/sächlich)

3 Die meisten Substantive können im **Singular** (Einzahl) und im **Plural** (Mehrzahl) auftreten. Der Plural kann unterschiedlich gebildet werden.

Singular	Plural
der Mensch	die Menschen
das Floß	die Flöße
die Mutter	die Mütter
das Auto	die Autos
die Verkäuferin	die Verkäuferinnen

4 Je nach ihrer Stellung im Satz stehen die Substantive in einem bestimmten **Fall (Kasus).** Sie verändern dabei ihre Form, das heißt, sie werden **dekliniert.** Es gibt vier **verschiedene Fälle,** die man jeweils durch bestimmte Fragen erkennen kann.

	Singular (Einzahl)		
Kasus	**Maskulinum**	**Femininum**	**Neutrum**
Nominativ: Wer? (1. Fall/Wer-Fall)	der Baum	die Maus	das Auto
Genitiv: Wessen? (2. Fall/Wes-Fall)	des Baumes	der Maus	des Autos
Dativ: Wem? (3. Fall/Wem-Fall)	dem Baum	der Maus	dem Auto
Akkusativ: Wen oder was? (4. Fall/Wen-Fall)	den Baum	die Maus	das Auto

	Plural (Mehrzahl)		
Kasus	**Maskulinum**	**Femininum**	**Neutrum**
Nominativ: Wer?	die Bäume	die Mäuse	die Autos
Genitiv: Wessen?	der Bäume	der Mäuse	der Autos
Dativ: Wem?	den Bäumen	den Mäusen	den Autos
Akkusativ: Wen oder was?	die Bäume	die Mäuse	die Autos

15. Der Artikel

1 Substantive werden häufig von Artikeln begleitet. **Unbestimmte Artikel** (einer, eine, ein) bezeichnen bislang Unbekanntes. **Bestimmte Artikel** (der, die, das) bezeichnen Bekanntes oder etwas Allgemeines.

2 Artikel gehören zu den veränderbaren Wortarten, sie werden **dekliniert. Mit dem zugehörigen Substantiv stimmen Artikel immer im Genus (Geschlecht), Numerus (Zahl) und Kasus (Fall) überein.**

Beispiele: Der Hund sprang über das Gartentor. (**Nominativ/1. Fall**)
Das Halsband des Hundes war verschwunden. (**Genitiv/2. Fall**)
Mia sah den Hund wegrennen. (**Akkusativ/4. Fall**)

16. Das Pronomen

Fürwörter heißen auf lateinisch Pronomen. Die lateinische Bezeichnung **Pronomen** bedeutet „für ein Nomen". Man kann daran erkennen, dass ein Pronomen ein Nomen (Substantiv) ersetzt. Es kann deshalb wie das Substantiv in allen **vier Fällen** stehen und im **Singular** und **Plural** vorkommen. Man unterscheidet:

Personalpronomen (persönliches Fürwort)	**ich, du, er, sie, es, wir, ihr sie** **Du** kannst gerne heute Nachmittag zu **mir** kommen.
Possessivpronomen (besitzanzeigendes Fürwort)	**mein, dein, sein, ihr, unser, euer, ihr** Das ist **meine** CD!
Demonstrativpronomen (hinweisendes Fürwort)	**dieser, jener, derjenige, derselbe, solcher, der, die, das** **Diese** Muster finde ich super! **Der** da hat mir meine Inline-Skates geklaut!
Relativpronomen (bezügliches Fürwort) Es leitet Relativsätze ein.	**welcher, wer, was, der, die, das** Der Hund, **der** gestern gebellt hat … Die Katze, **welche** laut miaut …
Reflexivpronomen (rückbezügliches Fürwort) Es ist ein Bestandteil der reflexiven Verben z. B. sich bemühen.	ich bemühe **mich;** du bemühst **dich;** er, sie, es bemüht **sich;** wir bemühen **uns;** ihr bemüht **euch;** sie bemühen **sich**
Interrogativpronomen (Fragefürwort) Es leitet Fragen ein, die nicht mit ja oder nein beantwortet werden können.	**Wer? Was? Wem? Wann? Warum? Wie? Wo? Woher? Wozu?** **Wer** hat an der Tür geklingelt? (direkte Frage) Laura fragte, **wer** an der Tür geklingelt habe. (indirekte Frage)
Indefinitpronomen (unbestimmtes Fürwort) Es nennt eine unbestimmte Menge oder Größe.	**jemand, einige, wenige, manche, niemand, irgendein, mehrere, alle, sämtliche, viele, etliche** **Irgendjemand** hatte mein Auto geklaut. **Etliche** Zuhörer kamen zu spät.

17. Das Adjektiv

1 Das Adjektiv hat die Aufgabe, **bestimmte Eigenschaften oder Merkmale** genauer zu bezeichnen. Es kann im Satz unterschiedlich verwendet werden:

als Beifügung zu einem Substantiv (attributiver Gebrauch): Hier wird das Adjektiv dekliniert, d.h., es richtet sich in Genus (Geschlecht), Numerus (Zahl) und Kasus (Fall) nach dem Substantiv.	eine **schöne** Schrift, der **jüngste** Schüler, die **ältere** Tochter, das **alte** Haus, die **knallrote** Plastiktüte
in Verbindung mit einem Verb (adverbialer Gebrauch): Hier verändert das Adjektiv seine Form nicht.	Er schreibt **schön.** Sie antworten **schneller,** als ich dachte.
in Verbindung mit einem Hilfsverb (prädikativer Gebrauch): Mit diesem zusammen bildet das Adjektiv das Prädikat.	Die Schrift ist **schön.** Der Tee wird **kalt.**

2 Die meisten Adjektive können **gesteigert** werden. Man unterscheidet folgende **Stufen:**

Positiv (die Grundstufe) Vergleichswort: **wie**	**schön** so schön **wie** gestern
Komparativ (1. Vergleichsform) Vergleichswort: **als**	**schöner** schöner **als** gestern
Superlativ (2. Vergleichsform/Höchststufe)	der **schönste** Tag der Woche dieser Tag ist **am schönsten**

! **Achtung!** Einige Adjektive lassen sich **nicht steigern,** z. B. tot, rund, viereckig, französisch, erstklassig, super …

18. Das Adverb

1 Adverbien (Umstandswörter) sind eng mit dem Verb verbunden. Sie haben die **Aufgabe, ein Geschehen oder Personen und Gegenstände genauer zu bestimmen.** Im Unterschied zum Adjektiv **verändern Adverbien ihre Form nie** und stehen im Satz alleine.

2 Die **lokalen Adverbien** machen Angaben zu den räumlichen und örtlichen Verhältnissen. Sie antworten auf die Frage: **Wo? Wohin? Woher?**

Beispiele: hier, da, dort, oben, unten, irgendwo, links, drinnen, hinauf, hierher, herein
Ich habe oben und unten geschaut. Er ist nirgendwo zu sehen.

3 Die **temporalen Adverbien** drücken zeitliche Umstände aus. Sie antworten auf die Frage: **Wann? Wie lange? Wie oft?**

Beispiele: jetzt, gerade, schon, erst, endlich, sofort, immer, noch, selten, manchmal
Jetzt habe ich ihn endlich gefunden, und zwar dort, wo er immer gelegen hat!

4 Die **modalen Adverbien** sagen etwas über die Begleitumstände eines Geschehens aus. Sie antworten auf die Frage: **Wie? Wie sehr? Auf welche Art und Weise?**

Beispiele: auch, kaum, umsonst, vielleicht, wohl, gewiss, gern, leider, bloß, nur, sehr, so
Leider habe ich auch kein Geld. Ich habe nur ein paar Cent.

5 Die **kausalen Adverbien** begründen ein Geschehen. Sie antworten auf die Frage: **Womit? Wozu? Warum? Wodurch?**

Beispiele: deshalb, dazu, nämlich, sonst, folglich, dadurch
Ich war nicht zu Hause, deshalb hast du mich nicht erreicht.

19. Die Präposition

1 Präpositionen (Verhältniswörter) kennzeichnen **Verhältnisse zwischen Dingen und Lebewesen.** Sie kommen nur in Verbindung mit einem anderen Wort vor. Da sie **vor** den entsprechenden Angaben stehen, heißen sie **Präpositionen** (= vorangestellt). Sie bezeichnen:

lokale Verhältnisse (Wo? Wohin?)	an, auf, unter, hinter, in, über, zwischen, vor, neben	Das Geschenk liegt nicht **auf** oder **neben** dem Tisch, sondern **unter** dem Christbaum.
temporale Verhältnisse (Wann? Wie lange? Wie oft?)	nach, vor, gegen, bis, während, um	Ich werde **während** der Pause gehen, aber **vor** dem Essen zurückkommen.
kausale Verhältnisse (Warum? Womit? Wozu?)	wegen, trotz, durch, dank, aufgrund, infolge, anlässlich	**Trotz** des schönen Wetters blieb er zu Hause.
modale Verhältnisse (Wie? Von welcher Art?)	mit, ohne, bei, für, über, gegen	Er verließ das Haus **mit** Hut, aber **ohne** Schirm.

2 Präpositionen bestimmen, **in welchem Kasus (Fall) das nach ihnen stehende Substantiv oder Pronomen steht.** Man unterscheidet Präpositionen:

mit Genitiv	trotz, dank, wegen, während, infolge, statt, oberhalb, abseits, angesichts, außerhalb	– trotz **seiner Müdigkeit** – wegen **der heißen Luft**
mit Dativ	bei, mit, von, aus, nach, seit, zu, außer, entgegen, gegenüber	– mit **dem Finger** drohen – bei **meiner Mutter**
mit Akkusativ	durch, für, gegen, ohne, um	– für oder gegen **ihn** sein – ohne **meine Eltern**

3 Bei den Präpositionen an, auf, hinter, in, neben, über, unter, vor und zwischen kann das folgende Substantiv je nach Aussageabsicht **im Dativ oder im Akkusativ** stehen.

	Dativ: Wo? (Lage)	Akkusativ: Wohin? (Richtung)
auf	Das Buch liegt **auf dem** Tisch.	Ich lege das Buch **auf den** Tisch.
neben	Das Fahrrad ist **neben der** Tür.	Ich stelle das Fahrrad **neben die** Tür.
zwischen	Der Karton liegt **zwischen den** Seiten.	Sie legt den Karton **zwischen die** Seiten.

20. Die Konjunktion

1 Die **nebenordnenden Konjunktionen** (Bindewörter) verbinden gleichwertige Wörter, Wortgruppen oder Sätze. Ein Komma wird dann gesetzt, wenn ein **Unterschied** hervorgehoben werden soll oder eine **Begründung** angegeben wird.

Verwendung ohne Komma	Verwendung mit Komma
und, sowie, sowohl … als auch, oder, entweder … oder, wie, als	aber, sondern, dennoch, denn, zwar, nämlich, also, deswegen

Beispiele: Sie war sowohl dankbar als auch froh und sehr glücklich.
Entweder du hörst jetzt auf zu pfeifen oder ich stelle das Radio an!
Es war warm, aber wir froren schrecklich.
Bitte entschuldige dich, denn wir sind sehr verärgert.

2 **Unterordnende Konjunktionen,** wie z. B. während, als, wenn, da, damit, nachdem, verbinden Hauptsätze mit abhängigen Nebensätzen oder zwei Nebensätze, von denen der zweite vom ersten ebenfalls abhängig ist. Zwischen den Sätzen, die durch unterordnende Konjunktionen miteinander verbunden werden, steht **immer ein Komma.**

Beispiel: Ich nehme gern an Wettkämpfen teil, weil es toll ist, wenn ich Erste werde.
(weil verknüpft den Haupt- mit dem ersten Nebensatz; wenn verknüpft den zweiten Nebensatz mit dem ersten Nebensatz.)

3 Die **unterordnenden Konjunktionen** können folgende **Aufgaben** erfüllen:

Zeitverhältnisse angeben	als, nachdem,bevor, während, solange	**Bevor** ich aufstand, dachte ich an Till.
Ursache und Wirkung bzw. Folge angeben	weil, da, so dass, damit	**Da** die Sonne schien, ging ich schwimmen.
Einschränkungen angeben	obwohl, obgleich	Ich fuhr ins Bad, **obwohl** es kalt war.

Wortbildung

1. Vor- und Nachsilben

1 Viele Wörter unserer Sprache bestehen nicht nur aus einem Wortstamm, sondern sind zusammengesetzt. Dadurch kann man Dinge oder Personen genauer bezeichnen, z. B. Stiel – Besenstiel, Blumenstiel; scharf – messerscharf.

2 Mit Hilfe von **Vorsilben (Präfixen)** oder **Nachsilben (Suffixen)** kannst du zusätzlich den Bedeutungsspielraum eines Wortes erweitern. Vor- und Nachsilben sind **Bedeutungsträger.** Sie können z. B. **Anfang und Ende angeben** (erblühen, verblühen), **verneinen oder verstärken** (unwahr, wahrhaftig), **vergleichen** (sagenhaft, winterlich), **vermindern und abschwächen** (kleinlich, Menschlein, kränkeln), **zusammenfassen** (Gestöhne, Menschheit) oder **Möglichkeiten andeuten** (machbar, haltbar).

3 Mit Hilfe der Nachsilben -ung, -keit, -heit, -nis, -schaft oder -tum kann man aus verschiedenen Wortarten **Substantive bilden.**

melden	+	**-ung**	=	die Meld**ung**
freundlich	+	**-keit**	=	die Freundlich**keit**
unbesonnen	+	**-heit**	=	die Unbesonnen**heit**
erkennen	+	**-nis**	=	die Erkennt**nis**
erben	+	**-schaft**	=	die Erb**schaft**
reich	+	**-tum**	=	der Reich**tum**

4 Mit Hilfe der **Nachsilben** -lich, -isch, -ig, -bar und -sam kannst du aus verschiedenen Wortarten **Adjektive bilden.**

Tag	+	**-lich**	=	täg**lich**
Magnet	+	**-isch**	=	magnet**isch**
Mut	+	**-ig**	=	mut**ig**
fahren	+	**-bar**	=	fahr**bar**
sparen	+	**-sam**	=	spar**sam**

2. Häufige Fremdwortbestandteile

Viele Fremdwörter kann man leichter verstehen, wenn man die Grundbedeutung mancher häufig vorkommender Bestandteile kennt.

Vor- oder Nachsilbe	Grundbedeutung	Beispiel
ad	zu, hinzu	**Addition** (Zusammenzählung)
ex	weg, von	**extrahieren** (herausziehen)
in	hinein	**Injektion** (Einspritzung)
iv	Endung von Adjektiven	**intensiv** (gründlich, stark)
prä	vor, vorher	**prähistorisch** (vorgeschichtlich)
pro	für	**pro** und contra (Für und Wider)
tär	Endung von Adjektiven	humani**tär** (menschenfreundlich, wohltätig)
tion	Endung von Substantiven	Na**tion** (Staat)
tor	Endung von Substantiven	Dikta**tor** (Gewaltherrscher)

Wortbestandteil	Grundbedeutung	Beispiel
bio	das Leben betreffend	**Bio**logie (Lehre von der Natur – Pflanze, Tier, Mensch)
flora	die Pflanzen betreffend	**Flor**ist (Pflanzenhändler)
geo	die Erde betreffend	**Geo**grafie (Erdkunde)
human	den Menschen betreffend	**human**itär (auf den Menschen bezogen, menschenfreundlich)
logie	Lehre/Wissenschaft	Psycho**logie** (Lehre vom Seelenleben)
phys	den Körper betreffend	**phys**isch (körperlich)
psych	die Seele betreffend	**psych**isch (seelisch)

Satzglieder

1. Die Satzglieder im Überblick

Die unterschiedlichen Teile eines Satzes nennt man **Satzglieder.** Sie können aus **einem oder mehreren Wörtern** bestehen. Du kannst nach den einzelnen Satzgliedern jeweils fragen.

Satzglied	Fragestellung	Beispiel
Subjekt (Satzgegenstand)	Wer oder was?	**Das Mädchen** schreibt.
Prädikat (Satzaussage)	Was geschieht?	Das Mädchen **schreibt.**
Objekte (Satzergänzungen)		
– **Genitivobjekt** (Satzergänzung im 2. Fall; kommt nur noch selten vor)	Wessen?	Sie gedenken **ihrer Ahnen.**
– **Dativobjekt** (Satzergänzung im 3. Fall)	Wem?	Das Mädchen schreibt **ihrer Freundin.**
– **Akkusativobjekt** (Satzergänzung im 4. Fall)	Wen oder was?	Das Mädchen schreibt **einen Brief.**
– **Präpositionalobjekt** (Satzergänzung mit Präposition)	z. B. Worüber?	Sie lachen **über meinen Witz.**
Adverbialien (Umstandsbestimmungen)		
– Lokaladverbiale (des Ortes)	z. B.: Wo?	Sie schreibt **in der Schule.**
– Temporaladverbiale (der Zeit)	z. B.: Wann?	Sie schreibt **am Abend.**
– Kausaladverbiale (des Grundes)	z. B.: Warum?	Sie schreibt **wegen ihres Geburtstages.**
– Modaladverbiale (der Art und Weise)	z. B.: Wie?	Sie schreibt **eilig.**
Attribute (Beifügung)	z. B.: Was für ein?	Das **kleine** Haus gefällt mir.

2. Das Subjekt

Subjekt und Prädikat sind die notwendigen Bestandteile eines jeden Satzes. Das Subjekt (Satzgegenstand) steht direkt neben dem Prädikat. Es besteht entweder aus einem **Substantiv** oder einem **Pronomen** und steht immer im **Nominativ (1. Fall)**. Deshalb fragst du nach dem Subjekt mit **„Wer oder was?“**

Beispiele: Maya lacht.
Gestern hat sie auch schon gelacht.
Überhaupt lacht dieses Mädchen oft und gerne.

3. Das Prädikat

1 Wie das Subjekt ist auch das Prädikat (Satzaussage) ein wichtiger Bestandteil eines Satzes. Das Prädikat stimmt in Person und Numerus (Zahl) immer mit dem Subjekt überein. Es besteht aus der **Personalform eines Verbs** und kann **ein- oder mehrteilig** sein.

Beispiel: Maya lacht über mein verdutztes Gesicht.
Wahrscheinlich wird sie auch morgen wieder lachen.

2 In **Aussagesätzen** steht das Prädikat immer an **zweiter Stelle** unter den Satzgliedern. Es stellt so den **Kern** oder eine **Klammer** (bei zweiteiligem Prädikat) für den Satz dar.

Beispiele: |Der Junge| holt| einige Äpfel.
|Mario| ist| heute Morgen| gekommen.
|Das kleine Mädchen| aß| viele Pflaumen.|

4. Das Objekt

1 Das Objekt, die **Satzergänzung,** ist die Person oder Sache, auf die sich das Prädikat bezieht. Objekte können aus einem oder mehreren Wörtern bestehen. Man unterscheidet **verschiedene Objekte:**

Genitivobjekt (Objekt im Genitiv)	Sie gedenken **ihrer Ahnen.**	**Wessen** gedenken sie?
Dativobjekt (Objekt im Dativ)	Eva schreibt **Lisa.**	**Wem** schreibt Eva?
Akkusativobjekt (Objekt im Akkusativ)	Eva schreibt **Briefe.**	**Wen oder was** schreibt Eva?

2 Nach manchen Verben kann ein **Dativ- und ein Akkusativobjekt** stehen.

Beispiel: Die Eltern schenken Eva (Wem?/Dativobjekt) ein Klavier (Wen oder was?/Akkusativobjekt).

3 Nach manchen Verben wird das Objekt mit Hilfe einer Präposition gebildet. Deswegen heißt es **Präpositionalobjekt.** Du kannst das Präpositionalobjekt leicht kennen. Es antwortet auf die Fragen **worüber, woran, worauf, worum, wozu, wofür** usw.

Beispiele: Sie lachen über meinen Witz. (**Worüber** lachen sie?)
Er dachte an die letzten Ferien. (**Woran** dachte er?)
Die Kinder freuen sich über Geschenke. (**Worüber** freuen sie sich?)

5. Die adverbialen Bestimmungen

1 Die adverbiale Bestimmung bestimmt die Umstände einer Handlung, eines Vorganges oder eines Zustandes genauer. Man nennt sie deshalb auch **Umstandsbestimmung.** Diese Umstände können sich auf **Ort, Zeit, Grund** oder **Art und Weise** eines Geschehens beziehen. Sie geben häufig wichtige Informationen, ohne die ein Satz nicht zu verstehen wäre.

2 Die **Umstandsbestimmung des Ortes (Lokaladverbiale)** antwortet auf die Fragen: Wo? Woher? Wohin?

Beispiel: Manchmal lege ich mein Tagebuch unter mein Kissen.
Mein Onkel kommt aus Amerika.
Dort besitzt er eine Farm.

3 Die **Umstandsbestimmung der Zeit (Temporaladverbiale)** antwortet auf die Fragen: Wann? Wie lange? Seit wann?

Beispiel: Im letzten Sommer reisten wir nach Amerika.
Wir blieben vier Wochen lang dort.
Gestern habe ich mir noch einmal die Fotos angesehen.

! **Achtung:** Als Wortart sind dort und gestern **Adverbien.** Als Satzglied sind sie jedoch **adverbiale Bestimmungen.**

4 Die **Umstandsbestimmung der Art und Weise (Modaladverbiale)** antwortet auf die Fragen: Wie? Auf welche Art und Weise?

Beispiel: Er kam mit lachendem Gesicht auf mich zu.
Erleichtert begrüßte ich ihn.

5 Die **Umstandsbestimmung des Grundes (Kausaladverbiale)** antwortet auf die Fragen: Warum? Weshalb? Wozu?

Beispiel: Wegen seiner schlechten Noten musste Tobi zu Hause bleiben.

6. Das Attribut

Das **Attribut** (Beifügung) ist ein **Satzgliedteil.** Es ist immer einem anderen Satzglied beigefügt und kann nur zusammen mit seinem Bezugswort im Satz verschoben werden. Das Attribut erscheint in **unterschiedlichen Formen:**

als Adjektiv	das **kleine** Haus	Frage: Was für ein Haus?
als Adverb	das Haus **nebenan**	
als präpositionales Attribut (steht hinter dem Substantiv)	Ich wohne in dem Haus **mit dem Strohdach.** Vincent trägt eine Hose **aus schwarzem Leder.**	Frage: In was für einem Haus? Was für eine Hose?
als Genitivattribut (kann vor und hinter dem Substantiv stehen)	– das Haus **der Familie** – **Vaters** Haus	Frage: Wessen Haus?
als Apposition (Beifügung im gleichen Kasus wie das Bezugswort)	– Frau Maier, **die Sekretärin,** war plötzlich verschwunden. – Lena, **unserer Schwester,** gelang es, Hilfe zu holen.	Frage: Wer? Wem?

Satzarten

1. Hauptsätze

1 Ein Hauptsatz besteht mindestens aus zwei Satzgliedern, nämlich Subjekt und Prädikat: Martin (Subjekt) rennt (Prädikat). In den meisten Fällen enthalten Hauptsätze jedoch noch weitere Satzglieder. Im Gegensatz zu Nebensätzen können **Hauptsätze allein stehen**.

Es gibt **drei verschiedene Hauptsatzarten,** mit denen die unterschiedlichen Absichten, die wir beim Reden haben, ausgedrückt werden:

Hauptsatzart	Sprechabsicht	Beispiele
Aussagesatz	etwas mitteilen	Ich habe meinen Pulli verloren. Laura besuchte gestern ihre Großmutter.
Fragesatz a) Entscheidungsfrage b) Ergänzungsfrage	etwas erfragen	Kommst du mit auf den Sportplatz? (Antwort: **ja** oder **nein**) Wohin fährst du, Xenia? (Die Antwort besteht aus mehreren Wörtern oder einem ganzen Satz.)
Aufforderungssatz a) Befehle b) Wünsche, Bitten	etwas veranlassen	Mach endlich die Tür zu! Hör bitte auf zu singen!

2

Die **Stellung des Prädikats** ist in den drei Hauptsatzarten unterschiedlich.

Hauptsatzart	1. Stelle	2. Stelle	
Aussagesatz	Laura	besuchte	gestern ihre Großmutter.
Fragesatz			
a) Ergänzungsfrage	Wohin	fährst	du, Xenia?
b) Entscheidungsfrage	Kommst	du	heute mit auf den Sportplatz?
Aufforderungssatz			
a) Befehle	Mach	endlich	die Tür zu!
b) Wünsche, Bitten	Hör	bitte	auf zu singen!

3

Du kannst die unterschiedlichen Hauptsatzarten auch an den **Satzschlusszeichen** erkennen: **Aussagesätze** enden mit einem **Punkt. Fragesätze** enden mit einem **Fragezeichen. Aufforderungssätze** enden mit einem **Ausrufezeichen** (bei Wünschen und Bitten genügt auch ein Punkt).

2. Nebensätze

1 Nebensätze sind **vollständige Sätze.** Sie heißen so, weil sie im Unterschied zu den Hauptsätzen nicht allein stehen können. Sie sind **von anderen Sätzen abhängig.**

Beispiel: Der Hund bellte laut, weil das Telefon klingelte.
Da Tom mal wieder nichts gesagt hatte, wusste keiner Bescheid.
Es regnete in Strömen, als Charlotte nach Hause fuhr.

2 Du kannst Neben- oder Gliedsätze leicht erkennen: **Das Prädikat steht hier immer an letzter Stelle.**

Beispiele: Ich glaube nicht, dass Marc gegangen ist.
Bodo wird kommen, obwohl er verreisen wollte.
Falls ich später kommen sollte, werde ich anrufen.

3 Nebensätze, die durch ein **Relativpronomen** (der, die, das, welche ...) eingeleitet werden, bezeichnet man als **Relativsätze.** Sie werden durch ein Komma abgetrennt. Der Relativsatz sollte immer unmittelbar auf das Wort folgen, auf das er sich bezieht.

Beispiele: Susanne, die krank war, erschien nicht.
Das Buch, das ich gerade lese, ist ziemlich spannend.
Ich sah den Dieb, der rasch davonlief.
Die Arbeit, welche ich heute geschrieben habe, macht mir Sorgen.

nicht: Zu der Ausstellung kamen viele tausend Besucher, die sehr interessant war.

sondern: Zu der Ausstellung, die sehr interessant war, kamen viele tausend Besucher.

4 **Adverbialsätze sind die häufigsten Nebensätze.** Sie erfüllen die gleiche Aufgabe wie eine Adverbiale. Anstelle einer Umstandsbestimmung steht hier jedoch ein Nebensatz, der häufig mit einer **Konjunktion** eingeleitet wird. Adverbialsätze geben an, unter welchen Umständen etwas geschieht oder vor sich geht. Sie haben dieselben **Sinnrichtungen** wie Adverbialangaben. Diese Sinnrichtung kannst du erfragen.

Lokalsatz (Ort) Wo geschieht etwas?	Das Badezimmer ist der geeignete Ort, **wo du dich in Ruhe waschen kannst.**
Temporalsatz (Zeit) Wann geschieht etwas?	**Bevor du mit dem Essen beginnst,** solltest du dir die Hände waschen.
Kausalsatz (Begründung) Warum geschieht etwas?	**Weil schmutzige Hände anderen Leuten den Appetit verderben,** solltest du dich an diese Regel halten.
Modalsatz (Art und Weise) Wie geschieht etwas?	Trauerränder unter den Fingernägeln entfernst du leicht, **indem du eine Bürste benutzt.**
Konditionalsatz (Bedingungen)	**Wenn du dich mehr darum bemühen würdest,** würde ich mich freuen.

! **Achtung:** Die **Adverbiale** ist ein Satzteil – sie enthält kein Prädikat:
Während der Hausaufgaben brauche ich Ruhe.

Der **Adverbialsatz** enthält Subjekt und Prädikat:
Während ich Hausaufgaben mache, brauche ich Ruhe.

3. Die Satzreihe

1 Wenn du die Zusammengehörigkeit von einzelnen Handlungen aufzeigen willst, kannst du **Hauptsätze** auch innerhalb eines einzigen Satzes **aneinander reihen.** Innerhalb dieser **Satzreihe** können die einzelnen Hauptsätze durch Punkt, Komma oder Semikolon getrennt werden.

Beispiele: Tina öffnete die Tür, sie stellte ihre Tasche ab, sie seufzte.
Es war kalt; die Menschen froren.

2 Auch wenn die einzelnen Hauptsätze durch **nebenordnende Konjunktionen** verbunden sind, entsteht eine Satzreihe. Wenn die Konjunktionen und bzw. oder die Hauptsätze verbinden, kannst du ein Komma setzen, musst es aber nicht.

Beispiel: Es war kalt(,) und die Menschen froren, denn der Winter war schnell gekommen.

3 Ein Hauptsatz kann auch zwischen einen anderen geschoben werden.

Beispiel: Im letzten Jahr, es war wohl im Mai, erhielt ich einen Brief.

4. Das Satzgefüge

1 Eine Verbindung von **Hauptsatz und abhängigem Nebensatz** bezeichnet man als **Satzgefüge.** Der Nebensatz wird immer mit einem **Komma** vom Hauptsatz getrennt. Dabei ist die **Stellung des Nebensatzes sehr beweglich:** Er kann vor oder nach dem Hauptsatz stehen oder ihn auch unterbrechen.

Nebensatz hinten	Wir freuten uns, **weil die Ferien begonnen hatten.**
Nebensatz vorn	**Weil die Ferien begonnen hatten,** freuten wir uns.
Nebensatz in der Mitte	Wir freuten uns, **als die Ferien begannen**, über die freien Tage.

2 Bei längeren Sätzen oder Satzgefügen muss man den Aufbau des Satzes kennen, wenn die Kommasetzung richtig sein soll. Nebensätze, die vom Hauptsatz abhängig sind, bezeichnet man als **Nebensätze ersten Ranges.** Manche Nebensätze sind auch von einem anderen Nebensatz abhängig. Man bezeichnet sie als **Nebensätze zweiten Ranges.** Der Nebensatz zweiten Ranges kann dabei auch in den Nebensatz ersten Ranges eingebettet sein.

Satzgefüge	Beispiel
1. Hauptsatz 2. Hauptsatz Nebensatz 1. Ranges Nebensatz 2. Ranges	Wir stiegen auf eine Anhöhe und Frau Leis erzählte uns von der Geschichte des Ortes, die uns interessierte, obwohl wir eigentlich hungrig waren.

Satzgefüge	Beispiel
Nebensatz 1. Ranges Nebensatz 2. Ranges Nebensatz 1. Ranges Hauptsatz	Sobald der Dieb, der eine Pistole bei sich trug, weit genug entfernt war, drückte Tobias auf den Alarmknopf.

Erzählende Texte

1. Erlebniserzählungen

Es gibt mehrere Arten von Erlebniserzählungen. Alle bestehen aus **drei Teilen:** der Einleitung, dem Hauptteil und dem Schluss. Bei allen solltest du möglichst **spannend** und **lebendig** erzählen.

	Inhalt	Gestaltung
eigene Erlebnisse	Etwas, was du selbst erlebt hast, ist das Grundgerüst der Handlung.	Du musst deine Erlebnisse als Erzählung gestalten und möglichst lebendig erzählen.
erfundene Erlebnisse	Gehörtes, Gelesenes oder Erdachtes kann allein oder in Verbindung mit eigenen Erfahrungen erzählt werden.	Du musst eine glaubwürdige Handlung zusammenstellen.
Fantasiegeschichten	Hier kannst du deiner Fantasie freien Lauf lassen.	Auch „unmögliche“ Sachverhalte müssen logisch verknüpft werden.
Bildergeschichten	Vorgegebene Bilder werden zu einem zusammenhängenden Text verknüpft.	Oft müssen Gedanken, Aussagen und Gefühle der Personen ergänzt werden.

2. Die einzelnen Erzählschritte

1 Wenn du eine Erlebniserzählung verfasst, solltest du dir dabei einen Leser oder Zuhörer vorstellen. Dann ist es leichter, die Erzählung möglichst wirkungsvoll zu gestalten. Du musst darauf achten, das **Thema** nicht aus den Augen zu verlieren und nur **ein Ereignis** zu schildern.

2 Der Leser oder Zuhörer soll deine Darstellung interessant finden und ihr **Schritt für Schritt** folgen können. Deshalb musst du die Erzählung in **folgende Bestandteile** unterteilen:

Die **Einleitung** soll die Neugier der Leser wecken.	
Beispiel:	Gestern geschah etwas, was ich nicht so schnell vergessen werde.
Dann muss die **Ausgangslage** mit Angaben zu **Ort, Zeit** bzw. **Personen** verdeutlicht werden, damit die folgenden Geschehnisse richtig eingeordnet werden können.	
Beispiel:	Meine Eltern waren am Nachmittag zu Freunden eingeladen und ich war allein zu Hause.
Im **Hauptteil** bereitest du zielbewusst den **Höhe- oder Wendepunkt** deiner Erzählung vor. Die einzelnen Erzählschritte sollen sich steigern.	
Beispiele:	Geräusche hören …, Angst haben …, sich verstecken …, Überraschung …
Der **Schluss** sollte die Darstellung abrunden, indem z. B. ein Blick in die Zukunft geworfen wird.	
Beispiel:	So schnell werde ich mich nicht mehr zum Angsthasen machen lassen.

3 Die **richtige Reihenfolge** dieser Erzählschritte ist bei allen Erlebniserzählungen sehr wichtig.

3. Anschauliches Erzählen

1 Wenn du einem anderen Menschen von einem Erlebnis erzählst, möchtest du, dass diese Person das Erlebte mit dir teilen kann. Das ist aber nur dann möglich, wenn sich diese Person das Geschehen **gut vorstellen** kann: Man muss es sehen, hören, riechen und spüren können. Deshalb verwendest du beispielsweise:

anschauliche Verben	nicht: **sondern:**	Sie machte die Tür auf. Sie **riss** die Tür auf.
anschauliche Adjektive	nicht: **sondern:**	Es war ein schöner Tag. Es war ein **sonniger** Tag.
Lautmalerei	nicht: **sondern:**	Die Bienen flogen um mich herum. Die Bienen **summten und brummten.**

2 Wenn du anschaulich und bildhaft formulieren willst, helfen dir auch **Vergleiche.** Manche zusammengesetzten Wörter enthalten einen Vergleich.

Beispiele: pudelwohl, tropfnass, eiskalt, messerscharf

Ich fühlte mich wie im siebten Himmel.
Er war so hungrig wie ein Bär.
Ich war wie vom Schlag getroffen.

3 Wenn solch ein bildhafter Ausdruck nicht als Vergleich benutzt wird, sondern selbstständig und allein steht, spricht man von einer **Metapher.** In **Gedichten** und **poetischen Texten** findet man oft Metaphern. Man kann mit wenigen Worten einen starken und vielfältigen Eindruck vermitteln. Auch in **Erlebnis- und Fantasieerzählungen** kannst du mit metaphorischen Formulierungen einen lebhaften Eindruck vom Geschehen vermitteln!

Beispiele: Die Schleusen des Himmels öffneten sich.
Das Auge des Gesetzes wacht.
Sommer hat mit leichter Hand / Laub der Pappel angenäht.
(K. Krolow)

Zu Hause erwartete mich ein Donnerwetter.
Mein Großvater ist das Haupt unserer Familie.

4. Spannung aufbauen

Erzählende Texte sollten spannend sein. Dazu gibt es zahlreiche sprachliche und inhaltliche Möglichkeiten:

Vorausahnungen formulieren:	Irgendetwas stimmte hier nicht.
Empfindungen übermitteln:	Ich fühlte mich zunehmend unwohler. Mir wurde ganz kalt.
Den Weitergang der Handlung verzögern:	Ich schaute mich um: Alles schien in Ordnung zu sein. Die Türen waren geschlossen, die Vorhänge waren zu.
Fragen, Ausrufe oder abgebrochene Sätze einschalten:	Da! Ein dumpfes Grummeln. War ich verrückt geworden?
Mit Hilfe von plötzlich oder auf einmal den Höhepunkt vorbereiten:	Plötzlich schien ein Stöhnen durch das Haus zu gehen.
Der Höhepunkt kann einen Zeitenwechsel enthalten:	Die Wände zittern! Der Boden bebt!
Spannung wieder abbauen:	Dann Stille. Alles war vorbei. Ein kleines Erdbeben hatte mich soeben überrascht.

5. Die Nacherzählung

- Bei einer Nacherzählung kommt es darauf an, dem Leser oder Zuhörer lebendig und stimmungsvoll **den Inhalt eines Textes wiederzugeben.**

- Deshalb musst du dir zunächst **das Wichtigste merken.** Dabei können dir **Stichwörter** helfen.

- Achte darauf, die Stichwörter in der **richtigen Reihenfolge** aufzuschreiben. Die richtige Reihenfolge der Erzählschritte **Einleitung, Hauptteil** und **Schluss** ist bei einer Nacherzählung genau so wichtig wie bei jeder anderen Erzählung.

- Bei einer Nacherzählung wird das **Präteritum** verwendet.

- Du musst **unwesentliche Einzelheiten weglassen** oder verkürzen (raffen).

- Du kannst **wichtige Geschehnisse** mit Hilfe von direkter Rede, Sinneseindrücken, Gedanken und Gefühlen **ausbauen** (dehnen). Achte aber darauf, dass du **nichts Neues** hinzuerfindest.

- Du solltest deine eigene Sprache benutzen und **selbstständig formulieren.**

Informierende Texte

1. Merkmale von Berichten

Berichtende Texte informieren den Leser oder Zuhörer **sachlich und knapp** über Ereignisse, die sich in der **Vergangenheit** abgespielt haben. Sie geben **Tatsachen** wieder, niemals Meinungen oder Wünsche.

Arten	z. B. Unfallbericht, Schadensbericht, Veranstaltungsbericht, Arbeitsbericht
Inhalt	Das inhaltliche Gerüst eines Berichts besteht in der Beantwortung der **W-Fragen:** **Was** geschah **wann, wo, wie** und **warum? Wer** war daran beteiligt? **Wer** war von der Handlung betroffen? (Nicht immer müssen alle W-Fragen beantwortet werden!) Die Informationen müssen in der **richtigen Reihenfolge** berichtet werden.
Sprache	knapp, **sachlich** und genau; **keine Wertungen oder persönliche Meinungen;** die direkte Rede wird im Bericht zur **indirekten Rede**
Zeitform	**Präteritum**

Beispiel für einen Bericht:

Sturm über Südbayern

Ein heftiger Sturm beschädigte gestern in Südbayern zahlreiche Häuser. Mit Geschwindigkeiten von über 100 km/h deckte der Orkan zahlreiche Dächer ab. Wegen der heftigen Niederschläge wurde die Arbeit der Feuerwehr stark behindert.

2. Knapper und sachlicher Berichtsstil

In jedem Bericht wird **so knapp wie nötig** und **sachlich** formuliert. Dabei helfen dir folgende Stilmittel:

Aufzählungen zusammenfassen:	nicht: **sondern:**	Im Museum sah man Ringe, Ketten und Armbänder. **Im Museum sah man Schmuck.**
Nebensätze verkürzen:	nicht: **sondern:**	Als wir zu spät unser Reiseziel erreichten … **Bei unserer verspäteten Ankunft …**
Substantivierungen bevorzugen:	nicht: **sondern:**	Ich bremste und verlor die Kontrolle über das Rad. **Beim Bremsen verlor ich die Kontrolle über das Rad.**
keine Äußerung von Gefühlen:	nicht: **sondern:**	Ich schrie vor Schmerz laut auf. **Die Wunde am Bein schmerzte.**
keine Bewertungen:	nicht: **sondern:**	Das Konzert zog sich endlos lange hin. **Das Konzert dauerte zwei Stunden.**
keine Umgangssprache:	nicht: **sondern:**	Der Film war absolut unmöglich. **Der Film gefiel nur wenigen.**
genaue Wortwahl:	nicht: **sondern:**	Wir sprachen über das Geschehen. **Wir diskutierten über das Geschehen.**

3. Der Unfallbericht

Unfall- und Schadensberichte müssen häufig bei Versicherungsgesellschaften oder Polizeibehörden eingereicht werden.

Da es nicht selten um Schuldfragen und um damit verbundene finanzielle Folgen geht, kommt es ganz besonders auf sachliche Richtigkeit an. Deswegen wird der Leser nicht nur über **Ort, Zeit** und **Ablauf** des Geschehens informiert, sondern ebenfalls über dessen **Ursachen** und **Folgen.**

Natürlich müssen auch alle **beteiligten Personen** genannt werden.

4. Der Arbeitsbericht

In einem Arbeitsbericht informierst du den Leser **über Ablauf und Ergebnis einer Aufgabenstellung,** die du allein oder mit anderen durchgeführt hast. Im Gegensatz zu einer Arbeitsanleitung beschreibst du im Arbeitsbericht eine einmalige vergangene Tätigkeit, die du im **Präteritum** niederschreibst.

Damit sich der Leser ein genaues Bild machen kann, musst du die einzelnen Handlungen **genau in der Reihenfolge wiedergeben,** in der du sie durchgeführt hast.

5. Der Veranstaltungsbericht

Bei einem Veranstaltungsbericht informiert man über **Anfang, Ablauf** und **Ende** einer Veranstaltung.

Beispiele: „Der letzte Klassenausflug“
„Besuch einer Ausstellung“

Dabei müssen **die Art der Veranstaltung,** beteiligte **Personen, Orts-** und **Zeitangaben** sowie **der Ablauf** genau und sachlich angegeben werden. Die **Reihenfolge** der Ereignisse wird eingehalten.

Die **persönliche Meinung** über die Veranstaltung gehört **nicht** in einen solchen Bericht!

6. Merkmale von Beschreibungen

Beschreibungen dienen dazu, einen **Gegenstand,** eine **Person** oder einen **Vorgang** so wiederzugeben, dass man sich ein **genaues Bild** machen kann.

Arten	– **Gegenstandsbeschreibung** (z.B. für einen verlorenen Gegenstand) – **Personen- oder Tierbeschreibung** (z.B. bei einer Vermisstenmeldung) – **Wegbeschreibung** (z.B. bei einer Einladung) – **Vorgangsbeschreibung** (z.B. Bastelanleitung, Rezept, Spielbeschreibung)
Aufbau	– Bei **Gegenstands-, Personen- und Tierbeschreibungen vom Allgemeinen zum Besonderen** vorgehen. Beschreibe zuerst den Gesamteindruck, danach die Einzelheiten. – Bei **Wegbeschreibungen** genaue Richtungen und Hinweise auf Straßen, Gassen, Gebäude etc. in der **richtigen Reihenfolge** angeben. – Bei **Vorgangsbeschreibungen** einen Schritt nach dem anderen, entsprechend der **zeitlichen Reihenfolge,** angeben.
Sprache	– **sachlich** und knapp – auf **genaue Wortwahl** achten – wenn nötig, **Fachbegriffe** verwenden – **keine Wertungen oder persönliche Meinungen**
Zeitform	**Präsens**

7. Die Gegenstandsbeschreibung

Bei einer Gegenstandsbeschreibung soll das äußere Erscheinungsbild eines Gegenstandes so wiedergegeben werden, dass sich ein Leser oder Zuhörer davon ein **genaues Bild** machen kann.

Inhalt	– Größe, Form, Farbe und Material des Gegenstandes nennen; – Einzelteile, Zweck hervorheben
Sprache	– genaue Form-, Farb- und Materialbezeichnungen; – eindeutige Orts- und Lageangaben; – sachliche Formulierungen ohne Bewertungen; – keine Umgangssprache
Zeitform	**Präsens**

Beispiel für den Aufbau einer Gegenstandsbeschreibung:

Einleitung	Ich suche mein Federmäppchen, das irgendwo im Klassenzimmer liegen muss.
allgemeiner Eindruck	Es ist rechteckig, 20 cm lang, 8 cm hoch und besteht aus rotem Wildleder.
Einzelteile	An der Oberkante wird es mit einem Reißverschluss geschlossen.
Besonderheiten	Auf der Lederfläche finden sich auf beiden Seiten die Namen von allen Mitschülern.
weitere Bestandteile	Wenn man das Mäppchen öffnet, findet man dort mehrere Farbstifte, einen Füller sowie einen Radiergummi.
Schlusssatz	Hoffentlich könnt ihr mir dabei helfen, dieses Federmäppchen zu finden.

8. Die Vorgangsbeschreibung

In einer Vorgangsbeschreibung wird ein Vorgang so beschrieben, dass ihn ein Zuhörer oder Leser **gut nachvollziehen** kann.

Arten	z. B. Rezept, Bastelanleitung, Gebrauchs- anweisung, Spielbeschreibung
Inhalt	Jeder einzelne Handlungsschritt wird in der **richtigen zeitlichen Reihenfolge** erläutert.
Sprache	– sachlich und genau – die einzelnen Tätigkeiten sollen mit Hilfe von **Konjunktionen** klar und eindeutig miteinander verknüpft werden (z. B. dann, nachdem, zunächst …)
Zeitform	**Präsens**

Beispiel für den Aufbau einer Vorgangsbeschreibung:

Einleitung	Eine tiefgefrorene Pizza zuzubereiten ist nicht allzu schwer.
Arbeitsschritte	Zunächst erwärmt man den Backofen auf die angegebene Temperatur. Dann öffnet man die Verpackung und entfernt die Plastikhülle. Pizza dann auf ein Blech legen. Wer sie besonders knusprig haben möchte, träufelt etwas Öl auf die Oberfläche. Wenn der Backofen die richtige Temperatur hat, wird die Pizza hineingeschoben. Man hält sich genau an die genannten Temperaturangaben und die angegebene Backzeit.
Schlusssatz	Wenn der Käse zerlaufen ist, ist die Pizza im Allgemeinen fertig.

9. Briefe

Auch bei Briefen gibt es einige **Regeln,** die du beachten solltest. Sie gelten für **alle Briefe,** egal ob du an Behörden oder Freunde schreibst.

Briefkopf	Angabe von deinem Namen und deiner Adresse (bei sachlichen Briefen auch die Telefonnummer angeben)
Name und Adresse des Empfängers	nur bei sachlichen Briefen, z. B. an eine Behörde, auf der linken Seite oben angeben
Betreff	Stichwort, worum es im Brief geht (nur bei sachlichen Briefen)
Ort und Datum	auf der rechten Seite, z. B.: **Hamburg, den 20.1.2009**
Anrede	auf der linken Seite, z. B.: **Liebe Jutta!** **Sehr geehrter Herr Schäfer!**
Sprache	– bei sachlichen Briefen sachlich und höflich, keine Umgangssprache; – klar und verständlich schreiben
Grußformel	**Mit freundlichen Grüßen;** **Alles Gute;** **Liebe Grüße von …**
Unterschrift	z. B.: **deine Laura** **Peter Schulz** **Ihre Maya**

(Schau auf Seite 63 nach, wie die Anredepronomen geschrieben werden.)

Ausdruck

1. Ausdrucksarme und ausdrucksstarke Verben

Die Verben tun, gehen, machen, haben, sagen und sehen sind „Allerweltswörter“, die sich zwar auf viele Vorgänge beziehen lassen, jedoch keinen starken Eindruck vermitteln.
Wenn du wirkungsvoll erzählen willst, solltest du auf eine **genaue Wortwahl** achten. Suche für diese Verben einen Ersatz, der die Handlung genauer und farbiger wiedergibt. Natürlich musst du darauf achten, dass das Ersatzwort auch zu dem Vorgang passt. Hier sind einige Beispiele:

tun	gehen	machen
verrichten erledigen schieben hineinlegen	humpeln stolzieren springen hüpfen	herstellen ausführen unterbreiten bereiten
haben	**sagen**	**sehen**
besitzen leiden unter empfinden	mitteilen zurufen ausrichten fragen	beobachten bemerken entdecken zuschauen

2. Aufzählungen zusammenfassen

Wenn man knapp formulieren will, wie z. B. in Berichten, muss man Aufzählungen oft zusammenfassen, weil man sich auf **das Wesentliche** beschränken will. Die richtige Zusammenfassung ist immer diejenige, die das **gemeinsame wesentliche Merkmal** der aufgezählten Wörter erfasst.

Aufzählung	Zusammenfassung
Stift, Kuli, Füller, Filzstift	Schreibwerkzeug
radeln, rennen, schwimmen	sich fortbewegen
lärmend, grölend, polternd	laut

3. Gegenteile

1 Wer sich abwechslungsreich ausdrücken will, vermeidet Wiederholungen. Dazu kann man Wörter mit gleicher Grundbedeutung verwenden, aber auch Wörter einsetzen, die das **Gegenteil** bedeuten.

Beispiele: todmüde – hellwach, gelangweilt – interessiert, Zuwendung – Ablehnung, Vorteil – Nachteil, immer – niemals, über – unter

2 Um das richtige Gegenteil zu finden, muss man auf die **gleiche Wortart** achten.

Beispiele:
nicht: interessant – sich langweilen
sondern: interessant – langweilig

3 Außerdem muss man gut überlegen, ob wirklich das Gegenteil ausgedrückt wird. Das Gegenteil von hungrig ist z. B. nicht durstig, sondern satt.

4. Zeitliche Zusammenhänge

Es gibt zahlreiche **Adverbien, Konjunktionen** und **Präpositionen,** die die zeitlichen Zusammenhänge eines Geschehens ausdrücken. Benutze sie und halte damit in deinen Aufsätzen die richtige Reihenfolge der Ereignisse oder Vorgänge ein.

Vorzeitigkeit und Anfang	bevor, vorher, zuerst, zunächst, als Erstes, vor, anfänglich
Gleichzeitigkeit	jetzt, nun, in diesem Augenblick, während, inzwischen, mittlerweile
Nachzeitigkeit und Schluss	danach, nachdem, hinterher, anschließend, und dann, nach, abschließend, zu guter Letzt, schließlich, später

5. Flächen und Körper

Zu Beginn einer Gegenstandsbeschreibung sollte der Leser oder Zuhörer ein Bild von der **Form** und der **Größe des Gegenstandes** erhalten.

1 Zu **Körpern** passen folgende Bezeichnungen: quaderförmig, würfelförmig, eiförmig, kugelförmig/kugelig, zylindrisch, pyramidenförmig. (Bezeichnungen wie quadratisch oder rechteckig sind nicht richtig, weil diese sich auf Flächen beziehen!)

Beispiel: Mein Wecker hat ein würfelförmiges Gehäuse mit einer Seitenlänge von sechs Zentimetern.

2 Wenn du **Flächen** beschreibst, solltest du entsprechende Bezeichnungen verwenden: rechteckig, quadratisch, oval, kreisförmig, rund, rautenförmig, dreieckig.

Beispiel: Unterhalb einer durchsichtigen Plexiglasscheibe befindet sich ein kreisförmiges Ziffernblatt, dessen Durchmesser fünf Zentimeter beträgt.

3 Bezeichnungen wie länglich, schmal, breit, spitz können sich auf **Körper und Flächen** beziehen.

Beispiele: ein länglicher Zeiger, ein länglicher Streifen
eine schmale Gestalt, ein schmaler Pfeil

6. Farben

Die Farbbezeichnungen schwarz, rot, gelb, blau, grün, braun und weiß können auch genauer bezeichnet werden. Damit kannst du in Aufsätzen Dinge oder Personen **treffender** beschreiben.

- Die Nachsilbe -lich drückt aus, dass die Farbe **abgeschwächt** ist:
  ein rötlicher Schimmer, eine gelbliche Haut, ein bläuliches Licht
- Mit den Zusätzen hell, dunkel oder mittel kann eine **Abstufung** beschrieben werden:
  hellgelb, dunkelbraun, mittelblau
- **Farbmischungen** werden durch eigenständige Wörter ausgedrückt:
  violett, türkis, anthrazit, orange, beige, grau
- **Zusammengesetzte Farbbezeichnungen** enthalten oft einen Vergleich:
  flaschengrün = grün wie eine Flasche
  pechschwarz = schwarz wie Pech
  himmelblau = blau wie der Himmel

Vokale und Umlaute

1. Lang gesprochene Vokale und Umlaute: a, e, o, u, ä, ö, ü

1 Vokale können kurz und lang ausgesprochen werden. Die **Diphthonge** (Doppellaute) ei, ai, eu, au und äu werden jedoch **immer lang** ausgesprochen.

kurze Vokale	Kappe, fett, mit, Schock, rutschen
lange Vokale	Kabel, Feder, Miete, Sohn, Stuhl
Diphtonge (lang)	reisen, Kaiser, heute, Laus, Häute

2 Ein **lang gesprochener Vokal** kann durch ein **Dehnungs-h** gekennzeichnet sein. Das eingeschobene h wird dabei nicht ausgesprochen. Vor den Konsonanten l, m, n und r haben lang gesprochene Vokale meistens ein Dehnungs-h.

Beispiele: mahlen, Fehler, Bohne, Uhr, zähmen, Söhne, führen

3 Auch bei **Verdopplung** wird ein Vokal **lang** ausgesprochen. Dies kommt aber nur bei wenigen Wörtern und nur bei den Vokalen aa, ee und oo vor.

Beispiele: Aal, Saal, Beet, Idee, Kaffee, Meer, Boot, Moor, Zoo

4 Manche Vokale werden **lang** ausgesprochen, obwohl es **keine** besondere **Kennzeichnung** gibt.

Beispiele: Kabel, Leben, Vogel, Ursache, spät, Trödel, Tür

! **Da es keine Regeln für die Schreibweise gibt, musst du in Zweifelsfällen auf die Wortfamilie achten:**

Beispiele: Lehrer, Lehrmittel, lehren
Leere, leer, ausleeren
Leser, lesen, lesbar

2. Wörter mit lang gesprochenem i, ih, ie und ieh

Bei manchen Wörtern mit ie und ieh kannst du die Schreibweise durch genaues Hören herausfinden: Feri-en, Pati-ent, Mumi-e, zie-hen, flie-hen

Es gibt jedoch viele Wörter, in denen i, ih, ie und ieh gleich ausgesprochen werden. Folgende Hinweise können dir in Zweifelsfällen helfen:

1 **Starke Verben mit ei im Infinitiv** haben häufig ie in den anderen Stammformen.

Beispiele: schreiben, schrieb, geschrieben
vermeiden, vermied, vermieden

2 Bei **Fremdwörtern** kommt ie nur am Ende vor. Im Wortstamm schreibt man das lang gesprochene i immer nur mit einem einfachen Buchstaben.

Beispiele: Kantine, Zitrone, Frisur, Maschine, Apfelsine
aber: frisieren, korrigieren, Demokratie

3 Die Buchstabenverbindung ieh kommt hauptsächlich bei **Verben** vor, die im **Infinitiv** eh oder eih haben.

Infinitiv	Personalform
stehlen	du stiehlst
empfehlen	er empfiehlt
verleihen	sie verlieh
verzeihen	er verzieh

4 **Achtung:** Es gibt nur wenige Wörter mit ih: ihr, ihnen, ihm, ihn

3. Ähnlich und gleich klingende Vokale und Umlaute

Für die Schreibweise von ähnlich oder gleich klingenden Lauten gibt es nicht immer Regeln. In manchen Fällen kannst du die Schreibweise jedoch ableiten.

ä und e	Wörter mit a im **Wortstamm** werden oft mit ä abgeleitet.	die Hand, die Hände, behände, das Händchen, der Händler
äu und **eu**	Wörter mit au im **Wortstamm** werden oft mit äu abgeleitet.	k**au**fen, die Verk**äu**ferin, k**äu**flich, Eink**äu**fe; bl**au**, verbl**äu**en
	Wenn eine solche Ableitung nicht erkennbar ist, schreibt man eu.	F**eu**er, f**eu**rig, anf**eu**ern; h**eu**len, H**eu**lsuse; h**eu**te, t**eu**er, **Eu**le, Fr**eu**de, n**eu**, s**eu**fzen
ai und **ei**	Es gibt keine Regel für die Verwendung von ai und ei, aber ai kommt selten vor.	M**ai**, K**ai**ser, L**ai**b, W**ai**se, M**ai**s, Gitarrens**ai**te, H**ai**, T**ai**fun, tr**ai**nieren
ay	ay kommt nur in Fremdwörtern oder in Ableitungen von Bayern vor.	Sarragota B**ay**, der B**ay**er, B**ay**erischer Wald

Konsonanten

1. Doppelte und dreifache Konsonanten

Lang gesprochene Vokale werden oft durch ein Dehnungs-h oder durch Vokalverdopplung gekennzeichnet. Auch kurz gesprochene Vokale werden oft gekennzeichnet – dies bezeichnet man als **Schärfung.** Die Kennzeichnung geschieht durch:

1 **Konsonantenhäufung:** Die Schärfung kann durch die Anhäufung von mehreren (mindestens zwei) Konsonanten eintreten.

Beispiele: klopfen, Gips, schmatzen, stumpf, bersten, schimpfen

2 **Konsonantenverdopplung:** Auch die Aufeinanderfolge von zwei gleichen Konsonanten bewirkt, dass der davor stehende Vokal kurz ausgesprochen wird. Bei Zusammensetzungen und Ableitungen bleibt diese Verdopplung nach kurzem Vokal bestehen.

Beispiele: Rasse, Matte, Tipp, Ball, Fluss, Klippe, Sonntag

brennen, brennbar, Brennholz
Nummer, nummerieren, nummerierbar
stoppen, Stoppschild, stopp!

3 **Drei gleiche Konsonanten:** Bei zusammengesetzten Wörtern kann es vorkommen, dass sogar drei gleiche Konsonanten aufeinander folgen.

Stoff	+	Faden	=	Stofffaden
fett	+	triefend	=	fetttriefend
Ballett	+	Tänzerin	=	Balletttänzerin
Fluss	+	Sand	=	Flusssand

! **Achtung!** Es gibt einige Wörter, bei denen der kurz gesprochene Vokal **nicht gekennzeichnet** ist:
Bus, Atlas, man, Himbeere, am, in, das …

2. s, ss und ß

Das **stimmhafte** s wird summend und das **stimmlose** s wird zischend ausgesprochen.

	Beispiele	Schreibweise
stimmhaftes s	eine riesige Portion saure Sahne	immer einfaches s
stimmloses s	weißes Eis essen	s, ss, oder ß

1 Wenn man nicht genau weiß, ob das **stimmlose s** als ss oder ß geschrieben wird, hilft eine einfache Regel: **Nach kurzem, betonten Vokal folgt im Allgemeinen ss.**

Beispiele: lassen, er lässt; müssen, sie muss;
küssen, der Kuss; der Fluss; die Nässe

! Es gibt allerdings einige **Ausnahmen:** Bus, was, das, Geheimnis, Kürbis, Atlas, Globus …

2 **Nach einem langen Vokal oder Diphthong (Doppellaut) folgt dagegen ein ß.**

Beispiele: Soße, Straße, weiß, Ruß, außer

3 In manchen **Wortfamilien** können **Wörter mit ß und ss** vorkommen, weil die Länge des Vokals davor wechseln kann. Deshalb wechselt auch die Schreibung ß mit ss. Achte deshalb stets auf die Länge des Vokals vor dem s-Laut!

Beispiele: schließen, Schloss, schließbar, geschlossen
wissen, weiß, wusste, gewusst
verdrießen, Verdruss, verdrießlich
fließen, fließt, floss, geflossen, Fluss

3. dass und das

1 **Den Artikel, das Relativ- und das Demonstrativpronomen das schreibt man nur mit einem s.**

Artikel das	**das** Haus
Relativpronomen das	Das Haus, **das** wir bewohnen, ist alt.
Demonstrativpronomen das	**Das** ist das Haus, das wir bewohnen!

Tipp: Wenn ich für das **dieses** oder **welches** sagen kann, schreibe ich es mit einem s.

2 **Die gleich lautende Konjunktion, die einen Hauptsatz mit einem Nebensatz verbindet, schreibt man immer mit ss: dass.**

Konjunktion dass	Ich glaube, **dass** es schön aussehen wird. Vincent findet, **dass** ich kommen sollte. Das glaubst du ja selbst nicht, **dass** ich das tue!

4. Wörter mit bs und ps

1 Für das Schreiben von bs oder ps gibt es leider keine Rechtschreibregel. Du musst dir die Schreibweise einprägen.

Wörter mit bs	Wörter mit ps
Erbse, Krebs, Herbst, Obst selbst, schubsen	Drops, Klops, Klaps, Mops, Gips, Schlips, Schwips, Schnaps, Stöpsel, Mumps

2 Bei der 2. Person Singular Präsens leitest du die Schreibweise vom Stamm ab.

kleben	–	du klebst	stoppen	–	du stoppst
erben	–	du erbst	hupen	–	du hupst
loben	–	du lobst	tippen	–	du tippst

5. Wörter mit f – v – ph

Eine Regel zu Schreibung der Konsonanten f, v und ph gibt es nicht. Du musst dir die Schreibweise der Wörter gut einprägen. In vielen Wörtern werden die Laute f, v und ph gleich ausgesprochen: Hof, Strophe, Vogel, verletzen, finden, voll, Atmosphäre

1 Bei manchen gleich lautenden Wörtern musst du besonders aufpassen.

er fiel hin	–	viel Arbeit
die Ferse am Bein	–	die Verse des Gedichts
fetter	–	mein Vetter Max
fordern	–	die vorderen Reifen
füllen	–	das volle Glas

2 Viele Fremdwörter werden mit Ph/ph geschrieben. Es gibt aber auch einige, bei denen das ph durch f ersetzt wurde.

Fremdwörter mit Ph/ph	Atmosphäre, Physik, Phase, Katastrophe
Fremdwörter mit F/f (ph durch f ersetzt)	Fotografie, Grafik, Telefon, Fantasie

3 In manchen Fremdwörtern wird v wie w ausgesprochen.

Beispiele: Vase, Advent, Klavier, Kurve, November, Vanille, Violine, Villa, Vitrine

6. Wörter mit d, t, tt und dt

1 Wenn man nicht weiß, ob ein Wort mit t oder tt geschrieben wird, hält man sich an die folgende Regel: Nach einem **lang gesprochenen Vokal** folgt meistens **ein einfaches** t. Nach einem **kurz betonten Vokal** folgt meistens ein tt.

t nach lang gesprochenem Vokal	Pfote, raten, mieten, Mut, laut, heute, Meter
tt nach kurz gesprochenem Vokal	Motte, Ratte, Mitte, Mutter, Vetter

2 Die abgeleiteten Formen der Verben senden und wenden enthalten oft dt.

Beispiele: sandte, gesandt, Gesandter,
wandte, gewandt, Verwandter, Bewandtnis

Ausnahmen: der Versand, das Gewand

3 Die Nachsilben -ent und -ant kommen überwiegend in **Fremdwörtern** vor. Sie werden betont.

Fremdwörter mit -ant	arrog**ant**, charm**ant**, ras**ant**, Pass**ant**, Provi**ant**, Fabrik**ant**
Fremdwörter mit -ent	intellig**ent**, dez**ent**, promin**ent**, Experim**ent**, Komplim**ent**, Testam**ent**

! **Achtung:** der Konfirmand

7. tod-/tot-, seit/seid und ent-/end-

1 Bei vielen Wortzusammensetzungen mit tod- oder tot- kannst du die Schreibweise hören: Todesanzeige, Todesfall, Totenstille, Totenkopf.

Zusammengesetzte Adjektive werden meistens mit tod-, **zusammengesetzte Verben** werden meistens mit tot- geschrieben.

zusammengesetzte Adjektive mit tod-	**tod**bleich, **tod**sicher, **tod**müde, **tod**ernst
zusammengesetzte Verben mit tot-	**tot**schweigen, **tot**fahren, **tot**lachen, **tot**treten

2 Unterscheide die **Konjunktion** seit und deren Ableitung seitdem sowie die **Präposition** seit von der **2. Person Plural zu dem Verb** sein: ihr seid.

Konjunktion seit/seitdem	**Seitdem** er fort ist, ist es viel ruhiger geworden.
Präposition seit	**Seit** meinem Unfall kann ich nur mühsam gehen.
2. Person Plural von sein	**Seid** ihr schon hungrig?

3 Die **Vorsilbe** ent- wird **nie betont**. Die **Vorsilbe** end- kommt von dem Wort Ende und wird **immer betont**.

Die **Nachsilbe** -ent kommt überwiegend in Fremdwörtern vor. Die **Nachsilbe** -end findest du beim Partizip Präsens und dessen Ableitungen.

Vorsilbe ent- (unbetont)	**ent**decken, **ent**täuschen, **ent**fernen
Vorsilbe end- (betont)	**end**los, **end**lich, **end**gültig
Nachsilbe -ent	intellig**ent**, Experim**ent**
Nachsilbe -end	lach**end**, anstreng**end**, ras**end**

Groß- und Kleinschreibung

1. Substantivierte Verben

Normalerweise schreibst du Verben klein. Doch wenn Verben die Aufgaben von Substantiven übernehmen, schreibt man sie mit **großen Anfangsbuchstaben**. Ein substantiviertes Verb erkennst du daran, dass es die **Merkmale eines Substantivs** hat. Verschiedene Wörter, die davor stehen können, machen das Verb zu einem Substantiv:

ein Artikel	**Das Arbeiten** macht ihm Freude.
ein Pronomen	**Sein Jammern** geht mir auf die Nerven!
eine unbestimmte Mengenangabe (Mengenangaben sind z. B. viel, wenig, manch, alles)	**Viel Stöhnen** hilft da auch nicht weiter.
eine Präposition	Mir war **zum Heulen** zumute.
ein Adjektiv	**Langes Warten** ist unangenehm.
ohne Kennzeichnung	**Lesen** und **Schreiben** fiel ihm besonders leicht.

2. Substantivierte Adjektive

1 Normalerweise werden Adjektive kleingeschrieben. Doch wenn Adjektive die Aufgaben von Substantiven übernehmen, schreibt man sie **groß.** Ein substantiviertes Adjektiv erkennst du daran, dass es die **Merkmale eines Substantivs** hat. Es kann folgende Wörter bei sich haben:

einen Artikel	Das Wunderbare an meinem Vater ist sein Humor.
ein Pronomen	Meine Mutter nennt ihn „**mein** Bester".
eine unbestimmte Mengenangabe (wie z. B. viel, wenig, alles)	Von ihm wird **viel** Gutes erzählt. Wir wünschen dir **alles** Gute!
eine Präposition	**vom** Feinsten, **im** Allgemeinen, **im** Trüben, **im** Dunkeln

2 Auch Adjektive in **bestimmten Wortpaaren und Redewendungen** schreibt man groß.

Beispiele: Groß und Klein, Alt und Jung, im Großen und Ganzen, Arm und Reich

aber: durch dick und dünn
von nah und fern
über kurz oder lang

! **Achtung:** Bei dem folgenden Satz beziehen sich die Adjektive groß und klein auf Tüten und sind deshalb nicht substantiviert:

Ich möchte drei Tüten Lakritze: zwei große und eine kleine.

3. Anredepronomen

1 Die **höfliche Anrede** Sie und deren Ableitungen schreibt man **immer groß**.

Beispiel: Darf ich Sie um Ihren Kuli bitten?
Ich gebe ihn Ihnen gleich zurück.

2 Die **vertraulichen Anredepronomen** du und ihr und deren Ableitungen dürfen im Brief auch **klein** geschrieben werden.

Beispiel: Ich denke, du wirst dich über meinen Brief freuen und gratuliere dir.
Wir glauben, dass ihr euch in eurem neuen Heim wohl fühlen werdet.

4. Tageszeiten

1 **Kleingeschrieben** werden **Adverbien**, die Tageszeiten bezeichnen. Dazu gehören auch die mit dem s-Laut endenden Tageszeiten.

Beispiele: heute, morgen, gestern, vorgestern, früh
Du kannst morgen zu mir kommen.

abends, morgens, mittags, nachmittags, nachts
Ich habe abends nie Zeit.

2 Großgeschrieben werden **Substantive**, die Tageszeiten angeben. Auch nach den Wörtern vorgestern, gestern, heute, morgen und übermorgen werden Tageszeitangaben immer **großgeschrieben**.

Beispiele: der Abend, am Morgen, zu Mittag, gegen Nachmittag, jede Nacht

gestern Abend, heute Morgen, übermorgen Mittag

aber: gestern früh, morgen früh

3 Zusammengeschrieben werden die **Verbindungen von einem Wochentag und einer Tageszeit**. Sie werden als zusammengesetztes Substantiv verstanden und deshalb auch **großgeschrieben**.

Beispiele: am Sonntagmorgen, jeden Montagnachmittag, der kommende Samstagabend, übernächsten Freitagnachmittag

aber: freitagnachmittags, samstagabends
(adverbialer Gebrauch, siehe oben)

5. Ortsangaben

1 Geographische Bezeichnungen auf -isch werden im Allgemeinen **kleingeschrieben**.

Beispiele: amerikanisch, pfälzisch, schweizerisch;
das amerikanische Essen

Achtung! In Eigennamen schreibt man sie groß:
der Westfälische Friede, die Fränkische Schweiz, die Schwäbische Alb, der Atlantische Ozean

2 Geographische Bezeichnungen auf -er schreibt man dagegen immer **groß**.

Beispiele: der Pfälzer Wein, der Schweizer Käse,
die Münchner Innenstadt

6. Paar und paar

1 Das **kleingeschriebene** Wort paar hat in Verbindung mit dem Artikel oder einem Pronomen die Bedeutung **einige wenige**.

Beispiele: ein paar Leute; deine paar Pfennige; in den paar Wochen

2 Das **großgeschriebene** Wort Paar ist ein Substantiv und wird dekliniert. Es bezeichnet eine **Zweiheit** oder **zwei zusammengehörende Dinge**.

Beispiele: Nun sind sie ein Paar.
Die Wohnung des Paares war völlig verwahrlost.

Ich kaufte ein Paar Schuhe.
Max besorgte sich mehrere Paar Socken im Sonderangebot.

7. Das Numerale

1 Das Numerale (Zahlwort) hat die Aufgabe **bestimmte und unbestimmte Zahlen bzw. Mengen** anzugeben. Wie ein Adjektiv kann es auch substantiviert werden – dann schreibst du es groß.

Beispiele: Um ganze zwei Meter warf Lukas an der Ziellinie vorbei.
Der Zweite in der Schlange, die vor dem Kino anstand, war mein Freund Bodo.

2 Die **bestimmten Zahlwörter** lassen sich folgendermaßen unterscheiden:

Grundzahlwörter (Kardinalzahlen)	eins, zwei, achtunddreißig, eine Million, hundert, tausend
Ordnungszahlwörter (Ordinalzahlen)	der Erste, der Zehnte, jeder Dritte, der Sechzigste
Bruchzahlwörter	ein Drittel, ein Hundertstel
Wiederholungszahlwörter	einmal, fünfmal, achtzigmal

! Alle Zahlen **unter einer Million** schreibt man **klein** und **zusammen:** siebenundzwanzig, neunhundertdreiunddreißig, zehntausendvierhundertfünfundsechzig

3 Die **unbestimmten Zahlwörter** machen keine genauen Angaben: viele, wenige, keine, manch, jeder, mehrere, alle, andere. Die Zahlwörter ein, andere, viel und wenig werden in allen Formen **immer kleingeschrieben.**

Beispiele: Das haben schon viele vor dir gemacht.
Es gab nur weniges, das sie interessierte.
Die einen wollten ausgehen, die anderen lieber zu Hause bleiben.

8. Die Wörter Angst, Bange, Recht, Schuld, Pleite, Leid und Gram

1 Die Wörter Angst, Bange, Recht, Schuld, Gram, Leid und Pleite werden **großgeschrieben**, wenn sie als **Substantive** gebraucht werden.

Beispiele:
Ich habe Angst.
Man macht mir Angst.
Er hat keine Bange.
Du hast Recht.
Wir haben Schuld.
Ihr müsst die Schuld tragen.
Die Firma geht Pleite.
Das tut mir Leid.
Sein Gram war groß.

2 In Verbindung mit den Hilfsverben sein, bleiben und werden wird aus diesen Wörtern jedoch ein **Adjektiv**, das **kleingeschrieben** werden muss.

Beispiele:
Uns ist/wird angst und bange.
Es ist mir recht.
Sie sind nicht schuld.
Er ist pleite.
Sie ist mir gram.
Ich bin es leid.

Getrennt- und Zusammenschreibung

1. Die Getrenntschreibung

1 **Normalerweise werden auch inhaltlich eng zusammengehörende Wörter getrennt geschrieben.** Das gilt auch für folgende Fälle:

Verbindungen von Substantiv und Verb	Rad fahren, Karten spielen, Halt machen, Pleite gehen, Leid tun
Verbindungen von zwei Verben (bzw. Partizip und Verb)	spazieren gehen, kennen lernen, bekannt machen, gefangen nehmen
Verbindungen von Adverb und Verb (bzw. Adverb und Partizip)	daheim bleiben, zueinander finden, allein stehen, abwärts laufen
Verbindungen mit so, wie und zu	so viel, so wenig, wie viel, wie lange, zu viel, zu oft

Achtung! Diese Verbindungen schreibst du **zusammen** und **groß**, wenn sie als **Substantive** verwendet werden:
Das Kartenspielen machte ihm großen Spaß.
Häufiges Spazierengehen finde ich langweilig.
Das Zueinanderfinden war gar nicht so einfach.

2 Verbindungen von **Adjektiv und Verb** werden dann **getrennt geschrieben**, wenn das Adjektiv **gesteigert** oder durch sehr bzw. ganz **ergänzt** werden kann. Adjektive auf -ig, -lich und -isch werden immer vom Verb getrennt geschrieben.

Beispiele: leicht(er) fallen, (ganz) ernst meinen, (sehr) frisch gebacken, genau(er) nehmen, schnell(er) rennen

ruhig schlafen, heimlich sprechen, stürmisch begrüßen

3 Verbindungen mit sein werden immer getrennt geschrieben.

Beispiele: zufrieden sein, glücklich sein, fertig sein

2. Die Zusammenschreibung

1 Zusammengeschrieben wird, wenn der **letzte Bestandteil einer Verbindung ein Substantiv** ist. Das gilt auch für Wörter aus einer anderen Sprache.

Beispiele: Nussschokolade, Stilllegung, Zweierbob, Bestseller

2 Eine Verbindung von **Verb und Partikel** wie zum Beispiel entzwei, zusammen, dafür, dagegen, wider, hinauf, hinab usw. wird zusammengeschrieben.

Beispiele: zusammenkleben, widerrufen, übereinstimmen, weiterlaufen, entzweifallen

3 Wenn der **erste Bestandteil** einer Verbindung **nicht erweitert oder gesteigert** werden kann, wird zusammengeschrieben.

Beispiele: fernsehen, totlachen, wahrsagen, schwarzfahren

4 Wortverbindungen, bei denen der **erste oder zweite Bestandteil** in dieser Form **nicht selbstständig vorkommt** oder **keinen Sinn** ergibt, werden zusammengeschrieben.

Beispiel: gutmütig, redselig, wissbegierig, einfach, vieldeutig

5 Sämtliche Verbindungen mit irgend- werden zusammengeschrieben.

Beispiele: irgendjemand, irgendeiner, irgendetwas, irgendwann

! **Achtung (Ausnahme):** irgend so einer, irgend so etwas

Schreibung mit Bindestrich

Man setzt bei mehrteiligen Wörtern oft einen **Bindestrich**, um sie **leichter lesbar** zu gestalten. Das ist vor allem in den folgenden Fällen nötig:

bei langen Wortzusammensetzungen:	der Wasserrohr-Dichtungsring das Einfamilien-Reihenhaus
bei der Zusammensetzung einer Abkürzung mit einem weiteren Wort:	die TÜV-Untersuchung der KFZ-Mechaniker
bei der Zusammensetzung von einzelnen Buchstaben oder Zahlen und einem Wort:	b-Moll 4-türig A-Klasse 1:2-Sieg
bei schwer lesbaren Wörtern:	Hawaii-Insel See-Elefant Altbau-Erhaltung
bei mehrteiligen Zusammensetzungen, wenn die ersten Bestandteile aus Eigennamen bestehen:	Albrecht-Dürer-Allee Hugo-Wolf-Straße Johann-Sebastian-Bach-Gymnasium Albert-Einstein-Preis

Zeichensetzung

1. Die wichtigsten Kommaregeln auf einen Blick

Grundregel **Kein Komma** steht zwischen den Satzgliedern Subjekt, Prädikat, Objekt und Adverbiale.	Am letzten Montag unternahm unsere Klasse einen Ausflug zum Chiemsee.
1. Regel Zwischen **Aufzählungen** steht ein Komma, wenn sie nicht durch und bzw. oder unterbrochen sind.	**Gabi, Lena, Anne und ich** saßen ganz hinten im Bus.
2. Regel Vor den **entgegensetzenden Konjunktionen** aber, dennoch, sondern und jedoch steht ein Komma.	Die Fahrt war zwar lang**, aber** keineswegs langweilig.
3. Regel Die **Apposition** wird durch ein Komma abgetrennt.	Frau Liebschön**, unsere Klassenlehrerin,** wollte Lieder singen.
4. Regel Zwischen den Hauptsätzen einer **Satzreihe** steht ein Komma. Steht ein und bzw. oder dazwischen, muss kein Komma stehen. Du darfst es aber setzen.	Sie stimmte ein Wanderlied an, es klang ein bisschen kläglich **(,)** und keiner sang mit.
5. Regel **Haupt- und Nebensätze** werden durch ein Komma getrennt.	Als Peter dann „Oh my Darling" begann, machten wir alle mit.
6. Regel **Aufforderungen und Befehlssätze** werden durch ein Komma getrennt.	**Schau,** es regnet! **Nimm dich in Acht,** hier ist es glitschig!

2. Komma bei der Aufzählung

1 Wenn man mehrere **gleichartige Satzglieder** unverbunden aufzählt, trennt man sie durch ein **Komma.**

Beispiele: Kinder, Eltern, Verwandte genossen das Fest.
(Aufzählung von Subjekten)
Er schrie auf, jubelte, sprang in die Luft.
(Aufzählung von Prädikaten)
Ein schöner, roter Ballon stieg hoch.
(Aufzählung von Adjektiven)

2 Wenn diese Satzglieder allerdings durch die **Konjunktionen** und, oder, sowie, sowohl ... als auch und entweder ... oder verbunden sind, **entfällt das Komma**.

Beispiele: Er war sowohl aufgeregt als auch gespannt und sehr nervös.
Weder war sie faul noch unpünktlich oder gar frech.

3 Wenn das **letzte von mehreren Adjektiven** mit dem folgenden Substantiv enger zusammengehört, setzt du ebenfalls **kein Komma**. Einen solchen Fall erkennt man, wenn man kein und zwischen die Adjektive fügen kann.

Beispiele: ein bekanntes hessisches Sprichwort
(ein hessisches Sprichwort, das bekannt ist)
der berühmte deutsche Dichter
(nicht: der berühmte und deutsche Dichter)

3. Komma vor entgegensetzenden Konjunktionen

1 Gegensätze oder Gegenüberstellungen können durch aber, sondern, jedoch, doch und dennoch verknüpft werden. Vor diesen **entgegensetzenden Konjunktionen** steht ein **Komma**.

Beispiele: Sven war schweigsam, aber (doch, jedoch) glücklich.
Er wollte nicht reden, sondern seine Ruhe haben.
Er war müde, dennoch schlief er nicht.

2 Das gilt auch für die Aufzählung mit teils ..., teils und erstens ..., zweitens.

Beispiele: Seine Eltern waren teils besorgt, teils verständnislos.
Erstens war es spät, zweitens war es dunkel.

3 Auch vor einem Zusatz, der mit und zwar beginnt, steht ein Komma.

Beispiele: Wir sollten die Polizei anrufen, und zwar sofort!

4. Komma bei der Apposition

Die Apposition ist eine **Beifügung,** die immer im **gleichen Fall** steht wie das Substantiv, auf das sie sich bezieht.

Beispiele: Die englische Königin Elizabeth ist sehr bekannt.
Man sieht oft Bilder der englischen Königin Elizabeth.

Appositionen werden oft **nachgestellt** und dann mit **Kommas** abgetrennt. Bei Datumsangaben darf das schließende Komma weggelassen werden.

Beispiele: Elizabeth, die englische Königin, ist sehr bekannt.
Man sieht oft Bilder von Elizabeth, der englischen Königin.
Wir kommen am Sonntag, den 1. Mai(,) bei euch an.

5. Komma in der Satzreihe

1 Wenn Hauptsätze aneinander gefügt werden, spricht man von einer **Satzreihe.** Die einzelnen Bestandteile werden durch ein **Satzzeichen** getrennt. Das kann ein Punkt, Semikolon oder ein Komma sein.

Beispiele: Er kam, er sah, er siegte.
Der Lehrer betrat das Klassenzimmer; er öffnete seine Aktentasche, dann zog er das Notenbuch hervor.

2 Werden **mehrere Hauptsätze** durch und oder oder verknüpft, kann man ein Komma setzen, man muss es jedoch nicht.

Beispiele: Sie knipste das Licht an (,) und er wachte auf.
Stefan hat seinen Bus verpasst (,) oder er hat ganz einfach die Verabredung vergessen.

6. Komma zwischen Haupt- und Nebensätzen

1 **Jeder Nebensatz wird mit einem Komma vom Hauptsatz abgetrennt.** Nebensätze sind von Hauptsätzen abhängig und können nicht allein stehen. Sie beginnen mit Konjunktionen wie dass, damit, weil, obwohl, ob, der, welcher, wo, wie usw. und enden mit der Personalform des Verbs.

Beispiele: Wir froren, obwohl wir warm angezogen waren.
Die Schule, die mitten in der Stadt lag, brannte eines Nachts ab.

2 Wenn **zwei gleichrangige Nebensätze** von einem Hauptsatz abhängig sind, steht zwischen ihnen **kein Komma.**

Beispiel: Ich glaube, dass wir zu spät kommen werden und dass die Eltern deswegen sehr verärgert sein werden.

7. Komma nach Aufforderungen und Befehlssätzen

Aufforderungen und Befehlssätze werden durch ein **Komma** abgetrennt.

Beispiel: Halt, hier wird es gefährlich!
Vergiss deinen Schlüssel nicht, du kommst sonst nicht in die Wohnung.
Los, nun mach schon!
Bitte, gib mir deinen Pulli!
Lass das endlich sein, du machst mich ganz nervös!

8. Satzzeichen bei der wörtlichen Rede

1 Die wörtliche Rede oder eine wörtlich aufgeführte Textstelle setzt man in **Anführungszeichen.** Steht der Begleitsatz zu Beginn, endet er mit einem **Doppelpunkt.**

Beispiele: Er sagte: „Es ist spät."
Auf dem Schild stand: „Die Vorstellung ist ausverkauft."

2 Wenn ein solcher Satz jedoch umgestellt wird, verliert die wörtliche Rede ihren Schlusspunkt und man fügt **nach dem Anführungszeichen ein Komma ein.**

Beispiel: „Es ist spät", sagte er.

3 Wie in anderen Sätzen auch setzt man nach einem Ausruf ein **Ausrufezeichen** und nach einer Frage ein **Fragezeichen.** Diese Zeichen stehen vor dem Anführungszeichen.

Beispiel: Sie fragten sich: „Wird er wohl pünktlich sein?"
Max rief: „Niemals werde ich das tun!"

4 Folgt jedoch der **Begleitsatz nach der wörtlichen Rede,** muss man noch ein **Komma** hinzufügen.

Beispiel: „Wird er wohl pünktlich sein?", fragten sie sich.
„Niemals werde ich das tun!", rief Max.

5 Wenn die **wörtliche Rede unterbrochen** wird, setzt man ein **Komma nach dem Anführungszeichen und nach dem Zwischensatz.**

Beispiel: „Wir sollten aufpassen", sagte er, „dass wir uns nicht verirren."

Worttrennung am Zeilenende

1 Im Allgemeinen richtet sich die Worttrennung nach den **Sprechsilben.**

Beispiele: zah-len, Trai-ning, ka-putt, I-gel, ge-hen, ren-nen, flie-ßen

2 Steht ein einzelner Konsonant zwischen zwei Vokalen, so wird er bei der Trennung auf die nächste Zeile gesetzt. **Gibt es mehrere Konsonanten, kommt nur der letzte auf die neue Zeile. Diese Regelung gilt auch für die Lautkombination** st.

Beispiele: schla-fen, ei-sig;
Kas-ten, Wes-pe, stop-fen, sprit-zig, sprin-gen,
schimp-fen, Rit-ter

3 **Nicht trennbar** sind ck, ch, sch, ph, th und rh.

Beispiele Rü-cken, Pa-ckung;
Bü-cher, Ma-sche, Sa-phir, Ma-the

4 **Zusammengesetzte Wörter** trennt man entsprechend ihrer **Bestandteile.**

Beispiele: Bar-geld, Not-fall, Schul-buch, Fest-akt

5 In einigen Fällen kann man die Zusammensetzung nicht mehr erkennen. Dann gibt es **zwei Trennmöglichkeiten.** Das gilt auch für **Fremdwörter.**

Beispiele: hi-nauf (oder hin-auf), wa-rum (oder war-um)
Mag-net (oder Ma-gnet), Chi-rurg (oder Chir-urg)

Fremdwörter

Bei manchen Fremdwörtern gelten **zwei Schreibweisen.** Sie dürfen so geschrieben werden wie in ihrer **Herkunftssprache,** dürfen aber auch nach einigen **Vereinfachungsregeln** geschrieben werden. Dabei wurden schwierige Laute oder Lautverbindungen eingedeutscht.

ph wird zu f	gh wird zu g
(Mikro**ph**on) Mikro**f**on (Tele**ph**on) Tele**f**on (Fotogra**ph**) Fotogra**f** (**Ph**antasie) **F**antasie	(Spa**gh**etti) Spa**g**etti (Jo**gh**urt) Jo**g**urt (**Gh**etto) **G**etto
ch wird zu sch	**th wird zu t**
(Ket**ch**up) Ket**sch**up (Sket**ch**) Sket**sch**	(**Th**unfisch) **T**unfisch (Pan**th**er) Pan**t**er
ai wird zu ä	**ou wird zu u**
(Mayonn**ai**se) Majon**ä**se (Polon**ai**se) Polon**ä**se	(N**ou**gat) N**u**gat (Brav**ou**r) Brav**u**r

Deutsch
7./8. Schuljahr

Inhaltsverzeichnis Deutsch 7./8. Schuljahr

1. Erzählungen schreiben

1 Eine Erzählung kann von Erlebnissen oder Ereignissen erzählen, die der Erzähler selbst erlebt, gehört oder erfunden hat.

2 Eine Erzählung besteht aus folgenden drei Teilen:

Einleitung:	Vorstellen von Personen, Angabe von Ort und Zeit.
Hauptteil:	Hier wird die eigentliche Geschichte erzählt und dabei zielstrebig zum Höhepunkt hingeführt.
Schluss:	Er sollte kurz sein und wieder aus der Geschichte hinausführen.

3 Wenn du die folgenden **Tipps** beachtest, gelingen dir mit Sicherheit spannende und interessante Erzählungen:

- Treffende Ausdrücke,
- gute Vergleiche und
- wörtliche Rede verwenden, da sie eine Erzählung lebendig machen.
- Die Sätze sollten möglichst einfach und klar formuliert sein.
- Es kann in der Gegenwart oder in der Vergangenheit geschrieben werden.
- Man sollte überlegen, welches die passendere Form ist: die Ichform oder die neutrale Erzählform.
- Die richtige Reihenfolge ist zu beachten.
- Auch abwechslungsreicher Satzbau und geschickte Satzverknüpfungen sind wichtig.

2. Nacherzählungen schreiben

1 Die Nacherzählung dient wie die Erzählung zur Unterhaltung des Lesers. Sie muss daher anschaulich und interessant formuliert sein.

2 In der Nacherzählung wird ein vorgegebener Text mit eigenen Worten erzählt, wobei der Erzähler sich aber inhaltlich genau an die Vorlage halten muss.

3 Hier sind **Tipps** für eine gelungene Nacherzählung:

- Sie sollte so anschaulich und interessant wie der vorgegebene Text sein.
- Es darf nichts hinzuerfunden werden.
- Zeitform und Erzählperspektive werden von der Vorlage übernommen.
- Die Sprache sollte abwechslungsreich sein.
- Es sollte auf treffende Adjektive und Verben geachtet werden.
- Stimmungen dürfen geschildert und Spannung erzeugt werden.
- Sie darf wörtliche Rede enthalten.
- Die Nacherzählung darf etwas kürzer oder sogar länger sein als die Vorlage.

3. Schilderungen verfassen

1 Eine gute Schilderung vermittelt dem Leser oder Zuhörer die **Gefühle und Eindrücke** des Erzählers. Geschildert werden können beeindruckende Begegnungen mit Menschen, Tieren, Landschaften oder Technik. Auch das Erleben von Naturereignissen oder die Erfahrungen einer Reise können anschaulich, bildhaft und farbig erzählt werden.

2 **Tipps** für eine gute Schilderung sind:

- Wichtig ist nicht nur, was erfahren wurde, sondern **wie** es erfahren wurde.
- Dazu sind bildhafte Vergleiche, „farbige" Adjektive und treffende Verben nötig.
- Die Sprache sollte gefühlsbetont sein, denn sie soll dem Leser sowohl die Geschehnisse als auch die persönlichen Eindrücke und Gefühle vermitteln.
- Die Schilderung kann in der Gegenwart oder in der Vergangenheit erzählt werden, wobei das Präsens unmittelbarer wirkt.
- Im Gegensatz zur Erzählung kann sie ohne Einleitung beginnen oder sofort die wichtigste Szene als Einleitung bringen und dann ausklingen lassen.

Beispiel für eine Schilderung:

Es war ein unglaublich strahlender Sommertag. Der Himmel war tiefblau. Ich glaubte, in die Ewigkeit schauen zu können, als ich plötzlich ein merkwürdiges Ding, wohl ein Ufo, auf mich zurasen sah. Ich war entsetzt und fürchtete, dass ein schreckliches Unglück seinen Anfang nehmen würde. Doch plötzlich hielt es inne und schwebte längere Zeit über derselben Stelle.

4. Berichte schreiben

1

In Berichten und Zeitungsartikeln werden **tatsächliche Geschehen** kurz und sachlich dargestellt. Es werden alle Tatbestände erwähnt, die für den Leser wichtig sind. Berichte werden z. B. über Unfälle, Reisen und wichtige sportliche oder politische Ereignisse geschrieben.

2

Folgende Fragen solltest du dir **vor dem Verfassen** eines Berichtes stellen: Für wen ist der Bericht? Was interessiert die Leser an dem Ereignis? Welchen Zweck hat der Bericht?

3

Folgende **Grundfragen** (die so genannten W-Fragen) muss ein Bericht beantworten:

- **Was** ist geschehen?
- **Wer** war daran beteiligt?
- **Wann** ist es geschehen?
- **Wo** ist es geschehen?
- **Wie** ist es geschehen?
- **Warum** ist es geschehen?

4

Hier sind einige **Tipps** für das Schreiben guter Berichte:

- kurz und genau schreiben,
- treffende Ausdrücke und Fachwörter verwenden,
- nichts Wichtiges vergessen,
- Meinungen und Vermutungen weglassen,
- sachliche, klare Sprache verwenden,
- keine wörtliche Rede benutzen,
- richtige Reihenfolge einhalten,
- das Präteritum benutzen.

5. Inhaltsangaben anfertigen

1 Die Inhaltsangabe ist eine **spezielle Form des Berichtes.** Sie gibt das Wesentliche eines Textes in eigenen Worten wieder. Dabei muss **alles Wichtige** erfasst werden.

2 Die Inhaltsangabe beantwortet folgende Fragen: Worum geht es in dem Text? Was sind die wichtigsten Stationen der Handlung? Wohin führt der Handlungsablauf?

3 **Tipps** für das Schreiben guter Inhaltsangaben sind:

- knapp, sachlich und informativ schreiben,
- Personen, Ort und Zeit des Geschehens erwähnen,
- eventuell auch Motive und Absichten erwähnen,
- Ausschmückungen wie beschreibende Adjektive meiden,
- die indirekte Rede an Stelle der wörtlichen Rede verwenden,
- begründende Nebensätze gebrauchen,
- im Präsens schreiben,
- persönliche Meinungen vermeiden.

Beispiel für eine Inhaltsangabe zu dem Roman von Jules Verne „In 80 Tagen um die Erde“ (vergleiche hierzu den Klappentext auf S. 6):

Jules Verne beschreibt eine abenteuerliche Reise in der Mitte des 19. Jahrhunderts. Auf Grund einer Wette versucht Phileas Fogg mit seinem Diener Passepartout in 80 Tagen um die Erde zu reisen.

Sie beginnen die Reise von England aus in östlicher Richtung, gefolgt von einem Polizisten. Dieser wartet auf eine günstige Gelegenheit, um Phileas Fogg zu verhaften, da er ihn für einen Verbrecher hält. Nach verschiedenen abenteuerlichen und gefährlichen Situationen sowie einer irrtümlichen Verhaftung, die viel Zeit kostet, erreichen sie wieder England – und dies sogar einen Tag früher als geplant, da sie bei der Fahrt in östlicher Richtung die Datumsgrenze überschritten haben. So gelingt es Phileas Fogg, die Wette zu gewinnen.

6. Klappentexte anfertigen

1 Klappentexte finden wir auf der Einschlagklappe des Schutzumschlages. Daher kommt auch der Name Klappentext.

2 Ein Klappentext verrät mit wenigen Worten, worum es in dem Buch geht, ohne aber alles zu verraten. Er soll den Leser neugierig machen, damit er Lust bekommt, das Buch zu kaufen und zu lesen.

3 Hier sind **Tipps** für das Schreiben eines gelungenen Klappentextes:

- auf interessante Situationen, mögliche Gefahren oder Abenteuer hinweisen,
- weder spannende Einzelheiten noch den Ausgang der Geschichte verraten,
- mit anschaulichen Bildern die Fantasie der Leser ansprechen,
- treffende Adjektive, Verben und interessante Wortzusammensetzungen benutzen.

Beispiel eines Klappentextes zu dem Roman von Jules Verne „In 80 Tagen um die Erde“ (vergleiche hierzu die Inhaltsangabe auf Seite 5):

Jules Verne lässt in diesem Buch die Leser an einer besonders abenteuerlichen Reise um die Erde in der Mitte des 19. Jahrhunderts teilhaben.
In England ist eine Wette abgeschlossen worden, die Erde in 80 Tagen zu umrunden. Aber ist das überhaupt möglich bei den schlechten Verkehrsverhältnissen?
Kaum hat Phileas Fogg mit seinem Diener Passepartout die Reise angetreten, haben sie mit Schwierigkeiten zu kämpfen. Die beiden lernen merkwürdige Sitten und Gebräuche kennen. Immer wieder geraten sie in lebensgefährliche Situationen. Ständig drängt die Zeit. Und dann hält eine irrtümliche Verhaftung Phileas Fogg auf. Wird das waghalsige Unternehmen nun scheitern?
Der Roman, geschmückt mit herrlichen Bildern, bleibt spannend bis zum letzten Augenblick.

7. Protokolle verfassen

1 Das Protokoll ist eine **besondere Form des Berichts**. Wir unterscheiden das **Ergebnisprotokoll** und das **Verlaufsprotokoll**. Das Ergebnisprotokoll enthält nur die wesentlichen Ergebnisse, das Verlaufsprotokoll enthält die Einzelheiten des Ablaufs. Protokolle werden als Erinnerungshilfe für die Teilnehmer, als Information für Abwesende oder zur Ergebnissicherung geschrieben.

2 Folgendes ist wichtig bei der **Vorarbeit** für ein Protokoll:

- klare und genaue Stichwörter,
- Ort, Datum, Anwesende, Thema vermerken,
- nur das Wichtige notieren,
- ganz wichtige Aussagen wörtlich übernehmen.

3 Hier sind **Tipps** für Stil und Inhaltspunkte eines Protokolls:

- Es müssen vermerkt sein: Ort, Datum, eventuell Uhrzeit, Anwesende, Protokollführer, eventuell Vorsitzender, Thema.
- Es folgen Verlauf oder Ergebnis der Veranstaltung, Unterschrift.
- Es kann in der Gegenwart oder in der Vergangenheit geschrieben werden.
- Normalerweise wird das Gesagte in der indirekten Rede wiedergegeben.
- Wichtige Aussagen werden wörtlich mit Anführungszeichen übernommen.
- Die Sprache sollte genau und sachlich sein.
- Es werden ganze Sätze geschrieben.

8. Zeitungsnachrichten schreiben

1

Nachrichten (z. B. Zeitungsartikel, Nachrichten im Hörfunk etc.) sind kurze Mitteilungen über **tatsächlich geschehene Ereignisse**. Sie enthalten nur das Wichtigste und müssen knapp und genau sein. Nachrichten müssen **objektiv** geschrieben sein, im Gegensatz zu Kommentaren, die auch Wertungen und persönliche Meinungen enthalten.

2

Hier müssen folgende Fragen beantwortet werden:

- **Was** ist geschehen?
- **Wann** ist es geschehen?
- **Wo** ist es geschehen?
- **Wer** oder was war beteiligt?
- **Wie** ist es geschehen?
- **Warum** ist es geschehen?
- **Was** sind die Folgen des Geschehens?

3

Hier erfährst du einige **Tipps** für das Schreiben von Nachrichten:

- Schlagzeile, die den Inhalt umreißt, schreiben,
- obige Fragen beantworten,
- sachliche, nüchterne Sprache verwenden,
- nur die wesentlichen Fakten erwähnen,
- keine persönliche Meinung äußern oder aber sie deutlich als solche kennzeichnen,
- kurze, klare, leicht verständliche Sätze in der Vergangenheit schreiben.

9. Briefe verfassen

1 Briefe werden aus den **unterschiedlichsten Gründen** geschrieben. Der Schreiber will z.B. dem Leser etwas erzählen, ihn kurz informieren, ihm etwas Wichtiges mitteilen, ein Problem erläutern, über ein Erlebnis berichten, ihn einladen, ihn um Informationen bitten, sich bei ihm beschweren, ihn überreden, etwas zu tun oder etwas nicht zu tun usw.

2 Inhalt und Formulierung eines Briefes hängen also einerseits vom Zweck des Schreibens, andererseits vom Adressaten ab. Aber alle sollten in einem höflichen, freundlichen Ton geschrieben sein, ohne Beschimpfungen und Beleidigungen.

3 Briefe enthalten **Absender** (kann auch hinten auf dem Briefumschlag stehen), **Datum, höfliche Anrede, den eigentlichen Text, eine abschließende freundliche Grußformel** und **die Unterschrift**.

Beispiel:

Hanna Loh
Klever Str.7
40479 Düsseldorf

Düsseldorf, den 5.4.2009

Sehr geehrte Frau Gerold!

Vielen Dank für die Übersendung des Paketes. Es freut mich, dass Sie daran gedacht haben, es schnell zu schicken. Ich hoffe, es geht Ihnen und Ihrer Familie gut.

Mit freundlichen Grüßen

Hanna Loh

4 Bei der **höflichen Anrede** werden alle Anredepronomen (Sie, Ihnen, Ihr ...) **großgeschrieben**, bei der **vertrauten Anrede** können alle Anredepronomen (du, ihr, euch, euer ...) auch **kleingeschrieben** werden.

10. Anweisungen und Anleitungen schreiben

1 Alle Anleitungen und Anweisungen müssen **verständlich und genau sein**, damit der Leser sich nach ihnen richten kann. Sie können in **Stichwörtern** oder als **ganze Sätze** formuliert sein.

als Aufforderung:	**Lege (Legen Sie)** die CD-ROM in das entsprechende Laufwerk!
mit Infinitiv:	Die CD-ROM in das entsprechende Laufwerk **legen.**
im Passiv:	Die CD-ROM **wird** in das entsprechende Laufwerk **gelegt.**
aktive Form:	**Man legt** eine CD-ROM in das entsprechende Laufwerk.

2 Diese **Tipps** für das Schreiben einer Anweisung oder Anleitung solltest du beachten:

- den Text auf das Wesentliche beschränken,
- unmissverständlich und genau schreiben,
- kurz und sachlich schreiben,
- alle wichtigen Arbeitsschritte erwähnen,
- die richtigen Fachausdrücke benutzen,
- alle Hilfsmittel und eventuell Zutaten richtig benennen,
- treffende Verben benutzen,
- vor Fehlern oder Gefahren warnen,
- in der richtigen Reihenfolge schreiben.

11. Beschreibungen anfertigen (allgemein)

1 Beschreibungen sollen den Leser über das Sichtbare eines Gegenstandes, eines Lebewesens, einer Landschaft oder eines Vorgangs **sachlich und klar informieren.**

2 Wichtige **Arten der Beschreibung** sind:

- die Vorgangsbeschreibung
- die Gegenstandsbeschreibung
- die Bildbeschreibung
- die Landschaftsbeschreibung
- die Tierbeschreibung
- die Personenbeschreibung

3 **Tipps** für das Verfassen guter Beschreibungen sind:

- Die Reihenfolge muss sinnvoll sein, z. B.
  bei Bäumen von unten nach oben,
  bei Gegenständen von außen nach innen,
  bei Möbeln vom Allgemeinen zum Besonderen usw.
- Die Aussagen sollten sachlich, klar und genau sein.
- Es werden Fachausdrücke verwendet.
- Substantive, Verben und Adjektive müssen anschaulich sein.
- Vergleiche verdeutlichen das Gemeinte.
- Nähere Erklärungen in Relativsätzen sind zu empfehlen.
- Es wird in der Gegenwart geschrieben.

12. Vorgangsbeschreibungen anfertigen

1 Bei der Vorgangsbeschreibung geht es um die **richtige Darstellung eines Ablaufs**. Dabei handelt es sich nicht um eine einmalige Sache, sondern um einen stets **gleich bleibenden Ablauf**. Der Leser muss sich diesen Ablauf genau vorstellen können.

2 Zu den **Vorarbeiten** gehört, dass man genau beobachtet, sich die zeitliche Reihenfolge genau merkt, notiert und verständlich formuliert.

3 Hier sind einige **Tipps** für das Verfassen guter Vorgangsbeschreibungen:

- sachlich schreiben,
- kurze, klare, verständliche Sätze,
- Fachwörter benutzen,
- die einzelnen Schritte genau darstellen,
- auf die richtige Reihenfolge achten,
- auf verschiedene Satzanfänge achten,
- im Präsens schreiben.

Beispiel für eine Vorgangsbeschreibung (Installation einer CD-ROM):

Zuerst starte ich Windows. Dann lege ich die CD-ROM in das CD-ROM-Laufwerk. Im Anschluss daran klicke ich mit der linken Maustaste in der Task-Leiste auf die Schaltfläche *Start* und wähle den Befehl *Ausführen* aus. Jetzt kann ich in das Eingabefeld *D:\SETUP* eingeben und die *Eingabetaste* (Enter) drücken. Manche müssen jedoch anstelle des *D* einen anderen Buchstaben eingeben, nämlich den für ihr CD-ROM-Laufwerk zutreffenden Laufwerksbuchstaben.

Nach erfolgter Installation kann ich mein Programm über die Schaltfläche *Start* öffnen. Bei meinem Lernprogramm muss sich die CD-ROM im Laufwerk befinden, wenn ich damit arbeiten will.

13. Tierbeschreibungen verfassen

1 Tierbeschreibungen können ganz verschieden aussehen. Inhalt und Form richten sich nach dem Zweck der Beschreibung.

2 Eine **Suchanzeige** beschreibt die wesentlichen äußeren Merkmale, ein **Verkaufsangebot** preist besonders die Vorzüge charakterlicher und äußerlicher Art, berichtet über Stammbaum und eventuelle Herkunft.

Ausführliche Beschreibungen schildern außer den Äußerlichkeiten auch die Eigenschaften, die typischen Verhaltensweisen und Gewohnheiten.

3 **Vorarbeiten** für eine Tierbeschreibung bestehen im Festlegen einer Gliederung, dem Sammeln von Einzelheiten zu den Gliederungspunkten und dem Suchen der passenden Fachausdrücke.

4 Hier sind einige **Tipps** für das Schreiben einer gelungenen Tierbeschreibung:

- sachliche, klare und genaue Angaben machen,
- objektiv schreiben,
- anschauliche Substantive benutzen,
- treffende Verben und Adjektive verwenden,
- eventuell Vergleiche benutzen,
- Relativsätze und Appositionen gebrauchen,
- im Präsens schreiben.

Beispiel einer ausführlichen Tierbeschreibung:

Der Leopard

Eine besonders schöne Raubkatze ist der in Südasien und Afrika beheimatete Leopard, auch Panther genannt.

Sein lang gestreckter, geschmeidiger Körper kann bis zu 1,50 Meter lang werden. Der Schwanz misst noch einmal fast einen Meter. Dennoch ist der Leopard leicht und zierlich. Sein Gewicht liegt nur bei ungefähr 50 Kilogramm.
Das prächtige Fell ist blassgelb mit zahlreichen schwarzen Flecken. Ziemlich häufig gibt es aber auch ganz dunkle Leoparden, die so genannten „schwarzen Panther". Im hellen Sonnenlicht kann man auch auf ihrem dunklen Fell die rosettenartigen Flecken erkennen.
Dieses gemusterte Fell ist eine gute Tarnung, wenn der Leopard hoch oben im Baum liegt und schläft. Überhaupt hält er sich oft und gerne auf Bäumen auf. Er ist ein guter Kletterer, leicht, behände und geschickt. Von dort oben kann er auch seinen Beutetieren auflauern und sie beim Vorüberziehen überraschend anfallen.

Der Panther ist ein sehr scheues Tier, das die Dunkelheit vorzieht, um auf die Jagd zu gehen. Sein gutes Gehör, seine scharfen Augen und Krallen machen ihn zu einem guten Jäger. Als Jäger ist er ein Einzelgänger, er jagt stets allein. Lautlos und geduckt schleicht er sich an die Beute heran, um dann plötzlich mit einem Sprung anzugreifen. Mit seinen kräftigen Zähnen packt und tötet er seine Beute, zu der alle Arten von Huftieren, aber auch Affen und Vögel gehören. Die getöteten Tiere schleppt er auf Bäume, um sie vor den anderen Raubtieren wie Löwen und Tigern zu schützen.

Löwen, Tiger und Bären sind seine natürlichen Feinde. Doch sein größter Feind ist der Mensch, der ihn wegen seines prachtvollen Felles jagt.

14. Personenbeschreibungen und Charakterisierungen anfertigen

1 Eine Personenbeschreibung gibt den **äußeren Eindruck einer Person** wieder. Gefühle, Gedanken und Charakter der beschriebenen Person gehören nicht mit dazu, ebensowenig Kommentare oder Urteile. Die Merkmale müssen sachlich und anschaulich dargestellt werden, so dass der Leser sich den Menschen genau vorstellen kann.

2 Zu einer Personenbeschreibung können Geschlecht, Alter, Größe, Figur, Körperbau, Gesichtsform, Haare, Haut, Nase, Augen, Mund, Kinn, Ohren, besondere Merkmale, Gesichtsausdruck, Bewegungen, Haltung und Kleidung gehören.

3 Es gibt **verschiedene Formen** der Personenbeschreibung z. B. Steckbrief, Suchmeldung, Vermisstenanzeige. Form und Inhalt richten sich nach dem Zweck der Beschreibung. So sind bei einer Vermisstenanzeige besondere Merkmale wie z. B. Narben nötig.

4 **Tipps** für das Verfassen von ansprechenden Personenbeschreibungen sind:

- klare, eindeutige Sätze gebrauchen,
- genaue Adjektive und treffende Verben benutzen,
- Merkmale genau beschreiben, aber nicht werten,
- zusätzliche Informationen in Relativsätzen geben,
- entweder vom Allgemeinen zum Besonderen oder von oben nach unten beschreiben,
- Besonderheiten, Mimik, Lächeln usw. am Schluss erwähnen,
- ein deutliches Gesamtbild erscheinen lassen,
- im Präsens schreiben.

5 Die **Charakterisierung einer Person** geht über die Beschreibung der äußeren Erscheinung weit hinaus. Hier werden auch die **Eigenschaften, Gewohnheiten und Vorlieben** des Menschen beschrieben. Es geht darum, seine Eigenheiten darzustellen und so sein ganzes Wesen zu erfassen. Wir betrachten sein Leben, seine Lebensart, seine Beziehung zu anderen Menschen und sein Verhalten ihnen gegenüber. Wir sehen ihn als **ganze Persönlichkeit** und überlegen, wie wir das Wesen dieses Menschen für andere anschaulich und vorstellbar machen können. Bei einer Charakterisierung gehen wir vom Äußeren zum Inneren und kommen so zu einem Gesamteindruck.

15. Schriftliche Stellungnahmen verfassen

1 In Stellungnahmen setzen wir uns mit einem Problem auseinander. Dabei geht es geht um **Sachfragen oder Streitfragen.** Wir führen sozusagen eine stumme Diskussion, bei der wir gegensätzliche Meinungen aufführen und mit Argumenten belegen. Wir wägen das **Für und Wider der verschiedenen Meinungen** ab, um am Schluss die Vorteile unserer persönlichen Überzeugung darzulegen.

2 Die **Einleitung** soll in möglichst knapper Form das Interesse des Lesers wecken und das Thema kurz vorstellen.

3 Der **Hauptteil** enthält die Argumentation, die aus drei Teilen besteht, in denen die verschiedenen Standpunkte beleuchtet werden.

1. Teil	a) eigene Meinung darstellen b) Argumente für eigene Meinung (Begründung)
2. Teil	a) Gegenmeinung darstellen b) Argumente für Gegenmeinung (Begründung)
3. Teil	Entkräftung und Zurückweisung der Gegenargumente

4 Der möglichst kurze **Schluss** soll das Thema abschließen und den Leser zum Nachdenken anregen. Es wird noch einmal die eigene Meinung bekräftigt und Schlussfolgerungen oder Wünsche und Forderungen für die Zukunft ausgesprochen.

5 Diese **Tipps** für das Verfassen von schriftlichen Stellungnahmen solltest du beachten:

- sachliche und genaue Sprache verwenden,
- nur kurze und klare Sätze benutzen,
- nur begründete Meinungen (Argumente) verwenden,
- auf Behauptungen (nicht begründbare Aussagen) verzichten,
- Weitschweifigkeit vermeiden,
- auf verschiedene Satzanfänge achten.

16. Ausdruck: Wortfelder und Wortfamilien

1 Ein **Wortfeld** besteht aus Wörtern oder Wendungen mit ähnlicher oder gleicher Bedeutung. Die Wörter eines Wortfeldes gehören jeweils der gleichen Wortart an. Das Zusammenstellen solcher Wortfelder bereichert deinen Wortschatz. Du kannst auf diese Weise **treffende Ausdrücke** verwenden und somit bessere Aufsätze schreiben.

Beispiele für das Wortfeld gehen:	laufen, rennen, hasten, eilen, humpeln, hinken, schleichen …
Beispiele für das Wortfeld sagen:	flüstern, behaupten, schreien, lispeln, murmeln, sprechen …
Beispiele für das Wortfeld ängstlich:	feige, bange, schüchtern, verzagt, mutlos, scheu …

2 Eine **Wortfamilie** besteht dagegen aus Wörtern, die miteinander verwandt sind. Sie haben alle einen **gemeinsamen Bestandteil**, den Wortstamm. Durch Hinzufügen von Silben und Wörtern oder durch Umwandlung in eine andere Wortart verändern sie ihre Bedeutung.

Beispiele für die Wortfamilie fahren:	Fahrt, Fahrer, Fahrzeug, umfahren, zurückfahren, Gefahr, gefährlich, fahrbar …
Beispiele für die Wortfamilie fliegen:	Fliege, Flugzeug, Flügel, beflügeln, Abflug, flugbereit, abfliegen …
Beispiele für die Wortfamilie sammeln:	Sammlung, gesamt, Gesamtheit, Versammlung, versammeln, insgesamt, zusammen …
Beispiele für die Wortfamilie malen:	Gemälde, Maler, anmalen, Malerei, Denkmal, malerisch …
Beispiele für die Wortfamilie mahlen:	Mühle, Mahlwerk, Mehl, zermahlen, Festmahl, Mahlzeit …

1. Sachtexte verstehen

1 Sach- oder Gebrauchstexte wollen den Leser informieren, aufklären, ihm sagen, was er tun oder auch nicht tun soll. Sie sind **sachlich** orientiert. Beispiele für Texte dieser Art sind Gebrauchsanweisungen, Anleitungen wie Rezepte, Beipackzettel, Werbetexte, Nachrichten oder allgemeine Geschäftsbedingungen.

2 Während die meisten Texte, die hierzu gehören, in einer **neutralen, nüchternen Sprache mit treffenden Fachausdrücke**n geschrieben sind, finden wir in Werbetexten oft gesteigerte Adjektive und eine blumige Sprache mit Fantasiebegriffen, die den Leser oder Hörer zum Kauf bestimmter Dinge bewegen soll.

3 **Tipp:**
Um einen Sachtext richtig zu verstehen, gehst du folgendermaßen vor:

- Untersuche den äußeren Aufbau.
- Untersuche Form und Inhalt der einzelnen Textteile.
- Überlege:
  - Was will der Text uns sagen?
  - Wie wirkt er auf uns?
  - Was halten wir von ihm?
- Kennzeichne die wichtigsten Stellen oder schreibe das Wichtigste in Stichwörtern heraus.

2. Literarische (fiktionale) Texte untersuchen (allgemein)

1 Literarische Texte lassen sich in die drei Hauptgattungen **Epik**, **Dramatik** und **Lyrik** einteilen.

Epik (erzählende Literatur)	Dramatik (Schauspiel- und Theaterliteratur)	Lyrik (liedmäßige Dichtkunst)
zum Beispiel: Anekdote Epos Fabel Kurzgeschichte Märchen Novelle Roman Sage	zum Beispiel: Fernsehspiel Hörspiel Komödie Schauspiel Schwank Tragödie Tragikomödie	zum Beispiel: Ballade Lied Sonett Hymne

2 Zum Verständnis eines Textes ist es wichtig, **Aussage**, **Absicht** und die **darstellerischen Mittel** zu erkennen. Das geschieht durch:

- gründliches Lesen oder Hinhören
- Feststellen, um welche Textart es sich handelt
- Klären unbekannter Begriffe und Wörter
- Kennzeichnung auffälliger Textstellen (Unterstreichen, Einkreisen, Markieren, Notieren ...)

3 Mit folgenden **Fragen** beginnt die eigentliche Arbeit am Text:

- Wer ist der Verfasser und wann lebte er?
- Welches Thema hat der Text? An wen richtet er sich?
- Wie ist der Text gegliedert, wie ist seine Struktur?
- Was sind die Schlüsselstellen?
- Was sind die sprachlichen und formalen Besonderheiten?
- Was will der Verfasser mir sagen?
- Wie wirkt der Text auf mich und auf andere Leser?
- Wie beurteile ich den Text?

3. Sagen untersuchen

1 Eine Sage ist eine Volkserzählung aus einer bestimmten Landschaft, die ein außerordentliches Geschehnis aus der Vorzeit überliefert. Während das Märchen frei erfunden ist und weder an einen bestimmten Ort gebunden ist noch zu einer bestimmten Zeit spielt, besitzt die Sage einen **geschichtlichen Kern.** Im Gegensatz zu einem Märchen erhebt die Sage Anspruch auf Glaubwürdigkeit.

2 Sagen erzählen häufig von übernatürlichen Erlebnissen. Oft finden die Begegnungen des Menschen mit dem **Übermenschlichen** (Geister, Riesen, Teufel ...) oder **Unheimlichen** (Hexen, Zwerge ...) ein **trauriges Ende**, während das Märchen ein gutes Ende hat.

3 Hier sind einige **Tipps** für die Untersuchung einer Sage:

- mehrmaliges genaues Lesen oder Zuhören,
- auffällige Textstellen kennzeichnen (unterstreichen, markieren, notieren ...),
- unbekannte Begriffe und Wörter klären.

4 Folgende **Fragen** sollten beantwortet werden:

- Was ist das Thema der Sage?
- Wann spielt die Geschichte?
- Wo spielt die Geschichte?
- Wie ist der Text aufgeteilt?
- Was sind die wichtigsten Stellen?
- Gibt es sprachliche und formale Besonderheiten?
- Was soll uns die Geschichte sagen?
- Wie wirkt die Sage auf mich?
- Wie beurteile ich den Text?

4. Kurzgeschichten untersuchen

1

Die Kurzgeschichte ist aus der englischen **short story** entstanden.

Sie ist eine **knapp gehaltene Erzählung**, die eine kurze Zeitspanne im Alltagsleben eines (oder mehrerer) Menschen behandelt. Auch Vorgänge oder Zustände in einem bestimmten Gesellschaftssystem können Thema sein. Häufig handelt es sich dabei um besondere Konfliktsituationen.

2

Merkmale einer Kurzgeschichte sind:

- Eine kurze Erzählung, die in einem **kurzen, überschaubaren Zeitraum** spielt.
- Die (wenigen) Personen werden äußerlich selten beschrieben. Die **Charakterisierung** erfolgt **indirekt** durch Verhalten und Worte oder Gedanken.
- Der Handlungsaufbau ist **zügig und geradlinig** (keine Nebenhandlungen) und führt rasch zum Höhepunkt.
- **Eine Einleitung fehlt.** Personen und Schauplatz werden nicht vorgestellt, der Leser wird direkt in die betreffende Situation hineinversetzt.
- Der **Höhe- oder Wendepunkt** fällt häufig mit dem **Schluss** zusammen.
- Der Schluss ist **oft überraschend** und unvermittelt.

3

Tipps für die Untersuchung einer Kurzgeschichte sind:

- mehrmals gründlich lesen,
- das Thema oder das Hauptproblem notieren,
- die wichtigsten Textstellen kennzeichnen,
- wichtige Inhaltspunkte oder eigene Gedanken notieren,
- eine knappe Inhaltsangabe mit den wichtigsten Stationen des Handlungsablaufes erstellen.

4 Folgende **Fragen** sollten beantwortet werden:

- Wo und wann spielt die Geschichte?
- Wer erzählt die Geschichte (eine beteiligte Person oder eine zuschauende Person oder der Schriftsteller)?
- Welche Personen kommen darin vor?
- Was erfahren wir über sie?
- Wie ist die inhaltliche Struktur des Textes (was sind die Stationen des Geschehens, wo befinden sich die wichtigsten Textstellen, wo ist der Höhepunkt/Wendepunkt)?
- Wie ist der Text sprachlich gestaltet (Erzählhaltung, Satzbau, Wortschatz, Metaphern und Vergleiche, zentrale Stellen)?
- Wie stehen Anfang und Ende zueinander?
- Wie verhalten sich Titel und Inhalt zueinander?
- Was will uns die Kurzgeschichte sagen?
- Gefällt mir der Text?

5. Novellen untersuchen

1

Die Novelle ist eine kurze Erzählung, in der eine ungewöhnliche, schicksalhafte Begebenheit berichtet wird. Die eigentliche Geschichte kann in einer Rahmenhandlung eingebettet sein. Die Ereignisse laufen zielgerichtet innerhalb eines strengen Handlungsaufbaus auf den Wende- oder Höhepunkt zu, der oft unerwartet kommt und vom Zufall geprägt ist. Die Spannung steigt kontinuierlich bis zum Höhepunkt, um dann plötzlich abzufallen.

2

Tipps:
Wer eine Novelle untersuchen will, sollte genau am Text arbeiten. Das bedeutet

- alle Beobachtungen mit Textstellen belegen,
- nicht nur nacherzählen, sondern die Dinge in Beziehung bringen,
- sachlich beschreiben ohne persönlichen Kommentar.

3

Für die **Untersuchung einer Novelle** ist es wichtig,

- zu erkennen, welches unbedeutende Ereignis schicksalhafte Wirkung hat,
- die einzelnen Stationen der Entwicklung anzusehen,
- die innere und die äußere Handlung zu unterscheiden,
- eine Spannungskurve mit den einzelnen Stationen, dem Höhepunkt und dem plötzlichen Abfall zu zeichnen,
- die Beziehung zwischen Rahmenhandlung und Hauptgeschehen zu untersuchen,
- Lösungen zu Fragen zu finden, wie z.B.:
  - Was löst den Wendepunkt aus?
  - Wie wird die Spannung hier erzeugt?
  - Welche Umstände spielen eine wichtige Rolle in diesem Augenblick?

6. Romane untersuchen

1 Der Roman ist eine größere Erzählung, in der die **Entwicklungen von Menschen und Zuständen** geschildert werden. Es gibt hier **viele gestalterische Möglichkeiten**, z. B. können Briefe, Monologe, Gespräche, Berichte usw. in die Handlung miteingebaut werden. In Romanen können beliebig viele Personen, Orte und Zeitpunkte vorkommen. Er kann in der Ich-Form geschrieben sein, der Autor kann aber auch vollkommen im Hintergrund bleiben.

2 Wegen der formalen Vielfalt, die bei einem Roman möglich ist, wurde er bis ins späte 18. Jahrhundert nicht als Kunstform angesehen. Es gibt **verschiedene Romanarten** wie z. B. Reiseroman, historischer Roman, utopischer Roman, Liebesroman, Kriminalroman, Abenteuerroman usw. Die beiden letzten Arten sind besonders beliebt, da sie das Bedürfnis nach spannender Unterhaltung stillen.

3 Ein besonders gelungenes und beliebtes Beispiel für einen Abenteuerroman ist der Roman „In 80 Tagen um die Erde“ von Jules Verne. Wer sich mit diesem Roman beschäftigen möchte, könnte sich z. B. folgende **Fragen** stellen (und ähnliche Fragen kannst du dir auch bei der Untersuchung anderer Romane stellen):

- Wer ist der Autor und wann lebte er?
- Wer sind die beteiligten Personen?
- Wer ist die Hauptperson und wie verhält sie sich?
- Was sind die einzelnen Stationen der Reise oder welche Abenteuer müssen bestanden werden?
- Welche größeren Abschnitte finden wir?
- Wo sind die spannendsten Stellen?
- Welche Folgen ergeben sich aus der Reise?
- Hat sich die Hauptperson verändert?
- Welche sprachlichen Hilfsmittel werden eingesetzt?
- Was will der Autor uns sagen?
- Wie wirkt der Text auf mich?
- Wie finde ich die Geschichte?

7. Balladen untersuchen

1 Die Ballade vermittelt in **lyrischer Form** dramatische Ereignisse. Sie enthält dramatische, erzählende und lyrische (Strophe, Vers, Reim) Elemente. Sie sind nicht immer leicht zu verstehen. Wie bei einer Erzählung ist auch hier der erste Schritt zum Verstehen das Analysieren des Aufbaus und das Anfertigen einer Inhaltsangabe.

2 **Merkmale von Balladen sind:**

- **Inhalte:** Götter- und Heldensagen, geschichtliche Ereignisse, oft außerordentliche Ereignisse, z.B. der Mensch und die Naturgewalten.
- **Schauplatz:** Der Schauplatz liegt oft in der Natur, die Stimmung ist unheimlich.
- **Aufbau:** Es fehlt eine ausführliche Einleitung. Das Erzähltempo ist rasch, die Ereignisse folgen schnell aufeinander, die Spannung wächst.
- **Personen:** Gegenüberstellung von Mensch und höherer Gewalt (ein anderer (mächtigerer) Mensch oder die Natur). Wir erkennen Gedanken und Ängste, finden aber keine ausführlichen Personenbeschreibungen.
- **äußere Form:** meistens Gedichtform (Strophen, Verse und Reime).
- **sprachliche Form und Mittel:** Lautmalerei und anschauliche Vergleiche, Wortwiederholungen, Fragen, Ausrufe, treffende Adjektive und Verben.

3 **Tipp:**
Um eine Ballade zu verstehen, ist es sinnvoll, sich folgende **Fragen** zu stellen:

- Wo spielt die Geschichte?
- Was ist ihr Inhalt? (Welche Ereignisse sehen wir? In welcher Reihenfolge laufen sie ab?)
- Wer sind die Personen? (Was tun, denken, fühlen sie?)
- Wie ist die Stimmung?
- Wie ist der sprachliche Aufbau? (Was macht die Geschichte spannend, unheimlich, interessant?)
- Welche äußere Form hat der Verfasser gewählt? (Aufteilung in Strophen, Verse, Reime)
- Welche sprachlichen Mittel wurden angewandt? (Lautmalerei, wörtliche Rede, treffende Ausdrücke, interessante Vergleiche)

8. Fabeln untersuchen

1

Merkmale von Fabeln sind:

- Fabeln sind **knappe, lebhafte Erzählungen.**
- Sie beschreiben eine konkrete **Konfliktsituation** innerhalb einer kurzen Zeitspanne.
- Die **handelnden Figuren** sind meistens Tiere oder Naturwesen (Fabeltiere) mit menschlichen Eigenschaften. Der **Schauplatz** ist oft in der freien Natur.
- **Erzählabsicht** einer Fabel ist häufig die Vermittlung von Lebenserfahrung, die als **Lehre** ausgesprochen wird. Manchmal muss sie vom Leser auch selbst erschlossen werden.
- Fabeln können in Versform oder erzählerischer Form verfasst sein.
- Die **Sprache** der Fabel kann sehr einfach oder auch schwierig sein.

2

Häufig sind Fabeln in **drei oder vier Erzählabschnitte** gegliedert:

- **Eingangssituation** (Figuren, Schauplatz) mit Andeutung des Konflikts
- häufig Dialog im **Hauptteil** (Rede und Gegenrede). Der Konflikt steigert sich bis zum Höhepunkt.
- **Ausgang des Konflikts** wird nicht immer berichtet
- abschließende **Lehre** (muss manchmal auch vom Leser selbst erschlossen werden)

3

Tipp:
Bei der Untersuchung einer Fabel solltest du dir folgende **Fragen** stellen und beantworten können:

- Wo ist der Schauplatz?
- Welchen Zeitraum umfasst die Fabel?
- Wer sind die handelnden Figuren und wie sind ihre Positionen?
- Worin besteht der Konflikt und wie geht er aus?
- Wie ist die Form/der Aufbau der Fabel (Zeilenanzahl, Aufteilung)?
- Wo befinden sich die einzelnen Erzählabschnitte?
- Wie ist die Sprache? (einfache oder schwierige Sätze, wörtliche Rede)
- Gibt es eine so genannte „Lehre“?
- Wie ist der Gesamteindruck?

9. Gedichte untersuchen

1 Gedichte sind kurze literarische Texte in einer besonderen Form. Gedanken, Gefühle und Stimmungen werden in knapper, einprägsamer Form dargestellt und kommen so besonders zur Geltung.

2 Wer ein Gedicht untersuchen will, sollte **zunächst**

- den Text mehrmals laut lesen, um den Klang zu erfassen und sich den Inhalt bewusst zu machen,
- seine spontanen Gedanken dazu aufschreiben,
- hervorstechende Wörter unterstreichen oder markieren.

3 Dann sollten folgende **Fragen** zum Inhalt beantwortet werden:

- Worum geht es in dem Gedicht auf den ersten Blick?
- Bestätigt sich dieser Eindruck später?
- Welche sprachlichen Mittel werden gebraucht?
- Welche Wörter und Formulierungen fallen besonders auf?
- Was will der Verfasster mit dem Gedicht sagen, was will er bezwecken?

4 Eigentlich müssten Gedichte wie ein Lied laut vorgetragen werden, wenn man sie als Ganzes erfassen will. Heute werden sie aber meistens nur still gelesen. Deshalb ist es bei der Untersuchung eines Gedichtes besonders wichtig, auch die äußere Form gut anzuschauen. In Bezug auf die **äußere Form des Gedichts** sollte man sich fragen:

- Wie viele Strophen und Zeilen hat es?
- Gibt es eine bestimmte Anordnung der Wörter, der Zeilen, der Strophen?
- Wie ist das Reimschema, wie der Rhythmus, die Betonung?
- Welche formalen Besonderheiten hat das Gedicht?
- Wie spiegelt sich der Inhalt in dem Äußeren wider?
- Warum hat sich der Verfasser oder die Verfasserin für diese äußere Form entschieden?

5 **Tipp:**
Diese Dinge solltest du beim Verfassen einer Gedichtinterpretation zusätzlich beachten:

- in sachlicher Sprache schreiben,
- das Präsens benutzen,
- Beobachtungen und Textstellen belegen,
- beim Deuten vorsichtig formulieren mit „vielleicht ..., es könnte sein ..., möglicherweise ...,“
- erst am Schluss erwähnen, wie dir das Gedicht gefallen hat.

10. Sprachliche Mittel bei lyrischen Texten

Mit Hilfe von sprachlichen Mitteln versuchen Dichterinnen und Dichter bestimmte Empfindungen und Vorstellungen beim Leser zu wecken. Sie „malen" sozusagen Bilder mit Hilfe der Sprache, um den Inhalt gut vorstellbar und anschaulich zu machen. Solche Sprachbilder prägen sich beim Leser meist stärker ein. Hier ist eine Auswahl dieser sprachlichen Mittel:

Fachbegriff	Erklärung	Beispiele
die Lautmalerei	Mit Hilfe von Geräuschwörtern oder bestimmten Lauten besondere Stimmungen erzeugen	Geräuschwörter: **knistern, zischeln, rasseln, brodeln …** Laute: – harte oder weiche Anfangsbuchstaben „Schon **b**ald **b**at **B**arbara **b**ei …" – oder mehrere tiefe Vokale kurz hintereinander „Auf leisen Sohlen holt Toni das Fohlen."
die Metapher	Bildhafter Sprachgebrauch, bei dem eine Wortbedeutung auf ein anderes Wort übertragen wird	Das Mädchen **blühte** auf; Das Kornfeld **wogte** hin und her; eine Baum**krone**
die Personifikation	Menschliche Tätigkeiten oder Eigenschaften werden auf Teile der Natur oder Dinge übertragen.	die Kletterpflanze häkelt am Strauch; die Wolken wanderten vorbei
der Vergleich	Zwei Dinge oder Lebewesen werden miteinander verglichen.	schwarz wie ein Rabe, stark wie ein Bär

Zum Wort

1. Die zehn Wortarten auf einen Blick

1 Wörter sind Bausteine der Sprache und dienen unserer Verständigung. Jedes Wort lässt sich einer bestimmten Wortart zuweisen, die spezifische Merkmale aufweist.

2 Wortarten, die über eine eigene Formenbildung (Flexion) verfügen, sind die **Grundwortarten**. Dazu gehören Verben, Substantive und Adjektive. Wortarten, die ihre Flexion derjenigen des Substantivs angleichen, sind **Begleiter oder Stellvertreter des Substantivs**. Dazu gehören Artikel, Pronomen und Numeralien. Wortarten ohne jegliche Formenbildung sind die **Redeteilchen oder Partikel**. Dazu gehören Adverbien, Präpositionen und Konjunktionen. Auch Interjektionen gehören zu der letzten Gruppe.

lateinische Bezeichnung	deutsche Bezeichnung	Beispiele
Wortarten mit eigener Flexion (Beugung) – Grundwortarten		
1. Verb	Zeitwort/Tätigkeitswort	sagen, schreiben
2. Substantiv/Nomen	Hauptwort/Namenwort	Zug, Freude, Kind
3. Adjektiv	Eigenschaftswort	weiß, hübsch
Wortarten, die ihre Flexion derjenigen des Substantivs anpassen – Begleiter oder Stellvertreter des Substantivs		
4. Artikel	Geschlechtswort	der, die, das, ein, eine
5. Pronomen	Fürwort	er, sie, es
6. Numerale	Zahlwort	drei, mehrere, fünftes
Wortarten ohne jegliche Flexion – die Redeteilchen (Partikel)		
7. Adverb	Umstandswort	morgens, kaum, hier
8. Präposition	Verhältniswort	mit, an, vor
9. Konjunktion	Bindewort	da, wenn, oder
10. Interjektion	Empfindungswort/Ausrufewort	au, bäh, hu, oje

2. Substantiv und Artikel

1 Mit Hilfe von Substantiven (= Nomen) erhalten **Lebewesen** und **Gegenstände** einen Namen. Solche konkreten Substantive, die Gegenständliches (sinnlich Wahrnehmbares) bezeichnen, nennen wir **Konkreta**.

Substantive können aber auch etwas benennen, was nur **vorgestellt, gedacht oder gefühlt** wird. Diese abstrakten Substantive heißen **Abstrakta**.

Alle Substantive werden immer **großgeschrieben**.

Konkreta	Abstrakta
Baum, Elefant, Kind, Lisa Müller, Tisch, Fahrrad, Ananas	Liebe, Stolz, Monat, Musik, Stille

2 Meistens hat das Substantiv einen **bestimmten** (der, die, das) oder **unbestimmten** (ein, eine, ein) **Artikel** bei sich. Bei Veränderungen richtet sich der Artikel stets nach dem Substantiv.

Beispiele: Das Kind läuft über die Wiese.
Die Kinder laufen über die Wiese.
Das ist ein Teil des Autos.
Ich sehe das Auto.

3 Diese Veränderungen der Form nennen wir **Deklination**. Dabei wird jede deklinierte Form durch drei Merkmale bestimmt, durch **Genus, Numerus** und **Kasus**.

Bezeichnung	Beschreibung	Beispiel
Genus (Geschlecht)	Gibt das grammatische Geschlecht an, das nicht immer mit dem natürlichen Geschlecht übereinstimmt	**Maskulinum:** der Wagen **Femininum:** die Mauer **Neutrum:** das Mädchen
Numerus (Zahl)	Sagt aus, ob etwas einmal (Singular) oder mehrmals (Plural) vorkommt	**Singular:** das Tuch **Plural:** die Tücher
Kasus (Fall)	Je nach ihrer Stellung im Satz stehen Substantive in einem bestimmten Kasus. Es gibt vier Kasusformen, die man durch bestimmte Fragen erkennen kann.	**Nominativ:** der Mann – wer? **Genitiv:** des Mannes – wessen? **Dativ:** dem Mann – wem? **Akkusativ:** den Mann – wen?

3. Das Personalpronomen

1 Das Personalpronomen (persönliches Fürwort) steht an der Stelle eines Substantivs. Wir unterscheiden beim Personalpronomen zwischen der ersten, zweiten und dritten Person (Singular und Plural).

	im Singular:	im Plural:
1. Person	der Sprecher: **ich**	der Sprecher und andere: **wir**
2. Person	der Angesprochene: **du**	der Angesprochene und andere: **ihr**
3. Person	Person oder Sache, über die gesprochen wird: **er, sie, es**	Personen oder Sachen, über die gesprochen wird: **sie**

2 Wie das Substantiv kann das stellvertretende Personalpronomen in **allen vier Fällen** stehen. Das bedeutet, es wird **dekliniert**.

	1. Person	2. Person	3. Person
		Singular	
Nominativ	ich	du	er sie es
Genitiv	meiner	deiner	seiner ihrer seiner
Dativ	mir	dir	ihm ihr ihm
Akkusativ	mich	dich	ihn sie es
		Plural	
Nominativ	wir	ihr	sie
Genitiv	unser	euer	ihrer
Dativ	uns	euch	ihnen
Akkusativ	uns	euch	sie

4. Das Possessivpronomen

1 Das Possessivpronomen (Besitz anzeigendes Fürwort) wird nur als Begleiter eines Substantivs verwendet und drückt dessen **Zugehörigkeit zu einer anderen Person oder Sache** aus. Es stimmt mit seinem Bezugswort in Numerus und Kasus überein.

Beispiele: mein, dein, sein, ihr; unser, euer, ihr
mein Pulli = ein Pulli, der mir gehört
seine Katze = eine Katze, die ihm gehört

2 Das Possessivpronomen wird in Briefen bei der **vertrauten Anrede kleingeschreiben** und bei der **höflichen Anrede großgeschrieben**.

Beispiele: Lieber Lukas, kommst du morgen mit deiner Schwester zu uns zum Inlineskaten?
Sehr geehrte Frau Martin, Ihrem Hund geht es gut, Sie können ihn morgen abholen.

5. Das Relativpronomen

Das Relativpronomen (bezügliches Fürwort) leitet einen Nebensatz, den **Relativsatz**, ein. Es fügt diesen Gliedsatz an ein vorangehendes Substantiv an und stimmt mit seinem Bezugswort in Genus und Numerus überein. Die Relativpronomen heißen der, die, das; welcher, welche, welches.

Beispiele im **Singular**:	Beispiele im **Plural**:
Jana, **die** dort sitzt, kommt auch. (Nominativ)	Fred und Max, **denen** ich die Bilder gezeigt habe, sitzen hier. (Dativ)
Peter, **dessen** Mutter krank ist, macht sich Sorgen. (Genitiv)	Lore und Kati, auf **die** du wartest, kommen nicht. (Akkusativ)

6. Das Adjektiv

1 Mit Hilfe des Adjektivs können bestimmte Eigenschaften von Lebewesen, Dingen, Vorgängen oder Zuständen beschrieben werden. Adjektive können **unterschiedlich verwendet** werden:

Gebrauchsart	Beispiele
attributiver Gebrauch (Adjektiv + Substantiv)	Das **dicke** Buch liegt hier.
adverbialer Gebrauch (Verb + Adjektiv)	Das Mädchen pfeift **laut.**
prädikativer Gebrauch (Hilfsverb + Adjektiv)	Der Junge ist **freundlich.** Das Wetter wird **schlecht.**

2 **Attributive Adjektive** stehen immer bei Substantiven und werden wie diese dekliniert. **Adverbiale Adjektive** beschreiben Verben genauer. Sie bleiben unverändert. **Prädikative Adjektive** stehen in Verbindung mit Hilfsverben. Auch diese Adjektive verändern sich nicht.

! **Tipp:** Wenn du nicht sicher bist, ob du ein Adjektiv oder ein Adverb vor dir hast, kannst du versuchsweise das Wort als Beifügung zu einem Substantiv verwenden. Wenn es sich dann deklinieren lässt, ist es ein Adjektiv.

Beispiele: Die Tiere sahen seltsam aus./die seltsamen Tiere (Adjektiv)
So sahen die Tiere damals aus. (Adverb)

3 Bei Vergleichen muss auf das **richtige Vergleichswort** geachtet werden. Wenn zwei Eigenschaften gleich sind, verwenden wir den **Positiv**, die Grundform mit dem Vergleichswort wie. Sind die Eigenschaften verschieden, verwenden wir den **Komparativ** mit dem Vergleichswort als.

Beispiele: Jeron ist so groß wie Michael.
Farida ist größer als Stefan.

4 Der **Positiv** hat keine eigenen Endungen, der **Komparativ** hat die Endung -er, der **Superlativ** hat die Endung -st.

	attributiver Gebrauch
Positiv: Komparativ: Superlativ:	Alexa ist eine **schnelle** Läuferin. Petra ist eine **schnellere** Läuferin. Leni ist die **schnellste** Läuferin.
	adverbialer Gebrauch
Positiv: Komparativ: Superlativ:	Alexa läuft **schnell**. Petra läuft **schneller**. Leni läuft **am schnellsten**.
	prädikativer Gebrauch
Positiv: Komparativ: Superlativ:	Alex ist **schnell**. Petra ist **schneller**. Leni ist **die schnellste**.

5 Einige Adjektive werden **unregelmäßig gesteigert**.

Positiv	Komparativ	Superlativ
gut	besser	(am) beste(n)
viel	mehr	(am) meiste(n)
nah	näher	(am) nächste(n)
hoch	höher	(am) höchste(n)

! **Achtung!** Nicht alle Adjektive können gesteigert werden, z. B. tot, ewig, italienisch, rund, super …

7. Das Verb

1 Verben dienen zur Bezeichnung

von **Handlungen**: gehen, malen, schreiben
von **Vorgängen**: wachsen, regnen, schneien
von **Zuständen**: sein, stehen, liegen

2 Verben sind die einzigen Wörter, die **konjugiert** werden können. Jede konjugierte Verbform ist durch **fünf Merkmale** bestimmt.

1. **Person**	ich **fahre** (1. Person) du **fährst** (2. Person)
2. **Numerus**	ich **fahre** (Singular) wir **fahren** (Plural)
3. **Modus** (Aussageweise): **Indikativ** (Wirklichkeitsform) oder **Konjunktiv** (Möglichkeitsform)	 ich **fahre** ich **führe**
4. **Tempus**	ich **fahre** (Präsens) ich **fuhr** (Präteritum)
5. **Genus:** **Aktiv** oder **Passiv**	 ich **fahre** ich **werde gefahren**

3 Jede konjugierte Verbform nennt man auch finit. Im Satz bildet die **finite Verbform, die Personalform**, das Prädikat und stimmt in Person und Numerus immer mit dem Subjekt überein.

Beispiele: **Sie** sieht ihre Mutter.
Max und Emmi sehen gar nichts mehr.
Du siehst den Wald vor lauter Bäumen nicht!

4 Wir unterscheiden **vier Verbarten:**

Bezeichnung	Beschreibung	Beispiele
das absolute Verb	Es kann als Prädikat eines Satzes allein stehen.	Das Pferd **wiehert.**
das Objekt bezogene Verb	Es benötigt als Prädikat ein Objekt.	Sie **sieht** ihre Mutter.
das intransitive Verb (nichtzielende Verb)	– Das sind alle absoluten Verben – und Verben, die ein Objekt im Genitiv haben – und Verben, die ein Objekt im Dativ haben – und Verben, die ein Präpositionalobjekt haben	(siehe oben) Ich **gedenke** der Toten. Er **half** seinem Bruder. Sie **spielt** auf der Geige.
das transitive Verb (das zielende Verb)	Das sind alle auf das Objekt bezogenen Verben, deren Objekt im Akkusativ steht.	Ich **schreibe** den Brief.

5 Neben den finiten Formen kennen wir die infiniten Formen des Verbs. Es gibt drei **infinite Verbformen.**

lateinische Bezeichnung	deutsche Bezeichnung	Beispiele
Infinitiv	Grundform	gehen, schreiben, lachen
Partizip I (= Partizip Präsens)	Verlaufsform	gehend, schreibend, lachend
Partizip II (= Partizip Perfekt)	Vollzugsform	gegangen, geschrieben, gelacht

6

Der **Infinitiv** bildet die Grundform des Verbs und gibt nur seine Bedeutung an. Das **Partizip I** drückt aus, dass ein Geschehen oder ein Zustand andauert. Es wird fast nur als Adjektiv benutzt. Das **Partizip II** bezeichnet das Ende eines Geschehens oder Zustandes. Es wird hauptsächlich bei zusammengesetzten Zeiten verwendet.

Beispiele:	Partizip I:	Lesend ging er über die Straße. Der lachende Clown sprang durch die Manege.
	Partizp II:	Er hat gelesen. Sie hatte nicht an die Aufgaben gedacht.

8. Die Tempusformen des Verbs

1 Die Tempusformen helfen uns, ein Geschehen zeitlich einzuordnen. Es gibt **drei Zeitstufen** und **sechs Tempusformen**. Es ist sinnvoll, für die Zeitstufen die deutschen und für die Tempusformen die lateinischen Fachbegriffe zu verwenden.

Zeitstufen	Tempusformen	
Gegenwart	Präsens	Perfekt
Vergangenheit	Präteritum	Plusquamperfekt
Zukunft	Futur I	Futur II

2 Jede der drei Zeitstufen hat also zwei Tempusformen. Dabei unterscheiden wir **einfache** und **zusammengesetzte Tempusformen**. Nur Präsens und Präteritum haben einfache Tempusformen.

	Zeitstufe Gegenwart	
Präsens (Gegenwart)	Das Geschehen läuft während des Sprechens ab. Etwas ist zeitlos gültig. Vorausweisen in die Zukunft.	Sie **liest** ein Buch. Die Sonne **scheint.** Morgen **fahre** ich in Urlaub.
Perfekt (vollendete Gegenwart)	Das Geschehen ist zwar vorbei, aber das Ergebnis ist für die Gegenwart wichtig.	Er **hat** einen Brief **geschrieben.**

	Zeitstufe Vergangenheit	
Präteritum (Vergangenheit)	Das Geschehen ist vergangen.	Sie **las** ein Buch.
Plusquamperfekt (vollendete Vergangenheit)	Es kommt fast nur in Verbindung mit dem Präteritum vor und bezeichnet dann die Vorzeitigkeit.	Nachdem er **gegessen hatte**, fuhr er weiter.

	Zeitstufe Zukunft	
Futur I (Zukunft)	Das Geschehen liegt in der Zukunft, es wird noch stattfinden. Es kann auch einen Wunsch ausdrücken.	Er **wird laufen**. Das **wird** schön **werden**.
Futur II (vollendete Zukunft)	Es bezeichnet ein abgeschlossenes Geschehen, das noch stattfinden wird. Es wird selten gebraucht.	In zwei Jahren **wird** er den Führerschein immer noch nicht **gemacht haben**.

9. Genus Verbi: Aktiv und Passiv

1 Das Genus des Verbs drückt aus, wie ein Geschehen betrachtet wird. Das **Aktiv** zeigt an, dass das **Subjekt im Mittelpunkt** steht. Das **Passiv** zeigt an, dass der **Vorgang oder der Zustand im Mittelpunkt** steht.

Aktiv:	Er malt ein Bild.
Vorgangspassiv:	Das Bild **wird gemalt.**
Zustandspassiv:	Das Bild **ist gemalt.**

2 Die Passivformen werden aus **den Hilfsverben** werden bzw. sein und dem **Partizip II** gebildet. Das **Vorgangspassiv** besteht aus einer Personalform von werden + Partizip II. Das **Zustandspassiv** besteht aus einer Personalform von sein + Partizip II.

	Vorgangspassiv (werden – Passiv)
Präsens:	Sie **wird** immer **bewundert.**
Perfekt:	Sie **ist** immer **bewundert worden.**
Präteritum:	Sie **wurde** immer **bewundert.**
Plusquamperfekt:	Sie **war** immer **bewundert worden.**
Futur I:	Sie **wird** immer **bewundert werden.**
Futur II:	Sie **wird** immer **bewundert worden sein.**

	Zustandspassiv (sein – Passiv)
Präsens:	Der Zaun **ist** grün **angestrichen.**
Perfekt:	Der Zaun **ist** grün **angestrichen gewesen.**
Präteritum:	Der Zaun **war** grün **angestrichen.**
Plusquamperfekt:	Der Zaun **war** grün **angestrichen gewesen.**
Futur I:	Der Zaun **wird** grün **angestrichen sein.**
Futur II:	Der Zaun **wird** grün **angestrichen gewesen sein.**

10. Indikativ und Konjunktiv

1 Während der **Indikativ** (Wirklichkeitsform) verwendet wird, wenn ein Geschehen als tatsächlich dargestellt wird, wird der **Konjunktiv** (Möglichkeitsform) verwendet, wenn wir keine Aussagen über Tatsachen machen wollen, sondern wenn etwas erwünscht wird oder man sich einer Sache nicht so sicher ist. Wir unterscheiden zwischen **Konjunktiv I** und **Konjunktiv II**.

Der Konjunktiv I wird verwendet, wenn	
– die Aussage einer anderen Person in der **indirekten Rede** wiedergegeben wird. Hiermit drückt der Sprecher aus, dass er nur zitiert, er nimmt selbst keine Stellung:	Er sagte, dass ein Sieg seiner Mannschaft möglich **sei**. Nina meint, sie **schaffe** es nicht.
– ein **Wunsch** oder eine **Aufforderung** ausgedrückt wird:	Sie **lebe** hoch! Gott **sei** Dank! Man **nehme** drei Esslöffel Sahne. (Rezept)

Der Konjunktiv II wird verwendet, wenn	
– der Inhalt der Rede in **Zweifel** gezogen wird;	Er sagte, dass ein Sieg möglich **wäre**.
– es sich um einen **irrealen Wunsch**,	Ach, **könnte** ich doch auf den Mond fliegen!
– eine **vorsichtige Äußerung**	Das **dürfte** richtig sein.
– oder um eine **höfliche Bitte** handelt:	**Könnten** Sie mir bitte helfen?

2 Der **Konjunktiv I** leitet seine **Formen** vom Indikativ des Präsens ab und unterscheidet sich heute nur in der 3. Person Singular vom Indikativ.

Indikativ Präsens	Konjunktiv I
sie denkt	sie denke
er fährt	er fahre

3 Der **Konjunktiv II** unterscheidet sich vom Indikativ Präteritum nur bei einigen starken Verben. Er kann mit würde gebildet werden, wenn die Form recht ungewöhnlich ist oder wenn sich die Formen des Konjunktiv II nicht vom Indikativ unterscheiden.

Indikativ Präteritum	Konjunktiv II
sie nahm	sie nähme/sie würde nehmen
sie gingen	sie würden gehen

4 In der **indirekten Rede** steht in der Regel der Konjunktiv I. Wenn sich der Konjunktiv nicht von den Formen des Indikativs unterscheidet, verwendet man den Konjunktiv II.

direkte Rede	indirekte Rede
Klaus sagte: „Peter **hat** einen Job."	Klaus sagte, dass Peter einen Job **habe.** (Konjunktiv I, da unterschiedliche Form)
Gestern meinten die Kinder: „Wir **haben** keine Lust zum Rudern."	Gestern meinten die Kinder, dass sie keine Lust zum Rudern **hätten.** (Konjunktiv II, da Formen im Indikativ und Konjunktiv deckungsgleich sind.)

5 Enthält die direkte Rede bereits den Konjunktiv, so wird er in der indirekten Rede unverändert übernommen.

direkte Rede	indirekte Rede
Florian meint: „Ich **würde** das nie **tun.**"	Florian meint, dass er das nie **tun würde.**

11. Die Modalverben

1 Modalverben bestimmen die **Art des Geschehens**. Modalverben werden benutzt, um die **Bedingungen** oder **Voraussetzungen** für eine Handlung darzustellen. Sie werden auch gebraucht, um **Vermutungen** oder **Annahmen** zu äußern.

Beispiele: Maja kann das Klavierstück auswendig vortragen.
Sie muss zu Fuß gehen.
Auf dem Land soll es nur noch wenige Bauern geben.
Das kann doch nicht stimmen!

2 Es gibt insgesamt **sechs Verben**, die als Modalverben verwendet werden: müssen, sollen, können, dürfen, wollen, mögen. Sie können **kein Passiv** und **keinen Imperativ** bilden.

Modalverb	Art des Geschehens	Beispiele
müssen	notwendig sein (Notwendigkeit)	Du **musst** nach Hause gehen.
sollen	erwarten, aufgefordert sein (Aufforderung)	Sie **soll** das Buch zurückgeben.
können	möglich sein (Möglichkeit); fähig sein (Fähigkeit); erlaubt sein (Erlaubnis)	Er **kann** kommen und gehen, wie er will. Sie ist so krank, dass sie nicht aufstehen **kann**. Sie **kann** das Fenster wieder schließen.
dürfen	erlaubt sein (Erlaubnis)	Ich **darf** nach Italien fahren.
wollen	beabsichtigt sein (Absicht)	Sie **will** heiraten.
mögen	erwünscht sein (Wunsch); erlaubt sein (Erlaubnis)	Sie **mag** singen. Er **mag** kommen, wenn er will.

12. Das Adverb

1 Adverbien (Umstandswörter) geben Auskunft über die **näheren Umstände eines Geschehens**. Sie bestimmen ein Geschehen, Personen oder Gegenstände genauer. Dabei ändern sie ihre Form nicht. Im Gegensatz zu den übrigen Partikeln können sie eine eigenes Satzglied bilden.

Beispiele: Gestern ging ich ins Kino.
Sie hatte kaum gegessen, als der Zug kam.
Er wartete dort.
Er singt gern.
Sie malt sehr schön.
Bald kommt kein Schüler mehr.

2 Adverbien lassen sich nach **lokaler**, **temporaler**, **modaler** und **kausaler Sinnrichtung** unterscheiden.

Art der Adverbien	Fragen	Beispiele	
lokale Adverbien (Adverbien des Ortes)	Wo? Woher? Wohin?	hier, da, aufwärts, dorthin, dorther, dort, abwärts, …	Sie fahren **abwärts.**
temporale Adverbien (Adverbien der Zeit)	Wann? Wie lange? Wie oft? Seit wann?	jetzt, dann, seither, bisher, zuweilen, stets, manchmal, nie…	Sie trifft ihn **manchmal.**
modale Adverbien (Adverbien der Art und Weise)	Wie? Wie sehr? In welchem Maße?	anders, gern, umsonst, auch, kaum, sehr, bloß, vielleicht, gewiss, wohl, nur …	Sie malte **gern.**
kausale Adverbien (Adverbien des Grundes)	Warum? Weshalb? Wozu?	deshalb, demnach, dazu, nämlich, sonst …	**Deshalb** konnte sie nicht schreiben.

13. Die Präposition

1 Präpositionen kennzeichnen das **Verhältnis, in dem Lebewesen und Dinge zueinander stehen.** Sie bestimmen den Kasus des Wortes, zu dem sie gehören. Das kann ein Substantiv oder ein Pronomen sein. Die Präposition und das von ihr abhängige Wort heißen zusammen **Präpositionalausdruck.**

2 Präpositionen drücken **verschiedene Sinnrichtungen** aus:

Begriff	Sinnrichtung	Fragen	Beispiel
lokaler Präpositionalausdruck	nennt Raum und Ort	Wo? Woher? Wohin?	Sie steht **hinter der Mauer.** Er kommt **aus dem Haus.** Ich gehe **in die Küche.**
temporaler Präpositionalausdruck	nennt Zeitpunkt und Zeitdauer eines Geschehens	Wann? Wie lange? Seit wann? Bis wann? Wie oft?	Sie kommt **nach mir.** Er schläft **seit zwei Stunden.** Sie kocht **seit 12 Uhr.** Er bleibt **bis heute Abend.**
modaler Präpositionalausdruck	nennt Art und Weise	Wie? Von welcher Art?	Sie sagt es **auf Englisch.** Der Teller ist **aus Silber.**
kausaler Präpositionalausdruck	nennt Mittel, Ursache, Zweck oder Bedingung	Warum? Unter welcher Voraussetzung? Womit? Wozu?	Der Fluss stieg **infolge des Regens.** Sie lachte **trotz des Unglücks.**

3 Viele Präpositionen verlangen einen **bestimmten Fall.**

Präpositionen mit Genitiv	während, wegen, infolge, trotz, statt, außerhalb, oberhalb, angesichts, abseits, jenseits
Präpositionen mit Dativ	mit, von, aus, bei, nach, zu, außer, entgegen, gegenüber, seit
Präpositionen mit Akkusativ	durch, für, ohne, um, gegen, wider
Präpositionen mit Dativ oder Akkusativ	in, ab, auf, hinter, vor, über, unter, neben, zwischen (sie stehen mit dem **Akkusativ** auf die Frage **Wohin?**, mit dem **Dativ** auf die Frage **Wo?**)

14. Die Konjunktion

1 Konjunktionen verbinden Wörter, Wortgruppen oder Sätze miteinander. Sie stehen immer am Beginn des angefügten Teiles.

Beispiele: Gisa und Maja waren krank.
Sowohl die ganze Familie als auch die Nachbarn waren krank.
Es war kalt, dennoch waren alle da.

2 Wir unterscheiden nebenordnende und unterordnende Konjunktionen. Die **nebenordnenden Konjunktionen** verbinden **gleichwertige Wörter, Satzglieder oder Sätze.**

Beispiele: Sie malte, sang und bastelte den ganzen Tag.
Ich kann zwar heute nicht kommen, aber ich komme morgen.

3 Vor nebenordnenden Konjunktionen wird nur dann ein **Komma** gesetzt, wenn ein **Unterschied** oder eine **Begründung** ausgedrückt wird. Das ist der Fall bei den Konjunktionen aber, sondern, dennoch, zwar, denn, nämlich und also.

Beispiele: Sie saß vor dem Computer, aber sie arbeitete nicht damit.
Sie kam zu spät, denn sie hatte den Zug verpasst.
Er ging nicht schwimmen, sondern er fuhr zum Theater.

4 Ohne Komma werden die nebenordnenden Konjunktionen und, oder, sowohl ... als auch, entweder ... oder, wie, als verwendet.

Beispiele: Sie kam nicht nach Hause und rief auch nicht an.
Ich werde entweder Rad fahren oder schwimmen gehen.

5 **Unterordnende Konjunktionen verknüpfen einen Nebensatz mit einem Hauptsatz oder einem weiteren Nebensatz.** Man nennt sie auch **Subjunktionen.**

Beispiele: Ich lerne Französisch, weil ich nach Frankreich fahren will.
Ich fahre lieber mit dem Zug, wenn ich Zeit habe, weil mir das gefällt.

6 Nebensätze, an deren Anfang eine Konjunktion steht, heißen **Konjunktionalsätze.** Konjunktionen bestimmen die Sinnrichtung des Nebensatzes.

Art der Konjunktion	Sinnrichtung	Beispiele
temporale Konjunktionen	beschreiben das Zeitverhältnis	Der Bus bremste scharf, **als** er die Haltestelle erreichte. Sie schreibt den Brief, **sobald** sie Zeit hat.
kausale Konjunktionen	begründen das Geschehen	Sie isst nichts, **weil** sie wütend ist. **Da** er sehr klug ist, fällt ihm das Lernen leicht.
modale Konjunktionen	bezeichnen die näheren Umstände	Sie hat es so gemacht, **wie** ich es mir gedacht habe.

7 Einige Konjunktionen werden **sowohl nebenordnend als auch unterordnend** verwendet.

Beispiele: Der Roman ist länger, als du glaubst. (nebenordnend)
Ich saß in der Badewanne, als das Telefon läutete. (unterordnend)

Zum Satz

1. Die Satzglieder

1 Ein Satz besteht aus mehreren Teilen. Diese Teile nennt man **Satzglieder.** Sie können aus **einem oder mehreren Wörtern** bestehen, die sich als Ganzes verschieben lassen. Bei Umstellungen bleiben diese Wörter jeweils zusammen.

Beispiele: **Gestern** standen viele Autos *an der überfüllten Tankstelle*.
An der überfüllten Tankstelle standen **gestern** viele Autos.
Viele Autos standen **gestern** *an der überfüllten Tankstelle*.

2 Ein wichtiges Satzglied ist das **Prädikat** (Satzaussage), das immer ein Verb enthält. Das Prädikat steht in enger Beziehung zum **Subjekt** (Satzgegenstand). Sätze, die nur aus Prädikat und Subjekt bestehen, nennt man **einfache Sätze**.

Beispiele: Sie (Subjekt) weinte (Prädikat).
Die Hunde (Subjekt) bellen (Prädikat).

3 Bei einem **erweiterten Satz** kommt mindestens ein weiteres Satzglied hinzu.

Beispiele: Er saß im Auto.
Das Mädchen lachte laut.

4 Ein selbstständiger Satz ist ein **Hauptsatz**. Sätze, die nicht alleine stehen können, heißen **Nebensätze** oder **Gliedsätze**.

Beispiel: Ich komme morgen (Hauptsatz), obwohl du nicht da sein wirst (Nebensatz).

5 **Haupt- und Nebensatz bilden ein Satzgefüge, während ein zusammengesetzter Satz, der aus zwei Hauptsätzen besteht, Satzreihe genannt wird.**

Haupt- und Nebensatz bilden ein **Satzgefüge**, während ein zusammengesetzter Satz, der aus zwei Hauptsätzen besteht, **Satzreihe** genannt wird.

Beispiele: Ich weiß nicht, wann ich kommen werde. (Satzgefüge)
Ich ging in die Schule, Kai ging in den Garten(,) und Mutter surfte im Internet. (Satzreihe)

6

Außer dem Subjekt und Prädikat haben wir als weitere Satzglieder: **Objekte** (Ergänzungen), **adverbiale Bestimmungen** (Umstandsbestimmungen) und **Attribute** (Beifügungen).

Beispiele: Sie sieht ihren Freund. (Objekt)
Sie spielten im Jugendhaus vor. (adverbiale Bestimmung des Ortes)
Dort steht ein schönes Haus. (Attribut)

2. Das Subjekt

1 Das Subjekt kann ein Substantiv, ein Pronomen oder eine andere Wortart sein, die als Substantiv verwendet wird. Es steht immer im **Nominativ** (1. Fall) und antwortet auf die Frage **„Wer oder Was?"**

Substantiv als Subjekt	**Autos** stehen auf dem Marktplatz. **Maria** fährt mit dem Bus.
Pronomen als Subjekt	Sollte **er** nicht längst hier sein? **Sie** hat keine Zeit.
Anderes Wort, das als Substantiv verwendet wird	**Lesen** macht viel Spaß. **Reiche** haben es besser. **Drei** ist eine Zahl.
Wortgruppe, die die Funktion eines Substantivs hat	**Das Buch** ist alt. **Das dicke Buch** gehört mir. **Das Buch dort** ist spannend. **Das Buch aus Holz** gehört dem Baby. **Lena, Felix und ich** kommen später.

2 Einige Verben verbinden das Subjekt mit einem Satzglied, das auch im Nominativ steht. Man nennt es den **Gleichsetzungsnominativ**. Er vervollständigt als Prädikatsnomen den Satz.

Beispiele: Peter ist mein Freund.
Sie fühlt sich als Star.
Mein Freund wird Lehrer.

3. Das Prädikat

1 Die wichtigsten Satzglieder sind Subjekt und Prädikat (Satzaussage). Das Prädikat steht im Aussagesatz immer an zweiter Stelle. Als Prädikat steht das Verb in der Personalform (finite Form). Dabei unterscheiden wir **einteilige** und **mehrteilige Prädikate**.

einteiliges Prädikat (Satzkern):	Doris **schwimmt** durch den See. Sie **ging** nach Hause.
mehrteiliges Prädikat (Satzklammer)	
– bei zusammengesetzten Zeiten:	Er **hat** das Buch **gelesen.** Sie **wird** nach London **fliegen.** Der Berg **ist** im letzten Jahr **bestiegen worden.**
– bei Modalverb und Vollverb:	Sie **möchte** später **kommen.** Er **darf** nicht nach Paris **fahren.**

2 Das Prädikat stimmt in **Person** und **Numerus** (Zahl) immer mit dem Subjekt überein. Beide müssen auch inhaltlich zusammenpassen.

4. Das Objekt

1 Das Objekt, **die Satzergänzung**, ist die Person oder Sache, auf die sich das Prädikat bezieht. Viele Verben, sowohl transitive (zielende) als auch nichttransitive (nicht zielende), brauchen eine Ergänzung. Wir unterscheiden folgende Ergänzungen: das **Akkusativobjekt**, das **Genitivobjekt**, das **Dativobjekt** und das **Präpositionalobjekt**.

Das Objekt bei transitiven Verben

Art	Beispiel	Frage
Das Objekt im 4. Fall = **Akkusativobjekt**	Er sieht **seinen Freund.**	Wen sieht er? … den Freund

Objekte bei intransitiven Verben

Arten	Beispiel	Frage
Objekt im 2. Fall = **Genitivobjekt**	Es bedurfte **einiger Übung.**	Wessen bedurfte es? … einiger Übung
Objekt im 3. Fall = **Dativobjekt**	Der Hund gehorcht **dem Herrn.**	Wem gehorcht er? … dem Herrn
Präpositionalobjekt	Sie spielte **auf der Geige.**	Worauf spielte sie? … auf der Geige

Schaue dir dazu auch die Seiten 39/40, „Das Verb“, in diesem Lernbuch an.

2 Manche Verben haben **mehrere Objekte.**

Beispiel: Er gab **mir** einen Stift. (Dativobjekt und Akkusativobjekt)

3 Einige Verben verlangen **zwei Akkusativobjekte.** Das zweite Objekt wird mit dem ersten gleichgesetzt. Man nennt es **Gleichsetzungsakkusativ.**

Beispiel: Sie hat **ihn** Dummkopf (= Gleichsetzungsakkusativ) genannt.

5. Die adverbiale Bestimmung

Die adverbiale Bestimmung ist eine zusätzliche, aber keine notwendige Erweiterung des Satzes. Mit ihr werden **besondere Merkmale oder Umstände von Vorgängen oder Zuständen** näher bestimmt. Es gibt unterschiedliche adverbiale Bestimmungen:

adverbiale Bestimmung	Beispiele	Fragen
... des Ortes (Lokalbestimmung)	Er arbeitet **in der Bank.** Sie kommt **von China.** Er läuft **zur Schule.**	Wo? Woher? Wohin?
... der Zeit (Temporalbestimmung)	Sie kommt **heute.** **Seit gestern** wohnt er hier. Er bleibt **bis morgen.** Sie bleibt **drei Wochen.** Sie springt **viermal.**	Wann? Seit wann? Bis wann? Wie lange? Wie oft?
... der Art und Weise (Modalbestimmung)	Sie singt **sehr gut.**	Wie? Auf welche Art? Unter welchen Umständen?
... des Grundes (Kausalbestimmung)	**Durch den vielen Regen** war der Weg matschig geworden.	Warum? Wieso? Weshalb? Wozu?

6. Das Attribut

1 Das Attribut ist eine **Beifügung zu einem Satzglied**, das durch dieses Attribut näher bestimmt wird.

2 Es ist kein selbstständiges Satzglied, sondern es ist nur ein Teil eines Satzglieds. Es ist fest mit seinem Bezugswort verbunden, kann daher also in einem Satz nur mit diesem verschoben werden. Das Attribut antwortet auf die Fragen „**Was für …? Was für ein …? Wessen …?**"

3 Attribute erscheinen in **unterschiedlichen Formen**:

Art	Bezeichnung	Beispiel
als Adjektiv	**Adjektivattribut**	das **heiße** Wetter
als Substantiv im Genitiv	**Genitivattribut**	auf Beschluss **der Konferenz**
als Substantiv mit Präposition	**Präpositionales Attribut**	eine Frau **von Format**
als Infinitiv mit zu	**verbales Attribut**	Er hatte keine Lust **zu lernen.**
als Substantiv im gleichen Fall	**Apposition**	Toni, **mein Freund,** kam auch.

7. Überblick über die Hauptsatzarten

1 Sätze sind abgeschlossene Sinneinheiten. Mit Sätzen kann man erzählen, feststellen, ausrufen, fragen, wünschen oder auffordern. Daher werden **folgende Satzarten** unterschieden:

Satzarten	Merkmale	Beispiele
Aussagesatz	Das Prädikat steht hinter dem Subjekt.	Der Wagen **rollt** über die Schienen.
Fragesatz a) Entscheidungsfrage	Der Satz beginnt mit einem finiten Verb; die erwartete Antwort ist ja oder nein.	**Kommst** du heute? (ja/nein)
b) Ergänzungsfrage	Der Satz beginnt mit einem Fragewort.	**Wann** kommst du?
Aufforderungssatz	Das Verb steht im Imperativ.	**Lauf** schnell! **Geht** schon los!
Ausrufesatz	Der Satz beginnt häufig mit einem Ausrufewort.	**Ah**, ist das schön! Das darf doch nicht wahr sein!
Wunschsatz	Das Verb steht im Konjunktiv II.	Wir **wären** gerne gekommen.

2 Der **Aussagesatz** endet mit einem **Punkt**,
der **Ausrufe- oder Wunschsatz** mit einem **Ausrufezeichen** und
der **Fragesatz** mit einem **Fragezeichen.**

8. Überblick über die Nebensatzarten

1 Nebensätze sind **vollständige Sätze**, bei denen das Prädikat am Ende steht. Sie können **nicht allein stehen**, weil sie ohne den zugehörigen Hauptsatz keinen Sinn ergeben. Sie werden immer durch ein **Komma** vom Hauptsatz abgetrennt und können vor oder nach dem Hauptsatz stehen. Sie können aber auch zwischen Teilen des Hauptsatzes stehen. In allen Fällen sprechen wir von einem **Satzgefüge**.

Beispiele: Sie wird für uns die Lampe anschließen, wenn sie Zeit hat.
Sie wird, wenn sie Zeit hat, für uns die Lampe anschließen.
Wenn sie Zeit hat, wird sie für uns die Lampe anschließen.

2 Nebensätze können **bestimmte Teile des Hauptsatzes ersetzen**. Folgende Nebensätze können wir dem Inhalt nach unterscheiden:

Bezeichnung	Beispiel
Subjektsatz (ersetzt das Subjekt)	**Wer mitkommen will,** soll sich melden.
Objektsatz (ersetzt das Objekt)	**Dass das wirklich so ist,** musst du erst beweisen.
Adverbialsatz (ersetzt die adverbiale Bestimmung)	**Als es regnete,** liefen sie ins Haus.
Attributsatz (ersetzt das Attribut)	Das Fahrrad, **das dort an der Wand lehnt,** ist ganz neu.

3 Nebensätze können mit **verschiedenen Wortarten eingeleitet** werden.

Wortart	Beispiel	Nebensatzart
unterordnende Konjunktionen	Er fuhr ab, **weil** es schon so spät war.	Konjunktionalsatz
Relativpronomen	Der Hund, **der** dort läuft, gehört mir.	Relativsatz
Interrogativpronomen	Ich weiß nicht, **was** das bedeutet.	indirekter Fragesatz

4 **Infinitive mit zu** können durch andere Wörter erweitert werden und **wirken dann wie Nebensätze,** haben aber im Gegensatz zu diesen kein eigenes Subjekt. **Erweiterte Infinitivsätze** werden manchmal durch eigene Konjunktionen eingeleitet.

Beispiele: Er kam(,) um die Maschine zu überprüfen.
Sie lief über die Straße(,) ohne auf den Verkehr zu achten.

! Diese Infinitivsätze können vom Hauptsatz durch ein Komma getrennt werden. Du darfst das Komma aber auch weglassen.
Ausnahme: Nach einer hinweisenden Formulierung **muss** es gesetzt werden: Max größter Wunsch ist es, allein nach Italien zu reisen.

5 **Nebensätze können durch den Gebrauch von Partizipien verkürzt werden.** Auch hier müssen keine Kommas gesetzt werden. Sie werden nur gesetzt, wenn man Missverständnisse ausschließen und wenn man die Gliederung des Satzes deutlich machen will.

Nachdem sie sich mit einer Tasse Tee aufgewärmt hatte, schnallte sie sich wieder die Skier an. **Durch eine Tasse Tee gestärkt(,)** schnallte sie sich wieder die Skier an.
Während er ein Lied pfiff, putzte er sein Motorrad. **Ein Lied pfeifend(,)** putzte er sein Motorrad.

9. Subjekt- und Objektsätze

1 Ein Nebensatz, **der das Subjekt oder Objekt des Hauptsatzes ersetzt**, heißt Subjekt- bzw. Objektsatz.

2 Durch Fragen kannst du herausfinden, ob der Satz ein Subjekt oder ein Objekt vertritt. Im Objektsatz finden wir ein anderes Subjekt als im Hauptsatz. Beim Subjektsatz handelt es sich um dasselbe Subjekt.

Beispiel	Frage	Art des Nebensatzes
Wer gesund bleiben will, sollte viel lachen. **Ob das Flugzeug gelandet ist**, ist uns nicht bekannt.	Wer oder was sollte viel lachen? Wer oder was ist gelandet?	**Subjektsatz**
Ich finde es schlimm, **wie er arbeitet.** Carmen kündigt an, **dass die Fußballmannschaft bald ankommt.**	Wen oder was finde ich schlimm? Wen oder was kündigt Carmen an?	**Objektsatz**

3 Subjekt- und Objektsätze können auf verschiedene Art und Weise eingeleitet werden.

durch eine unterordnende Konjunktion:	Ich freue mich, **wenn** die Pferde sich hier wohl fühlen.
durch ein Relativpronomen:	**Wer** mithelfen will, kommt schon um acht Uhr.
durch ein Interrogativpronomen (Fragewort):	**Ob** sie wirklich kommt, weiß ich nicht.

10. Der Adverbialsatz

1 Adverbialsätze sind **Nebensätze, die das Satzglied „adverbiale Bestimmung" ersetzen.** Sie erläutern, unter welchen Umständen etwas geschieht oder vor sich geht.

adverbiale Bestimmung	Dabei aß er ein Eis.
Adverbialsatz	Während er ein Buch las, aß er ein Eis.

2 **Adverbialsätze sind die häufigsten Nebensätze.** Sie sind fast immer **Konjunktionalsätze.** An der Konjunktion erkennen wir die **Sinnrichtung.** Diese Sinnrichtung kann man erfragen.

Sinnrichtung	Bezeichnung	Beispiel
		Ich fahre nach Freiburg,
Zeit	**Temporalsatz**	... während ich Ferien habe.
Ort	**Lokalsatz**	... wo ich eine Tante habe.
Art und Weise	**Modalsatz**	... indem ich bei Freunden im Auto mitfahre.
Grund	**Kausalsatz**	... weil ich Heimweh habe.
Einräumung/ Gegengrund	**Konzessivsatz**	... obwohl ich keine Lust habe.
Bedingung	**Konditionalsatz**	... falls ich darf.
Folge	**Konsekutivsatz**	... so dass ich mich dort erholen kann.
Zweck/Absicht	**Finalsatz**	... damit ich meiner Tante helfen kann.

Die letzten vier Formen zählt man heute oft zu den Kausalsätzen im weitesten Sinne.

11. Der Attributsatz

1 Attributsätze sind Nebensätze, die ein Attribut ersetzen. Sie erklären das Wort genauer, zu dem sie gehören. Sie sind eng mit diesem Bezugswort verbunden und können daher nicht von ihm getrennt werden. Attributsätze antworten auf die Fragen **„Welcher, welche, welches? Welche Art von ...?"**

	Attributsatz
Das **zu Schrott gefahrene** Auto wurde abgeschleppt.	Das Auto, **das zu Schrott gefahren wurde**, wurde abgeschleppt.
Der **weinende** Junge hatte sich verlaufen.	Der Junge, **der weinte**, hatte sich verlaufen.

2 Attributsätze sind meistens **Relativsätze**, die mit einem Relativpronomen eingeleitet werden. Das Relativpronomen stimmt in Numerus und Genus mit seinem Bezugswort überein.

Beispiele: Der Mann, der auf der Leiter steht, ist mein Vater.
Die Buchstaben, die du geschrieben hast, kann ich nicht erkennen.
Die Pfeilspitzen, die mit Gold verziert waren, gefielen ihm besonders gut.

Gleich und ähnlich klingende Laute

1. Die s-Laute: s, ß, ss

1 **Den stimmhaften (gesummten, weichen) s-Laut schreiben wir immer s.**

Beispiele: brausen, lesen, Wiese, riesig, Sahne

2 **Den stimmlosen (gezischten, scharfen) s-Laut schreiben wir unterschiedlich.**

Wir schreiben ihn als s:	– in kleinen Wörtern wie: aus, bis, es, das, … – in Wörtern auf **-is, -as, -us, -nis:** Kürbis, Ananas, Omnibus, Erlebnis, … – **vor t und im Auslaut**, wenn diese Wörter verwandte Wörter mit stimmhaftem (gesummtem) s haben wie bei: liest (lesen), Haus (Häuser), Gras (Gräser), …
Wir schreiben ihn als ß:	– **nach Doppellauten** (au, äu, eu, ei, ie) und **nach langem Vokal** (wenn im Wortstamm kein weiterer Konsonant folgt) wie: Fuß, reißen, außerdem, Straße, Schoß, …
Wir schreiben ihn als ss:	– **nach kurzem Vokal** wie: nass, Biss, Kissen, gewusst, geschlossen, Essen, …

3 Es kann daher auch in einer Wortfamilie Wörter mit ß und mit ss geben.

Beispiele: fließen, fließt, geflossen, der Fluss
wissen, weiß, wusste, gewusst
beißen, beißt, gebissen, der Biss, bissfest
fressen, frisst, der Fraß
schließen, geschlossen, das Schloss

2. dass und das

1 Die **Konjunktion** dass gehört zu den unterordnenden Konjunktionen und verbindet einen Hauptsatz mit einem Nebensatz. Sie wird **immer mit ss** geschrieben. Das a wird kurz gesprochen.

Konjunktion dass	Ich glaube, **dass** es heute regnen wird. Kai hofft, **dass** er eine gute Physikarbeit geschrieben hat. Es wird erwartet, **dass** du pünktlich zur Stelle bist.

2 Der **Artikel**, das **Demonstrativpronomen** und das **Relativpronomen** das werden **mit einem s** geschrieben, obwohl der Vokal a ebenfalls kurz gesprochen wird.

Artikel das:	**das** Kind, **das** Pferd, **das** Auto **Das** Wetter wird immer besser.
Demonstrativpronomen (hinweisendes Fürwort) das:	**Das** habe ich schon gehört. **Das** ist mein Platz! **Das** ist aber gemein!
Relativpronomen (bezügliches Fürwort) das:	Das Auto, **das** dort steht, gehört meiner Mutter. Das Kind, **das** dort spielt, ist meine kleine Schwester.

! **Tipp:** Man schreibt das mit einem s, wenn man stattdessen auch dieses, jenes oder welches sagen kann.

7./8.

3. Wörter mit langem i

1 **Normalerweise wird das lange i als ie geschrieben.**

Beispiele: viel, sie liefen, Ziege, fliegen, schieben, wieder

! **Ausnahmen** sind Vieh und die Pronomen ihr, ihn, ihm, ihnen.

2 Aber es gibt auch zahlreiche Wörter **mit langem i ohne Dehnungszeichen** (wie e oder h). Viele davon kommen aus fremden Sprachen.

Beispiele: Termin, Medizin, Benzin, Terpentin, Goldmine, Klima, Krokodil, Musik, Kamin, Margarine, Kantine, Lawine, Gardine, wider

3 Achtung, nicht verwechseln: **wieder** (mit der Grundbedeutung: nochmals, noch einmal) und **wider** (mit der Grundbedeutung: entgegen, gegen).

wider	wieder
widerfahren	wiederholen
widerstehen	wiedersehen
widerlich	wiederfinden
widerspenstig	Wiederholung
Widerspruch	Wiederaufbau
widerwillig	wiederkäuen
Erwiderung	Wiedergabe
erwidern	wiedergeben

Beispiele: Er tat es wider seinen Willen.
Wider besseren Wissens sprang sie in das eiskalte Wasser.
Er widerstand den Verlockungen.

Sie kam erst am Abend wieder.
Ich möchte ihn gerne wiedersehen.
Am Sonntag wird das Theaterstück wiederholt.

Groß- und Kleinschreibung

1. Substantivierung von Verben

1 **Verben** werden in der Regel kleingeschrieben. Aber wenn sie als **Substantive verwendet werden** (Substantivierung), werden sie wie diese **großgeschrieben**. Dies tritt in folgenden Fällen ein:

Das Verb steht nach einem Artikel.	**Das Lachen** störte ihn. **Ein Rauschen** erfüllte die Luft.
Das Verb wird durch ein Adjektiv näher bestimmt.	**Lautes Weinen** schreckte ihn auf. Sie liebte **schnelles Gehen.**
Das Verb wird durch ein Pronomen näher bestimmt.	Niemand hörte **sein Rufen.** **Mein Schreien** erschreckte alle.
Das Verb steht nach einer Präposition.	Es war keine Zeit **zum Fliehen.** **Beim Schlafen** hört er nichts. **Durch Jammern** ändert man nichts.
Das Verb steht ohne eines der vorher genannten Merkmale an Stelle eines Substantivs.	**Reden** ist Silber, **Schweigen** ist Gold. **Lesen** und **Essen** sind seine Lieblingsbeschäftigungen.

2 Bei **mehrteiligen Fügungen**, deren Bestandteile mit einem Bindestrich verbunden sind, schreibt man das erste Wort, den Infinitiv und die anderen substantivischen Bestandteile groß.

Beispiele: Es ist zum Auf-und-davon-Laufen.
Das Hand-in-Hand-Arbeiten macht Spaß.
Das In-den-Tag-hinein-Leben gefällt mir nicht.

2. Substantivierung von Adjektiven und anderen Wortarten

1 Wörter anderer Wortarten schreibt man groß, wenn sie als **Substantive gebraucht werden** (= Substantivierung). Substantivierte Wörter nehmen die Eigenschaften von Substantiven an. **Adjektive** und **adjektivisch gebrauchte Partizipien** werden **großgeschrieben**, wenn:

… ein Artikel davor steht:	**Das Gute**, das er getan hat, dankte ihm niemand. **Das Erwartete** trat ein.
… eine Präposition davor steht:	Wir wohnen **im Grünen**.
… ein Pronomen davor steht:	Sie ist **ihre Jüngste**.
… ein Zahlwort davor steht:	Sie hat **viel Bedeutendes** gehört.
… sie ohne eines der zuvorgenannten Merkmale an Stelle eines Substantivs stehen:	Zum Nachtisch gab es **Süßes** und **Salziges**. Er isst gerne **Gebratenes**.

2 Auch **Zahlwörter**, **Pronomen**, **Präpositionen**, **Konjunktionen** und **Interjektionen** können substantiviert werden.

substantiviertes Zahlwort:	Der Zeiger näherte sich der **Zehn**.
substantiviertes Pronomen:	Sie bot ihm das **Du** an.
substantivierte Präposition:	Das **Auf** und **Nieder** in seinem Werdegang war aufregend.
substantivierte Konjunktion:	Das **Aber** lasse ich nicht gelten.
substantivierte Interjektion:	Ihr **Weh** und **Ach** nervte uns.

3. Kleinschreibung von Adjektiven, Partizipien und Pronomen

1 **Adjektive, Partizipien** und **Pronomen,** die sich auf ein vorhergehendes oder ein nachstehendes Substantiv beziehen, werden **kleingeschrieben.**

Beispiele: Sie war die hübscheste und klügste meiner Schülerinnen.
Sie hat schöne Blusen, gepunktete, gestreifte und karierte.
Leih mir bitte deine Noten, ich habe meine verloren.

2 **Superlative** mit am werden **kleingeschrieben.**

Beispiele: Dieser Berg ist am steilsten.
Dieser Stift ist am spitzesten.

3 Bestimmte **feste Verbindungen aus Präposition und Adjektiv** ohne vorangehenden Artikel werden **kleingeschrieben.**

Beispiele: Sie kamen von nah und fern.
Sie gingen durch dick und dünn.

4 **Pronomen** werden **kleingeschrieben.**

Beispiele: Hier hat sich schon mancher gewundert.
Das muss jeder selbst wissen.

5 Die **Zahladjektive** viel, wenig, (der, die, das) eine, (der, die, das) andere mit ihren Flexionsformen werden immer **kleingeschrieben.**

Beispiele: Die einen kommen, die anderen gehen.
Das haben schon viele gedacht.

6 **Kardinalzahlen unter einer Million** werden stets **kleingeschrieben.**

Beispiele: Diese vier kenne ich.
Er kann nicht mal bis drei zählen!

4. Verbindungen mit Angst, Bange, Gram, Leid, Pleite, Recht, Schuld, Wert

1 Die Wörter Angst, Bange, Gram, Leid, Pleite, Recht, Schuld, Wert werden **normalerweise großgeschrieben**.

Beispiele: Es tut mir Leid.
Er hat Recht.
Sie hat Angst vor der Nacht.
Der Laden ging Pleite.
Wir haben Schuld.

2 In Verbindung mit den Verben sein, werden und bleiben werden diese Wörter aber **als Adjektiv gebraucht** und somit **kleingeschrieben**.

Beispiele: Mir wird angst und bange.
Wir sind ihr gram.
Ihm wird angst.
Ich bin das alles leid.
Die Firma ist pleite.
Unser Nachbar ist schuld an dem Streit.
Unserem Lehrer war alles recht.
Es ist nicht der Rede wert.

Getrennt- und Zusammenschreibung

1. Bei Verbindungen mit Verben

1 Es gibt nicht immer eindeutige Regeln für die Getrennt- und Zusammenschreibung. **Im Zweifelsfall schreibt man getrennt.**

2 **Getrennt geschrieben werden folgende Verbindungen mit Verben:**

	Wortbeispiele	Satzbeispiele
Substantiv + Verb	Rad fahren, Eis laufen, Schlange stehen	Lore will heute **Rad fahren.**
Adjektiv + Verb, a) wenn das Adjektiv in dieser Verbindung erweiter- oder steigerbar ist. b) wenn der erste Bestandteil eine Ableitung auf -ig, -isch oder -lich ist.	gut schreiben (besser schreiben, sehr gut schreiben), hell leuchten, klein schreiben heftig schimpfen, kritisch denken, freundlich grüßen	Kai soll an der Tafel nicht so **klein schreiben.** **Aber:** Du musst Verben **kleinschreiben.** (nicht steigerbar) Du solltest nicht so **heftig schimpfen.**
Partizip + Verb	bekannt machen, getrennt schreiben	Ich möchte dich mit Max **bekannt machen.**
Verb + Verb	kennen lernen, liegen lassen	Sie möchte uns **kennen lernen.** Er will es **liegen lassen.**
Verbindungen mit sein	beisammen sein, vorbei sein, fertig sein	Wir wollen bald **fertig sein.**
Infinitve mit zu, wenn zu unbetont ist.	zu geben	Er versprach, es ihr **zu geben.** **Aber:** Er wollte es nicht **zugeben.**

Achtung!
Substantivisch gebrauchte Zusammensetzungen, bei denen der letzte Teil kein Substantiv ist, **werden zusammengeschrieben**:
das Radfahren, das Kennenlernen, das Getrenntschreiben, das Beisammensein

3 **Zusammengeschrieben** werden auch **Zusammensetzungen aus Verb und Substantiv** mit den ersten Bestandteilen haus-, heim-, teil-, irre-, preis-, stand-, statt-, wett- und wunder-.

Beispiele: Wir wollten das Geheimnis nicht preisgeben.
Die Feier wird morgen stattfinden.

2. Bei Verbindungen mit Adjektiven

1 Andere Wortarten können mit Adjektiven oder Partizipien Zusammensetzungen bilden. Man schreibt diese **Zusammensetzung mit Adjektiven oder Partizipien zusammen**, wenn ...

... der erste Bestandteil für eine Wortgruppe steht.	**freude**strahlend (= vor Freude strahlend), **angst**erfüllt (= von Angst erfüllt), **knie**lang (= lang bis zum Knie)
... der erste oder zweite Bestandteil nicht selbstständig vorkommt.	drei**fach**, **red**selig, klein**mütig**
... zwei gleichrangige Adjektive darin vorkommen.	blaurot, nasskalt, feuchtwarm
... der erste Bestandteil die Bedeutung verstärkt oder verringert.	**dunkel**blau, **lau**warm, **bitter**böse, **super**gut

2 Man schreibt **Zusammensetzungen mit Adjektiven oder Partizipien getrennt**, wenn ...

... so, wie oder zu davor stehen.	**zu** klein, **so** kurz, **wie** lieb, **zu** weit, **wie** viel, **zu** wenig
... der erste Teil auf -ig, isch oder -lich endet.	**riesig** groß, **schrecklich** spannend, **stürmisch** begrüßen
... der erste Teil ein adjektivisches Partizip ist.	**leuchtend** blau, **gestochen** scharf
... der erste Teil erweitert oder gesteigert ist.	**sehr ernst** gemeint, **mehrere** Tage lang, **zwei Meter** hoch

7./8.

Zeichensetzung

1. Zeichensetzung bei der wörtlichen Rede

1 Die wörtliche Rede wird immer in **Anführungszeichen** eingeschlossen. Satzzeichen, die zur Rede gehören, setzt man immer **vor** das abschließende Anführungszeichen.

Beispiele: Hanna fragt: „Darf ich dich besuchen?"
Kai meint: „Ich weiß nicht."
Lea ruft: „Ach, dann komm doch zu mir!"

2 Der **Begleitsatz** kann am Anfang, in der Mitte oder am Ende stehen. Steht er zu Beginn, folgt stets ein **Doppelpunkt**.

Beispiel: Barbara flüstert: „Ich habe Angst."
Laura ruft ins Telefon: „Hallo Tommi, du hast deinen Schal bei mir vergessen!"

3 Steht der **Begleitsatz in der Mitte**, wird er durch ein **paariges Komma** eingeschlossen.

Beispiele: „Und wer", fragt David, „hat das gesagt?"
„Ich weiß", lacht Tommi, „so habe ich einen guten Grund, dich bald wieder zu besuchen."

4 Steht der **Begleitsatz am Ende**, steht vor ihm immer ein **Komma**, auch wenn in der davor stehenden wörtlichen Rede ein Satzschlusszeichen steht.

Beispiele: „Hurra, morgen ist keine Schule!", ruft Farid.
„Kommst du auch?", fragt Arnim.

Achtung!
Bei einem **Aussagesatz** in der wörtlichen Rede fällt aber der **abschließende Punkt weg:**
„Du bist ganz schön raffiniert", lacht Laura.

2. Komma zwischen gleichrangigen Teilsätzen, Wortgruppen und Wörtern

1 **Gleichrangige (nebengeordnete) Teilsätze, Wortgruppen und Wörter grenzt man mit Komma voneinander ab.**

Teilsätze:	Ich wollte ihr helfen, aber sie schickte mich fort.
Wortgruppen:	Er fragte, ob Lisa da sei, ob Kai wieder gesund sei und ob du ihn besuchen könntest.
Wörter:	Müde, hungrig und frierend kamen sie an.

2 Sind sie durch und, oder, bzw. sowie, wie, entweder ... oder, nicht ... noch, sowohl ... als auch, sowohl ... wie, weder ... noch verbunden, so setzt man **kein Komma**.

Teilsätze:	Ich hoffe, dass du gesund bist **und** dass es dir gefällt.
Wortgruppen:	Sie kommt **entweder** mit dem Zug **oder** gar nicht.
Wörter:	**Weder** malt **noch** schreibt er irgendwann.

3 **Hauptsätze**, die mit und oder oder verbunden sind, **kann** man durch ein Komma abgrenzen, man muss das Komma jedoch nicht setzen. Bei **Infinitiv- oder Partizipkonstruktionen** kann ebenfalls der **Schreiber entscheiden**, ob er ein Komma setzt oder nicht.

Beispiele: Sie ging einkaufen(,) und die Kinder gingen spielen.
Ging sie ins Dorf(,) oder ging sie in die Stadt?
Brigitte kam(,) ohne zu lachen(,) auf mich zu.
Eine E-Mail schreibend(,) sprach sie mit ihrem Chef.

3. Komma bei Nebensätzen

1 **Nebensätze grenzt man mit Komma ab.** Sind sie eingeschoben, so schließt man sie mit paarigem Komma ein.

Beispiele: Ich hoffe, dass der Zug pünktlich ist.
Sie ging, obwohl sie wenig Zeit hatte, in die Videothek.
Als er die Klasse betrat, wurde es still.
Der Mann, der dort drüben geht, ist mein Onkel.

2 **Zusätze** oder **Nachträge** grenzt man mit einem **Komma** ab.

Orts,- Wohnungs-, Zeit- und Literaturangaben	Hajo Meining, **geb. am 3.6.1992 in Köln,** wohnt jetzt in Berlin.
Substantivgruppen als Nachträge (Apposition)	Frau Lisa Schmitt, **Professorin in Bonn,** hielt einen interessanten Vortrag. Das Haus, **am Rande der Stadt gelegen,** verfiel immer mehr.
Nachgestellte Erläuterungen, die z.B. mit also, besonders, das heißt, nämlich, vor allem … eingeleitet werden.	Er kam oft, **vor allem sonntags.** Sie liebt Obst, **besonders Äpfel.**
Anreden	**Kinder,** hört doch mal zu! Ich wünsche dir, **lieber Jan,** alles Gute.
Ausrufe oder besondere Stellungnahmen	**Oh,** tut das weh! **Ja,** ich komme.

Deutsch
Rechtschreibung
5./6. Schuljahr

Inhaltsverzeichnis Deutsch Rechtschreibung 5./6. Schuljahr

Groß- und Kleinschreibung

1. Großschreibung von Substantiven, Eigennamen und Satzanfängen

1 In einem Text werden das **erste Wort der Überschrift**, die **Eigennamen** und **alle Substantive großgeschrieben**.

Eigennamen	Martha, Lutz, Lea, Hannes, Karl der Große, Herr Polz
Substantive	der Tisch, der Maler, die Katze, das Kind, ein Gedanke, eine Liebe

2 **Satzanfänge** werden immer großgeschrieben. Folgt nach einem **Doppelpunkt** ein ganzer Satz, wird auch hier das erste Wort **großgeschrieben.** Das gilt auch für das erste Wort der wörtlichen Rede nach einem Doppelpunkt.

Beispiele: Kommst du mit uns mit? Ja, ich komme gern.
Maya und Vincent sind nebenan. Sie essen ein Eis.
Ach, das ist aber schön! Das habe ich noch nie gesehen!

Der Katalog versprach: Das Hotel liegt nicht an der Hauptstraße.

Sie fragte: „Kommt ihr morgen zu uns?“

2. Großschreibung von Verben

1 Verben werden normalerweise **kleingeschrieben.**

Beispiele: Kai sprang über den Zaun.
Ja, ich werde dich morgen Abend besuchen.

2 Wie andere Wortarten kann auch das Verb zu einem Substantiv werden. Man spricht dann von einem **substantivierten Verb**. Es gibt verschiedene Wörter, die das Verb zu einem Substantiv machen, wenn man sie davor setzt. Substantivierte Verben werden immer **großgeschrieben.**

bestimmter und unbestimmter Artikel	Sie hörte **ein** Hupen und **ein** Knattern. Max mochte **das** Rauschen des Meeres und **das** Seufzen der Segelstangen.
Adjektiv	**Langes** Ausruhen mag ich nicht. Windhunde lieben **schnelles** Laufen. Man hörte **lautes** Rufen.
Possessivpronomen	Ich freue mich über **dein** Kommen. **Sein** Schreien war fürchterlich. **Euer** Lachen macht mich froh.
Präposition	**Beim** Laufen verletzte er sich den Muskel. Sie verbrachte viel Zeit **mit** Malen. Das ist wirklich **zum** Lachen! Tobias verdient **durch** Austragen von Zeitungen viel Geld.

3 Ein Verb kann auch **ohne Begleiter** als Substantiv in einem Satz stehen.

Beispiele: Schwimmen und Wandern sind seine Hobbys.
Lachen und Weinen lagen bei ihr nahe beieinander.

5./6.

3. Groß- und Kleinschreibung von Adjektiven

1 Adjektive werden normalerweise **kleingeschrieben.** Sie werden auch kleingeschrieben, wenn sie sich auf ein in der Nähe stehendes Substantiv beziehen.

Beispiele: der alte Mann, das liebe Kind, das beste Buch,
der italienische Wein
Mia ist sehr freundlich zu mir.
Ich lese dicke Bücher zu Hause und dünne auf der Reise.

2 Manchmal werden Adjektive jedoch selbst **als Substantive verwendet.** Dann werden sie wie diese **großgeschrieben.** Wenn du die folgenden Wörter vor ein Adjektiv setzt, wird das Adjektiv zum Substantiv.

bestimmter und unbestimmter Artikel	Das Gute ist immer teuer. Das ist **das** Beste, was er tun kann. Das ist **ein** tolles Grün! Du bist einfach **der** Größte.
Zahlwörter: etwas, viel, wenig, alles, nichts, allerlei, manches …	Ich kann euch **etwas** Neues verraten Sie hat **viel** Interessantes erlebt. Ich wünsche dir **alles** Gute.
Pronomen	**Mein** Kleiner wird morgen zwei Jahre alt. **Unsere** Jüngste kommt in die Schule. Du bist **mein** Liebster.
Präposition	Wir fahren **ins** Blaue. Während es draußen regnet, sitzen wir **im** Trockenen. Die Ampel schaltete **auf** Rot.

3 In den meisten **festen Verbindungen** werden die Adjektive **kleingeschrieben.**

Beispiele: das schwarze Brett, die goldene Hochzeit,
das olympische Feuer

5./6.

4 Wenn Adjektive aber Bestandteile von **Eigennamen** sind, werden sie **großgeschrieben.**

Beispiele: der Heilige Abend, der Stille Ozean, das Fleißige Lieschen

5 Ableitungen von **geographischen** Eigennamen auf -er werden **großgeschrieben.**

Beispiele: der Berliner Bär, die Kölner Bucht

6 Adjektive in **festen Redewendungen** werden großgeschrieben. Ebenso werden nicht deklinierte Adjektive in **Paarformeln** (wenn Personen gemeint sind) **großgeschrieben.**

feste Redewendungen	Sie fischt im Trüben. Die Polizei tappt im Dunklen. Im Großen und Ganzen gefiel es uns.
Paarformeln	Das erfreute Jung und Alt. Klein und Groß kam zum Fest.

4. Groß- und Kleinschreibung von Tageszeiten

Tageszeiten werden nach den Wörtern heute, gestern, vorgestern, morgen und übermorgen immer großgeschrieben.

Großschreibung nach heute, (vor)gestern, (über)morgen	vorgestern **Abend**, heute **Mittag**, morgen **Nachmittag**
Großschreibung	gegen **Abend**, eines **Morgens**, es wird **Abend**, am **Mittag**, diesen **Morgen**, **Dienstagabend**
Kleinschreibung	**morgens**, von **mittags** bis **abends**, **morgens** früh und **abends** spät, **dienstagabends**, gestern **früh**

5. Groß- und Kleinschreibung von Anredepronomen

Wenn du Briefe oder Postkarten an vertraute Personen schreibst, die du mit du anredest, können alle Anredepronomen **klein oder groß** geschrieben werden. Die höflichen Anredepronomen für Personen, zu denen du Sie sagst, schreibst du aber **groß.**

vertraute Anrede: du, dich, dir, dein, ihr, euch, eure, euer …	Liebe Rebecca, vielen Dank für **deinen** Brief. Ich habe mich gefreut, dass **du** mir so schnell geschrieben hast.
höfliche Anrede: Sie, Ihnen, Ihr, Ihre …	Sehr geehrte Frau Wilms! Ich hoffe, es geht **Ihnen** und **Ihrem** Mann gut. Ich denke oft an **Sie.**

5./6.

6. Schreibung von unbestimmten Zahlwörtern

Die folgenden unbestimmten Zahlwörter werden **immer kleingeschrieben:** viel, wenig, andere, eine, einige.

Beispiele: Die **einen** kommen, die **anderen** gehen.
Das haben schon **viele** gesagt.
Es gab nur **weniges,** das ihn freute.
Die Kinder spielten, **einige** auf dem Rasen, **andere** im Haus.

Getrennt- und Zusammenschreibung

1. Getrenntschreibungen bei Verbindungen mit Verben

1 Enge **Verbindungen von Substantiven und Verben** werden **getrennt** geschrieben, z. B. Auto fahren, Kopf stehen, Angst haben.

Beispiele: Julius möchte gerne Rad fahren.
Sie möchte im Winter Ski laufen.
Im Supermarkt müssen wir oft Schlange stehen.

Aber Vorsicht! Du schreibst diese Wörter **zusammen,** wenn sie als **Substantiv** gebraucht werden. Das ist der Fall, wenn z. B. ein Artikel oder eine Präposition davor gesetzt werden. Substantive werden immer großgeschrieben.

Beispiele: Sie verletzte sich beim Skifahren.
Er hasst das Schlangestehen.
(Das) Kopfstehen soll gesund sein.

2 Wenn **zwei Verben** aufeinander treffen, werden sie immer **getrennt** geschrieben, z. B. baden gehen, laufen lernen.

Beispiel: Lena möchte schwimmen gehen.

Aber: Auch diese Verbindungen schreibst du **zusammen** und groß, wenn sie als **Substantive** verwendet werden!

Beispiele: Das Schreibenlernen fällt ihr schwer.
Beim Spazierengehen gibt es viel zu lachen.

3

Verbindungen von **Adjektiven** und **Verben** werden **getrennt** geschrieben, wenn das Adjektiv **steigerbar** (schön, schöner) oder **erweiterbar** (sehr schön) ist, z. B. fest halten, langsam fahren, hell strahlen. Ist das nicht der Fall, werden sie zusammengeschrieben.

Beispiele: In der Stadt solltest du auf keinen Fall schnell fahren.
An der Tafel musst du möglichst groß schreiben.
Dieses Diktat wird euch leicht fallen.
Du hast so klein geschrieben, dass ich es kaum lesen kann.

Aber: Alle Substantive werden großgeschrieben.
Du musst Adjektive kleinschreiben.

4

Adjektive auf -ig, -lich und -isch werden immer **vom Verb getrennt** geschrieben, z. B. heimlich sprechen, ruhig bleiben, auswendig lernen.

Beispiele: Viele Kuchenstücke werden übrig bleiben.
Das solltest du aber gründlich putzen!
Der Hund hat Dominik stürmisch begrüßt.

5

Alle Verbindungen von -einander **+ Verb** werden **getrennt** geschrieben, z. B. beieinander stehen, miteinander reden, nebeneinander liegen, aufeinander hören.

Beispiele: Du kannst die Bücher aufeinander stapeln.
Die Kinder wollten beieinander bleiben.
Das solltest du nicht durcheinander bringen!

6

Alle Verbindungen von dahinter, darauf, darin, davor, darunter, darüber **und einem Verb** werden getrennt geschrieben. Wenn du jedoch die umgangssprachlichen Kurzformen drin, drüber, drauf, drunter verwendest, kannst du diese Verbindungen auch **zusammenschreiben**.

Beispiele: Sag mir, was darunter steht.
Sag mir, was druntersteht.

Du kannst das Wort darüber schreiben.
Du kannst das Wort drüberschreiben.

7 Partikel wie auf, ab, fort, hinauf, vorbei, zusammen, um usw. können **mit Verben trennbare Zusammensetzungen** bilden. **Man schreibt sie jedoch im Infinitiv, im Partizip Perfekt und am Ende eines Nebensatzes mit dem Verb zusammen.**

Beispiele: fortlaufen, zusammensitzen, abstürzen, vorbeispringen

Gestern saßen wir zusammen.
Wir möchten zusammensitzen. (Infinitiv)
Im Musiksaal haben wir zusammengesessen. (Partizip Perfekt)
Ich glaube, dass wir schon seit zwei Jahren zusammensitzen. (Ende des Nebensatzes)

2. Verbindungen mit so, wie, zu

Alle Verbindungen mit den Wörtchen so, wie und zu werden immer **getrennt** geschrieben.

Beispiele mit so	Rede nicht **so viel.** **So viele** Menschen passen nicht hinein. Der Weg ist **so weit.**
Beispiele mit zu	Sie sagt **zu viel.** Hier sind **zu viele** Bäume. Du weißt **zu wenig.** Es gibt **zu wenige** Wohnungen.
Beispiele mit wie	**Wie viel** Geld schuldest du mir? **Wie viele** Dreiecke passen in ein Quadrat? **Wie lange** dauert das denn noch?

Aber: soviel als Konjunktion wird zusammengeschrieben!

Beispiel: Soviel ich weiß, hat es gestern geregnet.

3. Verbindungen mit sein

Verbindungen mit sein werden **immer getrennt** geschrieben, z. B. fertig sein, glücklich sein, vorsichtig sein.

Beispiele: Sie werden zufrieden sein.
Du solltest lieber vorsichtig sein!

4. Zusammenschreibungen

1 In der Regel werden Wörter, die eng beieinander stehen und sich inhaltlich aufeinander beziehen, getrennt geschrieben. Von dieser Regel gibt es aber einige **Ausnahmen,** die du hier kennen lernst. Am besten prägst du sie dir gut ein.

2 **Zusammengeschrieben wird dann, wenn einer der Bestandteile des Wortes nicht als selbstständiges Wort vorkommt,** z. B. einfach, redselig, mehrmals, fehlschlagen, wissbegierig.

Beispiele: Dieses Kind ist sehr wissbegierig!
Der Versuch wird fehlschlagen.

3 **Gleichrangige Adjektive schreibt man zusammen.**

Beispiele: graublau, blassgrün, bitterböse

4 Alle Zusammensetzungen mit irgend- werden **zusammengeschrieben.**

Beispiele: irgendwer, irgendeiner, irgendwo, irgendjemand, irgendetwas

Aber (Ausnahme): irgend so etwas, irgend so eine

5 Alle Zusammensetzungen mit haus-, heim-, irre-, preis-, stand-, statt-, teil- und wett- werden im Infinitiv, als Partizip Perfekt und am Ende eines Nebensatzes **zusammengeschrieben.**

Beispiele: Er muss mit dem Geld haushalten. (Infinitiv)
Sie wollte uns irreführen. (Infinitiv)
Ich weiß, dass die Brücke standhält. (Ende des Nebensatzes)
Er hat dem Antrag stattgegeben. (Partizip Perfekt)
Ich möchte, dass er uns heimbringt. (Ende des Nebensatzes)

Aber: Er bringt uns später heim.
Sie gab das Geheimnis nicht preis.

s-Laute / Ähnlich klingende Laute

1. Die s-Laute: s, ß, ss

1 **Wir schreiben den stimmhaften (gesummten, weichen) s-Laut immer als s.**

Beispiele: blasen, leise, sausen

2 **Den stimmlosen (gezischten) s-Laut schreiben wir unterschiedlich.**

Wir schreiben ihn als s	– in kleinen Wörtern wie es, das, aus, bis, … – in Wörtern auf **-is, -as, -us, -nis:** Kürbis, Atlas, Bus, Geheimnis, … – **vor t und im Auslaut,** wenn diese Wörter verwandte Wörter mit stimmhaftem (gesummtem) s haben wie bei bläst (blasen), Maus (Mäuse), …
Wir schreiben ihn als ß	– **nach Doppellaut** (au, äu, eu, ei, ie) **und langem Vokal** (wenn im Wortstamm kein weiterer Konsonant folgt) wie in Floß, Strauß, beißen, Straße, …
Wir schreiben ihn als ss	– **nach kurzem Vokal** wie in Fluss, frisst, Wasser, Biss, Kuss, …

3 Getrennt werden Wörter mit s-Lauten nach den **üblichen Regeln der Trennung.**

Beispiele: Glei-se, bei-ßen, Was-ser

4 **Achtung:** Bei Wörtern mit ß oder ss fällt das s bei der 2. Person Singular weg.

Beispiele:	geben	– du gibst
Aber:	grüßen	– du grüßt
	lassen	– du lässt
	wissen	– du weißt

5./6.

2. Wortfamilien mit ß und ss

1 Für das **scharfe (stimmlose) s nach langem Vokal oder Doppellaut** (au, äu, eu, ei, ie) schreibt man ß, wenn im Wortstamm kein weiterer Konsonant folgt.

Beispiele: Floß, weiß, beißen, Spaß, Sträuße, Straßen, Grüße

2 Wir schreiben das **scharfe (stimmlose) s aber als** ss, wenn es nach **kurzem Vokal** steht.

Beispiele: wissen, bissig, Fluss, Genuss, nass, Pass, bisschen

3 Innerhalb einiger **Wortfamilien** können deshalb **Wörter mit ß und ss** vorkommen, denn in manchen Wortstämmen wechselt bei der Beugung und bei Ableitungen die Länge und Kürze des Vokals vor dem s-Laut. Infolgedessen wechselt auch die Schreibung ß mit ss.

Beispiele: wissen, weiß, wusste
genießen, Genuss, er genießt, sie hat genossen
fließen, sie fließt, er floss, es ist geflossen, der Fluss, das Floß

4 Das ist einfach zu merken: **Substantive mit ß** haben auch im **Plural ein ß. Substantive mit ss** behalten dieses **ss auch im Plural**. Hier findet kein Wechsel statt.

Beispiele:

Gruß	–	Grüße
Straße	–	Straßen
Fuß	–	Füße
Nuss	–	Nüsse
Fluss	–	Flüsse
Verschluss	–	Verschlüsse

3. Die Konjunktion dass

1 Die **Konjunktion** dass verbindet einen Hauptsatz mit einem Nebensatz. Sie wird **immer mit ss** geschrieben. Das a wird kurz gesprochen.

Beispiele: Ich weiß, dass du morgen keine Zeit hast.
Niklas glaubt, dass es regnen wird.

Achtung: Der Artikel das, **das Demonstrativpronomen** das und **das Relativpronomen** das werden alle mit **einem** s geschrieben, obwohl der Vokal a ebenfalls kurz gesprochen wird!

Artikel das	**Das** Kind ist in der Schule. Siehst du dort **das** Eichhörnchen.
Demonstrativpronomen das	**Das** habe ich mir gedacht. Hast du **das** schon gehört?
Relativpronomen das	Das Haus, **das** dort steht, gehört uns. Das Mädchen, **das** wir sehen, ist meine Freundin.

2 **Faustregel: Wenn ich für das „dieses“ oder „welches“ sagen kann, schreibe ich das mit einem s.** Kannst du nicht „dieses“ oder „welches“ einsetzen, schreibst du dass.

4. Aussprache und Schreibung von sp und st

Das S/s vor p und t wird immer als **s geschrieben**, obwohl es **sch gesprochen** wird.

st Schreibung: s Aussprache: sch	Stadt, Steuer, still, stehen, starten, stur
sp Schreibung: s Aussprache: sch	Sport, Sprache, spielen, spritzen, sprechen, spitz
sch Schreibung: sch Aussprache: sch	Schutz, Schwingen, schnalzen, schmecken, schlucken, schrecklich

5. Wörter mit chs, cks, gs, ks und x

Bei den Wörtern mit dem ks-Laut gibt es keine Regeln. Du kannst sie dir nur durch Auswendiglernen einprägen. Manchmal hilft es, wenn man auf die Wörter der entsprechenden Wortfamilie zurückgreift.

gs	flugs (fliegen), unterwegs (Weg)
cks	Klecks (kleckern), Knicks (knicken)
ks	Koks, Keks, links (linkisch)
chs	wachsen, sechs, Lachs, Fuchs, Sachse
x	Hexe, mixen, Text, Praxis, extra, boxen

6. Wörter mit f, v, ph oder pf

Eine Regelung zur Schreibung dieser fast gleich klingenden Konsonanten f, v, ph und pf gibt es nicht. Du musst dir die unterschiedliche Schreibweise einprägen. Präge dir dazu auch die nachfolgenden Tipps gut ein:

1 Bei der Schreibung mit pf hilft dir das **deutliche Sprechen**.

Beispiele: Pfeil, Pflicht, pflücken, Pferd, Pfund, Pfand

2 In einigen Wörtern schreibt man den f-Laut als v. Viele der Wörter mit V/v kommen aus der lateinischen Sprache, wobei das v dann wie w gesprochen wird.

Schreibung: v Aussprache: f	brav, Nerv, Volk, viel, vielleicht, Vater
Schreibung: v Aussprache: w	Villa, Klavier, Vase, November, Vanille, Violine, Vitrine

3 Viele Wörter werden mit den **Vorsilben** ver-, vor-, viel- und voll- gebildet. Merke dir, dass die Vorsilben immer mit v beginnen.

ver-	verlassen, verstehen, verspotten, Versammlung, Verkehr
vor-	vorüber, Vorteil, Vorsilbe, Vorfreude, sich vorsehen
viel-	vielleicht, vielmals, vielfach, vielmehr
voll-	Vollmilch, vollkommen, vollenden, Vollmond, Vollbart

4 Viele **Fremdwörter** werden mit Ph/ph geschrieben.

Beispiele: Phase, Physik, Katastrophe, Atmosphäre

5 Bei einigen Wörtern ist der **ph-Laut** im Laufe der Zeit durch f ersetzt worden.

Beispiele: Telefon, Fotografie, Grafik, Mikrofon

7. Wörter mit d oder t am Silbenende

1 **Wörter mit den Silben End-/end- sind immer verwandt mit Ende.** Sie gehören also zu der Wortfamilie mit dem Wortstamm end-. Die Betonung liegt beim Sprechen immer auf dem Wortstamm end-. Das d von End-/end- wird immer weich gesprochen.

Beispiele: Endstation, Endsilbe, beenden, verenden, endlos, unendlich, endgültig

2 Wörter mit den Vorsilben Ent-/ent- erkennst du leicht an der anderen Betonung. **Die Silben Ent/-ent- werden nämlich nie betont.**

Beispiele: Entscheidung, Entzündung, Enttäuschung, entdecken, entwickeln, entkommen, entsetzlich, entbehrlich, entzwei

3 Bei den Wörtern seid und seit solltest du nach der **Herkunft des Wortes** suchen. Das Wort seid kommt von dem **Verb** sein. Das Wort seit ist eine **Präposition.**

seid (Verb: sein)	Ihr **seid** glücklich. **Seid** ihr schon da?
seit (Präposition)	**Seit** kurzem ist schlechtes Wetter. Er redet schon **seit** Stunden.

4 Die Silben tot- und tod- sind beide verwandt mit Tod. **Zusammengesetzte Verben** werden meistens mit tot- gebildet. **Zusammengesetzte Adjektive** werden meistens mit tod- gebildet.

Verben mit tot-	sich **tot**lachen, sich **tot**arbeiten, **tot**schlagen
Adjektive mit tod-	**tod**krank, **tod**sicher, **tod**ernst, **tod**müde
weitere Beispiele	**Tod**feind, **Tot**schlag, **Tod**esstunde, **Tot**enstille **Tod**esangst

Dehnung und Schärfung

1. Wörter mit Dehnungs-h

1 In vielen Wörtern wird der Vokal durch ein so genanntes **Dehnungs-h** gedehnt und deshalb lang gesprochen.

Beispiele: Wahl, Zähne, Lehrer, Stuhl, Bohne

2 Es ist nicht zu verwechseln mit dem gesprochenen h (oder Stammsilben-h), das vor allem bei der Silbentrennung deutlich zu hören ist.

Beispiele: ge-hen, Mü-he, Nä-he, glü-hen

3 Das Dehnungs-h ist nicht zu hören. Es steht sehr oft vor l, m, n oder r.

hl	Höhle, kühl, strahlen
hm	Ruhm, angenehm, zahm
hn	Bahn, ähnlich, Sohn
hr	Ohr, verzehren, fahren

2. Wörter mit Doppelvokalen

Wird ein Vokal lang gesprochen, also gedehnt, gibt es mehrere Möglichkeiten der Schreibung.

das Dehnungs-h	fahren, fehlen, ihnen, Mühle, Bohne
Verdoppelung der Vokale	Meer, Boot, Haar
e nach i	fliegen, viel, spielen
die so genannte unbezeichnete (nicht sichtbare) Dehnung	Hafen, quer, Krug, zahlbar, uralt, Tiger

1 **Doppelvokale** werden immer **lang** gesprochen. Nur wenige Wörter werden mit einem Doppelvokal geschrieben. Du lernst sie am besten auswendig. Hier sind einige:

aa	Haar, Paar, Waage
ee	leer, Schnee, Meer, seekrank
oo	Boot, Moor, Moos, Zoo

Das u gibt es **nicht** als Doppelvokal.

2 Da es ein doppeltes ä oder ö nicht gibt, schreibt man Säle, Pärchen, Härchen, Bötchen. Hier wird also aus den Doppelvokalen ein **einfacher Umlaut.**

3 Bei **Zusammensetzungen** bleiben Doppelvokale immer erhalten.

Beispiele: Seeelefant (= See-Elefant)
Kaffeeersatz (= Kaffee-Ersatz)

3. Wörter mit lang gesprochenem i

1 **In der Regel wird das lange i als ie geschrieben.** Ausnahmen sind Vieh, das ein zusätzliches h hat und die Pronomen ihm, ihn, ihnen, ihr (kein e, nur ein h).

Beispiele: fliegen, Fieber, Tier, lieben, erziehen, Dieb, telefonieren, (er) rief, (sie) schwieg

2 Wörter mit langem i **ohne Dehnungszeichen** (wie e oder h) kommen oft aus anderen Sprachen. Zu diesen Fremdwörtern zählen auch die Wörter auf -ine: Auch sie enthalten ein lang gesprochenes i ohne Kennzeichnung.

Beispiele: Kamin, Krise, Terpentin, Fabrik, Biber, Sirene, Benzin, Vitamin Apfelsine, Gardine, Kantine, Lawine, Mandarine, Margarine, Maschine, Mine, Rosine, Ruine, Violine

3 **Vorsicht:** Bei einigen Wörtern schreibst du ie, aber du sprichst die Buchstaben einzeln.

Beispiele: Familie, Lilie, Petersilie

4 **Vorsicht,** nicht verwechseln: wieder (= noch einmal, zurück) und wider (= gegen, entgegen).

wieder (noch einmal, zurück)	wiedergeben, wiederholen, wieder finden, wieder erkennen
wider (gegen, entgegen)	Widerspruch, widersetzen, widersprechen

4. Wörter mit doppelten und mehreren Konsonanten

1 Im Normalfall stehen vor einer Konsonantenverdoppelung (z. B. mm, pp, ss) und vor einer Konsonantenhäufung (z. B. st, ck, tz, mpf, sch) kurze Vokale, niemals lange Vokale.

Beispiele für eine Konsonantenverdoppelung:	Beispiele für eine Konsonantenhäufung:
Schmetterling, Krallen, Blätter, klappen, zusammen, essen, Krabbe, Paddel, Bagger, Sonne, irren, alle	Schirm, gestern, Zucker, trotzig, zwitschern, Klempner, Hemd, fälschen, wispern

2 Bei **Zusammensetzungen** und **Ableitungen** bleibt die **Verdoppelung** nach kurzem Vokal bestehen. Stoßen bei Zusammensetzungen **drei Konsonanten** aufeinander, bleiben sie **alle** erhalten.

Beispiele:	renn(en)	+	Pferd	=	Rennpferd
	Sonn(e)	+	Tag	=	Sonntag
	irr(en)	+	tum	=	Irrtum
	brenn(en)	+	bar	=	brennbar
	schnell	+	Läufer	=	Schnellläufer
	Bett	+	Tuch	=	Betttuch
	roll(en)	+	Laden	=	Rollladen

5./6.

3 Es gibt nur wenige Wortfamilien, bei denen einige Mitglieder eine Verdoppelung der Konsonanten aufweisen, andere Mitglieder aber nicht.

Beispiele:	streiten	–	er stritt, gestritten, der Streit
	stellen	–	ich stelle, die Gestalt
	können	–	ich kann, die Kunst
	pfeifen	–	er pfiff, gepfiffen, ich pfeife

5. Wörter mit tz

Das tz gilt als zz, also als Doppelkonsonant. Deshalb steht das tz niemals nach Konsonanten und niemals nach langen Vokalen. Es steht **immer nur nach kurzen Vokalen.**

Beispiele: Katze, kratzen, Witze, blitzen, setzen, spitz, trotzen

6. Wörter mit ck

1 Das ck gilt ebenfalls als Doppelkonsonant und steht für kk. Daher steht ck **immer nur nach kurzen Vokalen.** Nach langen Vokalen und nach Konsonanten steht immer nur k.

Beispiele: Sack, Decke, flicken, Zucker, Mücke, pflücken

2 Ausnahmen sind einige Wörter, die aus fremden Sprachen kommen. Hier steht k nach kurzen Vokalen.

Beispiele: Klinik, Technik, Oktober, Insekt

Wortbildung

1. Zusammengesetzte Substantive

1 Neue Substantive können durch Zusammensetzen von zwei oder mehr Wörtern gebildet werden. Diese Wörter können **verschiedenen Wortarten** angehören.

			zusammengesetztes Substantiv
Garten (Substantiv)	+	Tor (Substantiv)	das Gartentor
klein (Adjektiv)	+	Kind (Substantiv)	das Kleinkind
fahren (Verb)	+	Plan (Substantiv)	der Fahrplan
vor (Partikel)	+	Stadt (Substantiv)	die Vorstadt

5./6.

2 Zusammengesetzte Substantive bestehen aus einem **Bestimmungswort** und dem folgenden **Grundwort.** Das Grundwort wird durch das Bestimmungswort näher bestimmt. Der Artikel richtet sich immer nach dem Grundwort.

zusammengesetztes Substantiv	1. Bestimmungswort	2. Bestimmungswort	Grundwort
die Sandburg	der Sand	–	die Burg
der Schranktürschlüssel	der Schrank	die Tür	der Schlüssel

3 Wenn zwei Wörter zu einem neuen Wort zusammengefügt werden, müssen manchmal zusätzliche Buchstaben eingefügt werden. Diese nennt man **Fugenzeichen** (-e-, -er-, -es-, -n-, -s-).

Beispiele: das Lesebuch, die Kinderschuhe, der Meeresboden, das Krankenhaus, das Bootshaus

2. Zusammengesetzte Adjektive

1 Mit Adjektiven kannst du Personen, Tiere und Dinge gut beschreiben. Du kannst sie aber oft noch genauer und anschaulicher beschreiben, wenn du **zusammengesetzte Adjektive** verwendest.

Beispiele: Ein Apfel ist vielleicht nicht nur grün, sondern grasgrün.
Ein Mann ist vielleicht nicht nur stark, sondern bärenstark.

2 Auch bei diesen Zusammensetzungen können die Bestimmungswörter **aus verschiedenen Wortarten stammen.**

Substantiv und Adjektiv	**zucker**süß **blei**schwer **maus**grau	(Zucker (Blei (Maus	+ süß) + schwer) + grau)
Verb und Adjektiv	**gleit**fähig **rutsch**fest **sehens**wert	(gleiten (rutschen (sehen	+ fähig) + fest) + wert)
Adjektiv und Adjektiv	**gelb**grün **hell**rot **dunkel**blau	(gelb (hell (dunkel	+ grün) + rot) + blau)
Numerale (Zahlwort) und Adjektiv	**drei**eckig	(drei	+ eckig)

3. Wörter mit Vorsilben

1 Wörter, die mit Vorsilben gebildet wurden, nennt man **Ableitungen.** Vorsilben sind z. B. ver-, be-, ge-, end-, ent-, ur-.

end-	+	Bahnhof	=	**End**bahnhof
be-	+	gießen	=	**be**gießen
miss-	+	Ton	=	**Miss**ton
un-	+	wohl	=	**un**wohl
ver-	+	fahren	=	**ver**fahren
ent-	+	fallen	=	**ent**fallen
ge-	+	duld(en)	=	**Ge**duld
ur-	+	alt	=	**ur**alt

2 Mit der **Vorsilbe** Un-/un- kann man das Gegenteil ausdrücken.

Beispiele: Glück – Unglück
nötig – unnötig
Sinn – unsinnig

3 Mit der **Vorsilbe** Ur-/ur- drückt man eine Steigerung aus oder man deutet auf ein hohes Alter oder eine frühe, erdgeschichtliche Zeit hin.

Beispiele: Ahne – Urahne
alt – uralt
komisch – urkomisch
Zeit – Urzeit

4 Wörter mit der **Vorsilbe** End-/end- sind immer verwandt mit dem Begriff Ende.

Beispiele: Endstation, endlos, unendlich

4. Wörter mit Nachsilben

1 Auch Wörter, die mit Nachsilben gebildet werden, nennt man **Ableitungen** (im Gegensatz zu Zusammensetzungen, die aus zwei selbstständigen Wörtern bestehen). Mit Hilfe der Nachsilben -heit, -keit, -nis, -schaft, -tum und -ung kannst du aus verschiedenen Wortarten **neue Substantive** bilden. Wörter mit diesen Endungen werden immer **großgeschrieben.**

Mensch	+	**-heit**	=	Mensch**heit**
fröhlich	+	**-keit**	=	Fröhlich**keit**
geheim	+	**-nis**	=	Geheim**nis**
gemein	+	**-schaft**	=	Gemein**schaft**
reich	+	**-tum**	=	Reich**tum**
heizen	+	**-ung**	=	Heiz**ung**

2 Mit den **Nachsilben** -bar, -ig, -isch, -lich, -sam kannst du aus verschiedenen Wortarten **neue Adjektive** bilden. Sie werden immer **kleingeschrieben.**

essen	+	**-bar**	=	ess**bar**
Sturm	+	**-isch**	=	stürm**isch**
Saft	+	**-ig**	=	saft**ig**
Schreck	+	**-lich**	=	schreck**lich**
sparen	+	**-sam**	=	spar**sam**

Vorsicht: Bei den Adjektiven auf -ig wird die Endung wie ein **ch**-Laut gesprochen. Wenn du dir unsicher bist, ob du am Ende ein g oder ein ch schreiben musst, verlängere das Wort, indem du es vor ein Substantiv setzt.

Beispiele: eine saftige Birne, ein prächtiges Schloss

Achtung! Manchmal wird bei der Endung -lich ein t eingeschoben.

Beispiele: eigentlich, hoffentlich, wöchentlich

5./6.

Silbentrennung

1. Trennen nach Sprechsilben

1 Wörter mit mehr als einer Silbe können getrennt werden. Sie werden so getrennt, wie sie beim langsamen Sprechen zerlegt werden: in **Sprechsilben.** Sie werden also nach ihren natürlichen Bestandteilen getrennt.

Beispiele: ver-tre-ten, Aus-klang, Heim-weg, ge-nie-ßen, lust-voll, se-hen, Rei-ter, Waa-ge, deh-nen, son-dern, Boo-te

2 **Einzelne Vokale am Wortbeginn oder -ende** dürfen nicht abgetrennt werden.

Beispiele: aber, Oder, Uhu, Igel, Abend, üben

3 Einsilbige Wörter können nicht **getrennt** werden!

Beispiele: Platz, Angst, Schuld, Tisch, Saft, frisch, gleich, (er) ging, fein

4 Unsinnige Trennungen solltest du vermeiden, z.B. Seeu-fer (See-ufer ist eine sinnvolle Trennung).

2. Abtrennung des letzten Konsonanten

1 Steht ein **einzelner Konsonant** zwischen zwei Vokalen, wird er auf die nächste Zeile gesetzt.

Beispiele: ba-den, tre-ten, Sei-te, Wa-gen, Fa-den, le-sen, Sträu-ße

2 Enthält ein Wort mehrere Konsonanten hintereinander, kommt jeweils **der letzte Konsonant** auf die neue Zeile. Deshalb wird immer zwischen **doppelten Konsonanten** getrennt.

Beispiele: im-mer, schwim-men, müs-sen,
dun-kel, hel-fen,
schimp-fen, Pfings-ten, knusp-rig

3 Auch bei **drei gleichen Konsonanten** wird stets der letzte Konsonant abgetrennt.

Beispiele: Schiff-fahrt, Schwimm-meister, Bett-tuch,
Schnell-läufer, Brenn-nessel

4 Diese Regelungen werden auch bei den **Wörtern mit s-Lauten** angewendet.

Beispiele: le-sen, bla-sen, Glei-se, Sträu-ße, Fü-ße
wis-sen, müs-sen, küs-sen, (sie) wuss-ten

3. Trennung von Wörtern mit st, sp, pf und tz

Auch die Wörter mit st, sp, pf und tz werden nach der Regel getrennt: Von mehreren Konsonanten kommt der letzte auf die neue Zeile.

Beispiele: fas-ten, läs-tig, wis-pern, knus-pern
stap-fen, Trop-fen, Kat-zen, Wit-ze,

Aber: Rast-platz, Witz-bold, Tropf-stein

4. Trennung von Wörtern mit ch, ck, sch, th, ph und rh

Stehen Buchstabenverbindungen wie ch, ck, sch in einem Wort, so gelten sie als **ein Laut** und werden **nicht getrennt.** Auch ph, rh und th gelten als ein Laut und sind damit unzertrennbar.

Beispiele: wa-chen, ki-chern, Rü-cken, schlu-cken,
Ta-schen, Ti-sche, A-po-the-ke, Ste-phan, Ka-ta-stro-phe

5./6.

5. Zwei Trennungsmöglichkeiten bei Fremdwörtern und einigen Zusammensetzungen

Es gibt Fremdwörter und Zusammensetzungen, die auf zwei Arten getrennt werden können. Das sind einige schwierige Wörter aus fremden Sprachen und Zusammensetzungen, die man gar nicht mehr als solche wahrnimmt.

	mögliche Trennungen			mögliche Trennungen	
Chirurg:	Chir-urg	Chi-rurg	hinein:	hin-ein	hi-nein
Hydrant:	Hy-drant	Hyd-rant	warum:	war-um	wa-rum
Magnet:	Ma-gnet	Mag-net	heran:	her-an	he-ran

Fremdwörter

1. Wörter aus anderen Sprachen

1 An viele Fremdwörter in unserer Sprache haben wir uns so gewöhnt, dass sie uns nicht mehr als Fremdwörter auffallen. Doch es sind Wörter, die aus anderen Sprachen kommen. Die folgende Übersicht zeigt dir, woher einige dieser Wörter stammen.

Wörter aus dem **Griechischen** sind meist erkennbar an ph, rh, th.	**Ph**ysik, **Rh**ythmus, **Th**ema, Atmos**ph**äre, Apo**th**eke
Wörter aus dem **Lateinischen**	Universität, Medizin, Reparatur, Professor, Dozent, Villa, Violine
Wörter aus dem **Französischen**	Chance, Chauffeur, Friseur, Garage, Passagier, Etage, Allee
Wörter aus dem **Englischen**	Interview, Tennis, Picknick, Fan, Party, Baby, Hobby, Container

2 Die Wörter mit ph, rh, th werden auch weiterhin so geschrieben.

3 Die Wörter mit phon, phot, graph können jedoch anstelle von ph auch mit f geschrieben werden. Auch das Wort Delphin darf nun Delfin geschrieben werden.

Beispiele:	Fotograf	statt	Photograph
	fotografieren	statt	photographieren
	Telefon	statt	Telephon
	Grafik	statt	Graphik

5./6.

2. Aussprache bei Fremdwörtern mit Ch / ch

Zahlreiche Fremdwörter beginnen mit Ch/ch. Obwohl der Laut immer gleich geschrieben wird, wird er je nach Herkunft **verschieden ausgesprochen.** Man spricht ihn bei einigen Wörtern wie sch, bei anderen wie k.

ch wie sch gesprochen:	ch wie k gesprochen:
Champignon, Chance	Chor, Chaos, Charakter

3. Pluralbildung bei Fremdwörtern

Bei vielen Fremdwörtern erfolgt die **Pluralbildung** mit -s, mit -e oder mit -en.

mit -s	mit -e	mit -en
Chefs, Fans, Büros, Bonbons, Kameras	Ventile, Triumphe, Vulkane	Villen, Themen, Chirurgen, Christen

Oft gibt es auch zwei Möglichkeiten der Pluralbildung.

	mögliche Plurale	
Risiko:	Risiken	Risikos
Atlas:	Atlanten	Atlasse
Globus:	Globen	Globusse
Lexikon:	Lexiken (selten)	Lexika

Zeichensetzung

1. Satzzeichen am Satzende

1 Sätze, die etwas feststellen, erzählen oder berichten, heißen **Aussagesätze.** Sie enden mit einem **Punkt.**

Beispiel: Seit gestern wohnen wir in Berlin.

2 Sätze, die einen Ausruf enthalten, heißen **Ausrufesätze.** Sie enden mit einem **Ausrufezeichen.**

Beispiel: Oh, wie heiß es heute ist!

3 Sätze, die einen Befehl enthalten, heißen **Aufforderungssätze oder Befehlssätze.** Sie enden mit einem **Ausrufezeichen.**

Beispiel: Kommt endlich her!
Bleib hier!

4 Sätze, die etwas erfragen, heißen **Fragesätze.** Sie enden mit einem **Fragezeichen.**

Beispiel: Geht ihr auch ins Strandbad?
Kommst du heute zu mir?

5 Nach dem Einleitungssatz zur **wörtlichen Rede** steht ein **Doppelpunkt.** Du schreibst danach groß weiter.

Beispiel: Jule sagt: „Ich gehe nicht mehr zur Schule."

2. Komma bei Aufzählungen

Bei Aufzählungen wird ein **Komma zwischen gleichartige Satzglieder** gesetzt. Wenn die Glieder jedoch durch und, oder, sowie, sowohl – als auch, weder – noch, entweder – oder verbunden sind, wird **kein Komma** gesetzt.

Beispiele für gleichartige Subjekte:

Bücher, Kerzen, Blätter und **Stifte** lagen auf dem Boden.
Meine Freunde, meine Brüder und **ich** gehen heute auf eine Fete.
Weder **Peter** noch **Suse** spielen ein Musikinstrument.

Beispiele für gleichartige Prädikate:

Lena **malt, schreibt, klettert** und **singt** gern.
Entweder **bastelt** oder **malt** er.

Beispiele für gleichartige Objekte:

Kai isst am liebsten **Muscheln, Austern** und **Hummer**.
Soll ich **Blumen, Vögel, Hunde** oder **dich** malen?
Ich fotografierte sowohl **meine Schwester, meine Mutter** als auch **meine Tante**.

3. Komma zwischen zwei Hauptsätzen

1 Sind **zwei Hauptsätze** durch und, oder, entweder – oder, weder – noch miteinander verbunden, so wird normalerweise **kein Komma** gesetzt.

Beispiele: Ich lese ein Buch und Hanna spielt Klavier.
Willst du einkaufen gehen oder willst du lieber den Wagen waschen?
Ich möchte weder mit Vater gehen noch möchte ich mit dir gehen.

2 Aber zwischen zwei Hauptsätzen, die mit aber, denn, sondern verbunden sind, wird **ein Komma** gesetzt.

Beispiele: Lena wollte auf den Baum klettern, aber Kai wollte lieber schaukeln.
Kalle nahm seine Mütze, denn es war sehr kalt.
Er verbrachte die Ferien nicht zu Hause, sondern er fuhr in die Schweiz.

4. Komma zwischen Haupt- und Nebensatz

Zwischen einem Hauptsatz und einem Nebensatz steht immer ein Komma. Nebensätze werden durch Konjunktionen eingeleitet (das können z. B. als, da, dass, indem, nachdem, weil, während, sobald sein) und stellen die Personalform des Verbs ans Satzende.

Beispiele: Ich fuhr nach Italien, sobald die Ferien begannen.
Er las, während er sich sonnte.
Laura half nicht, weil sie keine Lust hatte.
Er spielte Gitarre, nachdem er die Schulaufgaben fertig hatte.

5. Zeichensetzung bei der wörtlichen Rede

1 Die wörtliche Rede wird immer **in Anführungszeichen** gesetzt. Die Satzzeichen, die zur Rede gehören, stehen immer **vor** dem abschließenden Anführungszeichen.

Beispiele: Herr Schulz sagt: „Morgen arbeiten wir im Garten."
Rebecca lacht: „Das habe ich gleich gewusst!"
Christian fragt: „Soll das etwa alles sein?"

2 Der **vorangestellte Begleitsatz** endet mit einem **Doppelpunkt.** Dieser kündigt an, dass etwas Weiterführendes folgt.

Beispiele: Maria sagt: „Ich besuche dich morgen."
Alex fragt: „Hast du heute Nachmittag Zeit?"
Lars ruft: „Nina, komm schnell!"

3 Steht der **Begleitsatz am Schluss**, endet die Rede **immer mit einem Komma.**

Beispiele: „Morgen besuche ich meine Oma", berichtet Klaus.
„He, das ist ja wunderschön!", ruft Karin.
„Darf ich mitkommen?", fragt Markus.

4 Ist der **Begleitsatz in die Rede eingeschoben**, so schließt man ihn mit einem **paarigen Komma** ein.

Beispiel: „Stimmt das", fragt Mia, „oder soll das ein Scherz sein?"
„Es ist erstaunlich", wundert sich Andreas, „dass ich das vergessen habe!"

A

Abend, der (die Aben/de)
Aben/teu/er/buch, das (die Aben/teu/er/bü/cher)
ab/bei/ßen: du beißt ab, er biss ab, sie hat ab/ge/bis/sen
ab/fah/ren: du fährst ab, er fuhr ab, sie ist ab/ge/fah/ren
ab/fal/len: du fällst ab, er fiel ab, sie ist ab/ge/fal/len
Ab/fluss/rohr, das (die Ab/fluss/roh/re)
ab/he/ben: du hebst ab, er hob ab, sie hat ab/ge/ho/ben
Ab/flug, der (die Ab/flü/ge)
ab/le/gen: du legst ab, er leg/te ab, sie hat ab/ge/legt
ab/na/gen: du nagst ab, er nag/te ab, sie hat ab/ge/nagt
Ab/sen/der, der (die Ab/sen/der)
Ab/sicht, die (die Ab/sich/ten)
Ab/was/ser, das (die Ab/wäs/ser)
ab/wen/den: du wen/dest ab, er wen/de/te *oder* wand/te ab, sie hat ab/ge/wen/det *oder* ab/ge/wandt
Ab/zei/chen, das (die Ab/zei/chen)
Af/fe, der (die Af/fen)
Af/ri/ka
Ägyp/ten
Ak/ten/ta/sche, die (die Ak/ten/ta/schen)
ak/tu/ell: zeitgemäß, dringend
Al/ko/hol, der (*arab.*, die Al/ko/ho/le)
al/le
al/ler/lei
all/mäh/lich
Al/pha/bet, das (*griech.*, die Al/pha/be/te)
alt (äl/ter, am äl/tes/ten)
Amei/se, die (die Amei/sen)
am (= an dem)
an
an/de/re
an/ders
an/fan/gen: du fängst an, er fing an, sie hat an/ge/fan/gen
Auf/ga/be, die (die Auf/ga/ben)
an/ge/nehm (an/ge/neh/mer, am an/ge/nehms/ten)
Angst, die (die Ängs/te): ich habe Angst; *aber:* mir wird angst
ängst/lich (ängst/li/cher, am ängst/li/chs/ten)
An/ker, der (die An/ker)
an/kreu/zen: du kreuzt an, er kreuz/te an, sie hat an/ge/kreuzt
An/kunft, die (die An/künf/te)
an/kün/di/gen (du kün/digst an, er kün/dig/te an, sie hat an/ge/kün/digt)
an/le/gen: du legst an, er leg/te an, sie hat an/ge/legt

5./6.

an/schlie/ßend
An/wei/sung, die (die An/wei/sun/gen)
An/zahl, die
An/zug, der (die An/zü/ge)
Ap/fel, der (die Äp/fel)
Ap/fel/si/ne, die (die Ap/fel/si/nen)
Apo/the/ke, die (*griech.*, die Apo/the/ken)
Aqua/ri/um, das (*lat.*, die Aqua/ri/en)
ara/bisch
Ar/beit, die (die Ar/bei/ten)
arm (är/mer, am ärms/ten)
Är/mel, der (die Är/mel)
Arzt, der (die Ärz/te)
Ärz/tin, die (die Ärz/tin/nen)
At/las, der (*griech.*, des At/las/ses // At/lan/ten, die At/las/se // die At/lan/ten)
auf
auf/ei/nan/der // auf/ein/an/der
auf/fal/len: du fällst auf, er fiel auf, sie ist auf/ge/fal/len
auf/fül/len: du füllst auf, er füll/te auf, sie hat auf/ge/füllt
auf/he/ben: du hebst auf, er hob auf, sie hat auf/ge/ho/ben
auf/hö/ren: du hörst auf, er hör/te auf, sie hat auf/ge/hört
auf/nä/hen: du nähst auf, er näh/te auf, sie hat auf/ge/näht
auf/merk/sam (auf/merk/sa/mer, am auf/merk/sams/ten)
auf/re/gen: du regst auf, er reg/te auf, sie hat auf/ge/regt
auf/re/gen, sich: du regst dich auf, er reg/te sich auf, sie hat sich auf/ge/regt
Auf/re/gung, die (die Auf/re/gun/gen)
auf/schrei/ben: du schreibst auf, er schrieb auf, sie hat auf/ge/schrie/ben
Au/gen/blick, der (die Au/gen/bli/cke)
aus
aus/bau/en: du baust aus, er bau/te aus, sie hat aus/ge/baut
aus/deh/nen: du dehnst aus, er dehn/te aus, sie hat aus/ge/dehnt
aus/ru/fen: du rufst aus, er rief aus, sie hat aus/ge/ru/fen
aus/ru/hen, sich: du ruhst dich aus, er ruh/te sich aus, sie hat sich aus/ge/ruht
au/ßer
aus/stei/gen: du steigst aus, er stieg aus, sie ist aus/ge/stie/gen
Aus/wahl, die
aus/wen/dig
Au/to, das (*griech.*, die Au/tos)

B

Back/re/zept, das (die Back/re/zep/te)
Back/zeit, die (die Back/zei/ten)
ba/den: du ba/dest, er ba/de/te, sie hat ge/ba/det
Ba/de/an/zug, der (die Ba/de/an/zü/ge)
Ba/de/ta/sche, die (die Ba/de/ta/schen)
Bag/ger, der (die Bag/ger)
Bahn/hof, der (die Bahn/hö/fe)
bald (e/her, am e/hes/ten)
Ball, der (die Bäl/le)
Bal/lett/tän/zer, der (die Bal/lett/tän/zer)
Ba/na/ne, die (die Ba/na/nen)
bau/en: du baust, er bau/te, sie hat ge/baut
Bau/er, der (die Bau/ern)
Baum, der (die Bäu/me)
be/ach/ten: du be/ach/test, er be/ach/te/te, sie hat be/ach/tet
be/deu/ten: du be/deu/test, er be/deu/te/te, sie hat be/deu/tet
be/fes/ti/gen: du be/fes/tigst, er be/fes/tig/te, sie hat be/fes/tigt
Be/fürch/tung, die (die Be/fürch/tun/gen)
be/geis/tern: du be/geis/terst, er be/geis/ter/te, sie hat be/geis/tert
be/gie/ßen: du be/gießt, er be/goss, sie hat be/gos/sen
Be/ginn, der
Be/griff, der (die Be/grif/fe)
be/hag/lich (be/hag/li/cher, am be/hag/lichs/ten)
be/hän/de
bei
bei/de
beim (= bei dem)
bei/na/he
Bei/spiel, das (die Bei/spie/le)
bei/ßen: du beißt, er biss, sie hat ge/bis/sen
be/kom/men: du be/kommst, er be/kam, sie hat be/kom/men
be/la/den: du be/lädst, er be/lud, sie hat be/la/den
bel/len: du bellst, er bellt, sie hat ge/bellt
Be/leuch/tung, die (die Be/leuch/tun/gen)
be/nut/zen (oder be/nüt/zen): du be/nutzt // be/nützt, er be/nutz/te // be/nütz/te, sie hat be/nutzt // be/nützt
Ben/zin, das (*arab.*, die Ben/zi/ne)
be/o/bach/ten // be/ob/ach/ten: du be/o/bach/test // be/ob/ach/test, er be/o/bach/te/te // be/ob/ach/te/te, sie hat be/o/bach/tet // be/ob/ach/tet
Be/o/bach/tung // Be/ob/ach/tung, die (die Be/o/bach/tun/gen // Be/ob/ach/tun/gen)
Be/ra/tung, die (die Be/ra/tun/gen)

5./6.

Be/reich, der (die Be/rei/che)
Berg, der (die Ber/ge)
Be/richt, der (die Be/rich/te)
be/schlie/ßen: du be/schließt, er be/schloss, sie hat be/schlos/sen
Be/son/der/heit, die (die Be/son/der/hei/ten)
be/son/ders
be/sprü/hen: du be/sprühst, er be/sprüh/te, sie hat be/sprüht
bes/ser
bes/te
be/ste/hen: du be/stehst, er be/stand, sie hat be/stan/den)
be/su/chen: du be/suchst, er be/sucht, sie hat be/sucht
be/trach/ten: du be/trach/test, er be/trach/te/te, sie hat be/trach/tet
be/tre/ten: du be/trittst, er be/trat, sie hat be/tre/ten
Be/trieb, der (die Be/trie/be)
Bett, das (die Bet/ten)
bet/teln: du bet/telst, er bet/telte, sie hat ge/bet/telt
Bett/tuch, das (die Bett/tü/cher)
Beu/te, die (der Beu/te)
Beu/tel, der (die Beu/tel)
Be/wäs/se/rungs/an/la/ge, die (die Be/wäs/se/rungs/an/la/gen)
Be/we/gung, die (die Be/we/gun/gen)
Be/zie/hung, die (die Be/zie/hun/gen)
Bib/li/o/thek, die (die Bib/li/o/the/ken)
Bie/ne, die (die Bie/nen)
bil/lig (bil/li/ger, am bil/ligs/ten)
Bin/de/strich, der (die Bin/de/stri/che)
Bi/o/lo/gie, die: Lehre von der belebten Natur
bis
Biss, der (des Bis/ses, die Bis/se)
bit/te
bit/ten: du bit/test, er bat, sie hat ge/be/ten
bla/sen: du bläst, er blies, sie hat ge/bla/sen
Blatt, das (die Blät/ter)
blau (blau/er, am blau/es/ten)
blei/ben: du bleibst, er blieb, sie ist ge/blie/ben
Blei/stift, der (die Blei/stif/te)
blitz/ar/tig
blond (blon/der, am blon/des/ten)
Blu/me, die (die Blu/men)
Blu/men/strauß, der (des Blu/men/strau/ßes, die Blu/men/sträu/ße)
Blut, das
Bo/gen, der (die Bo/gen // die Bö/gen)
Bo/je, die (die Bo/jen)

Boh/ne, die (die Boh/nen)
Bohr/in/sel, die (die Bohr/in/seln)
Boot, das (die Boo/te)
bra/ten: du brätst, er briet, sie hat ge/bra/ten
breit (brei/ter, am brei/tes/ten)
brenn/bar (brenn/ba/rer, am brenn/bars/ten)
Brenn/nes/sel, die (die Brenn/nes/seln)
Brett, das (die Bret/ter)
Brief, der (die Brie/fe)
Brief/kas/ten, der (die Brief/käs/ten)
brin/gen: du bringst, er brach/te, sie hat ge/bracht
Brot, das (die Bro/te)
Brü/cke, die (die Brü/cken)
Bru/der, der (die Brü/der)
Buch, das (die Bü/cher)
Büch/se, die (die Büch/sen)
Büch/sen/öff/ner, der (die Büch/sen/öff/ner)
Buch/sta/be, der (die Buch/sta/ben)
Bucht, die (die Buch/ten)
bü/cken sich: du bückst dich, er bück/te sich, sie hat sich ge/bückt
Bug, der (die Bu/ge): Schiffsvorderteil
Büh/ne, die (die Büh/nen)
Bull/dog/ge, die: englische Hunderasse
bunt (bun/ter, am bun/tes/ten)
Burg, die (die Bur/gen)
Bus, der (die Bus/se)
Bus/sard, der (die Bus/sar/de): ein Greifvogel

C

CD, die (*engl.*, die CDs): Abkürzung für das engl. compact disc (*kurz für* CD-Platte)
Cel/lo, das (*ital.*, die Cel/los // Cel/li)
Com/pu/ter, der (*engl.*, die Com/pu/ter): elektronischer Rechner

D

da
da/bei
Dach/pfan/ne, die (die Dach/pfan/nen)
da/her
da/hin
da/hin/ter
da/mit
Damm, der (die Däm/me)

Damp/fer, der (die Damp/fer)
da/nach
dan/ken: du dankst, er dank/te, sie hat ge/dankt
dann
da/rauf // dar/auf
dass
Da/tum, das (*lat.*, die Da/ten)
da/von
da/vor
da/zu/ge/hö/ren: du ge/hörst da/zu, er ge/hör/te da/zu, sie hat da/zu/ge/hört
De/cke, die (die De/cken)
Deich, der (die Dei/che)
dein, dei/ne, dein
den/ken: du denkst, er dach/te, sie hat ge/dacht
Denk/mal, das (die Denk/mä/ler)
denn
den/noch
der, die, das
deut/lich (deut/li/cher, am deut/lichs/ten)
dick (di/cker, am dicks/ten)
die/se
Dik/tat, das (*lat.*, die Dik/ta/te)
Ding, das (die Din/ge)
dir
drän/gen: du drängst, er dräng/te, sie hat ge/drängt
drau/ßen
dre/hen: du drehst, er dreh/te, sie hat ge/dreht
drei
dre/schen: du drischst, er drosch, sie hat ge/dro/schen
drit/te
doch
dop/pelt
Dorf, das (die Dör/fer)
dort
Dro/gen/ban/de, die (die Dro/gen/ban/den)
du
dun/kel (dunk/ler, am dun/kels/ten)
Dun/kel/heit, die (der Dun/kel/heit)
dünn (dün/ner, am dünns/ten)
durch
Durch/blu/tung, die
durch/ei/nan/der // durch/ein/an/der
dür/fen: du darfst, er durf/te, sie hat ge/durft

E

Eb/be, die (die Eb/ben)
Ecke, die (die Ecken)
ehe/ma/lig
ehr/lich (ehr/li/cher, am ehr/lichs/ten)
ei/gent/lich
ei/len: du eilst, er eil/te, sie ist ge/eilt
ei/lends
ei/lig (ei/li/ger, am ei/ligs/ten)
ein, ei/ne, ein
ei/ni/ge
ein/mal
ein/sam (ein/sa/mer, am ein/sams/ten)
ein/schla/fen: du schläfst ein, er schlief ein, sie ist ein/ge/schla/fen
Ein/tritts/kar/te, die (die Ein/tritts/kar/ten)
Ein/woh/ner, der (die Ein/woh/ner)
El/tern, die
En/de, das (die En/den)
en/den: du en/dest, er en/de/te, sie hat ge/en/det
End/er/geb/nis, das (des End/er/geb/nis/ses, die End/er/geb/nis/se)
end/gül/tig
End/hal/te/stel/le, die (die End/hal/te/stel/len)
end/lich
end/los
En/dung, die (die En/dun/gen)
eng (en/ger, am engs/ten)
ent/de/cken: du ent/deckst, er ent/deck/te, sie hat ent/deckt
ent/fer/nen: du ent/fernst, er ent/fern/te, sie hat ent/fernt
ent/flie/hen: du ent/fliehst, er ent/floh, sie ist ent/flo/hen
ent/ge/gen
ent/lang
Ent/schluss, der (des Ent/schlus/ses, die Ent/schlüs/se)
ent/ste/hen: du ent/stehst, er ent/stand, sie ist ent/stan/den
ent/täu/schen: du ent/täuschst, er ent/täusch/te, sie hat ent/täuscht
ent/wäs/sern: du ent/wäs/serst, er ent/wäs/ser/te, sie hat ent/wäs/sert
ent/we/der
ent/wir/ren: du ent/wirrst, er ent/wirr/te, sie hat ent/wirrt
Er/de, die
Er/eig/nis, das (des Er/eig/nis/ses, die Er/eig/nis/se)
er/fah/ren: du er/fährst, er er/fuhr, sie hat er/fah/ren
Er/fin/dung, die (die Er/fin/dun/gen)
er/freu/en sich: du er/freust dich, er er/freu/te sich, sie hat sich er/freut
er/gän/zen: du er/gänzt, er er/gänz/te, sie hat er/gänzt

Er/geb/nis, das (des Er/geb/nis/ses, die Er/geb/nis/se)
Er/kennt/nis, die (die Er/kennt/nis/se)
Er/leb/nis, das (des Er/leb/nis/ses, die Er/leb/nis/se)
ernst/haft (ernst/haf/ter, am ernst/haf/tes/ten)
Ern/te, die (die Ern/ten)
er/rei/chen: du er/reichst, er er/reich/te, sie hat er/reicht
er/schre/cken, sich: du er/schreckst dich, er er/schreck/te sich, sie hat sich er/schro/cken
er/zäh/len: du er/zählst, er er/zähl/te, sie hat er/zählt
es/sen: du isst, er aß, sie hat ge/ges/sen
Ess/löf/fel, der (die Ess/löf/fel)
et/was
euch
eu/er
Eu/ro/pa *(griech.)*
Eu/ro/pä/er, der (die Eu/ro/pä/er)

F

Fa/den, der (die Fä/den)
Fahr/bahn, die (die Fahr/bah/nen)
fah/ren: du fährst, er fuhr, sie ist ge/fah/ren
Fahr/rad, das (die Fahr/rä/der)
Fahrt, die (die Fahr/ten)
Fahr/weg, der (die Fahr/we/ge)
Fahr/zeug, das (die Fahr/zeu/ge)
Fall, der (die Fäl/le)
Fa/mi/lie, die (die Fa/mi/li/en)
Fass, das (des Fas/ses, die Fäs/ser)
fas/sen: du fasst, er fass/te, sie hat ge/fasst
fast
feh/len: du fehlst, er fehl/te, sie hat ge/fehlt
Fei/er, die (die Fei/ern)
fei/ern: du fei/erst, er fei/er/te, sie hat ge/fei/ert
Feig/ling, der (die Feig/lin/ge)
Fei/le, die (die Fei/len)
Feld/weg, der (die Feld/we/ge)
Fels, der (die Fel/sen)
fel/sig (fel/si/ger, am fel/sigs/ten)
Fens/ter, das (die Fens/ter)
Fe/ri/en, die *(lat.)*
Fe/ri/en/gast, der (die Fe/ri/en/gäs/te)
Fer/ne, die (die Fer/nen)
fer/tig

Fest, das (des Fests // Fes/tes, die Fes/te)
fest (fes/ter, am fes/tes/ten)
fest/stamp/fen: du stampfst fest, er stampf/te fest, sie hat fest/ge/stampft
fest/stel/len: du stellst fest, er stell/te fest, sie hat fest/ge/stellt
Fe/te, die (*franz.*, die Fe/ten): Fest, Feier
feucht (feuch/ter, am feuch/tes/ten)
Feu/er/schiff, das (die Feu/er/schif/fe)
Feu/er/werk, das (die Feu/er/wer/ke)
Film, der (die Fil/me)
fin/den: du fin/dest, er fand, sie hat ge/fun/den
Fin/ger, der (die Fin/ger)
Fisch, der (die Fi/sche)
flach (fla/cher, am fla/ches/ten)
flau/schig (flau/schi/ger, am flau/schigs/ten)
flat/tern: du flat/terst, er flat/ter/te, sie hat ge/flat/tert
Fleck, der (die Fle/cken)
flei/ßig (flei/ßi/ger, am flei/ßigs/ten)
Flie/ge, die (die Flie/gen)
flie/gen: du fliegst, er flog, sie ist ge/flo/gen
flie/ßen: du fließt, er floss, es ist ge/flos/sen
flink (flin/ker, am flinks/ten // am flin/kes/ten)
flit/zen: du flitzt, er flitz/te, sie ist ge/flitzt
Floß, das (des Flo/ßes, die Flö/ße)
flott (flot/ter, am flot/tes/ten)
flüch/tig
Flug/zeug, das (die Flug/zeu/ge)
Flü/gel, der (die Flü/gel)
Fluss, der (des Flus/ses, die Flüs/se)
flüs/sig (flüs/si/ger, am flüs/sigs/ten)
flüs/tern: du flüs/terst, er flüs/ter/te, sie hat ge/flüs/tert
Flut, die (die Flu/ten)
fol/gen: du folgst, er folg/te, sie ist ge/folgt
fort
For/schungs/rei/se, die (die For/schungs/rei/sen)
Fo/to, das (die Fo/tos)
fo/to/gra/fie/ren: du fo/to/gra/fierst, er fo/to/gra/fier/te, sie hat fo/to/gra/fiert
Frach/ter, der (die Frach/ter)
fra/gen: du fragst, er frag/te, sie hat ge/fragt
Frau, die (die Frau/en)
Frei/tag, der (die Frei/ta/ge)
Frei/zeit/an/ge/bot, das (die Frei/zeit/an/ge/bo/te)
fres/sen: du frisst, er fraß, sie hat ge/fres/sen
Freu/de, die (die Freu/den)

freu/en, sich: du freust dich, er freu/te sich, sie hat sich ge/freut
Freund, der (die Freun/de)
Freun/des/kreis, der (die Freun/des/krei/se)
fried/lich (fried/li/cher, am fried/lichs/ten)
fröh/lich (fröh/li/cher, am fröh/lichs/ten)
Fröh/lich/keit, die (der Fröh/lich/keit)
Frucht, die (die Früch/te)
früh (frü/her, am frü/hes/ten)
früh/stü/cken: du früh/stückst, er früh/stück/te, sie hat ge/früh/stückt
Fuchs, der (des Fuch/ses, die Füch/se)
füh/ren: du führst, er führ/te, sie hat ge/führt
fül/len: du füllst, er füll/te, sie hat ge/füllt
fünf
Funk/sig/nal, das (die Funk/sig/na/le)
funk/ti/on/ie/ren: du funk/ti/o/nierst, er funk/ti/o/nier/te, sie hat funk/ti/o/niert)
furcht/bar (furcht/ba/rer, am furcht/bars/ten)
für
fürch/ter/lich (fürch/ter/li/cher, am fürch/ter/lichs/ten)
Für/wort, das (die Für/wör/ter)
Fuß, der (des Fu/ßes, die Fü/ße)

G

Gang, der (die Gän/ge)
ganz
gar
Gar/di/ne, die (die Gar/di/nen)
Gar/ten/tor, das (die Gar/ten/to/re)
Gas, das (die Ga/se)
Gast, der (die Gäs/te)
Ge/bäu/de, das (die Ge/bäu/de)
ge/ben: du gibst, er gab, sie hat ge/ge/ben
ge/brau/chen: du ge/brauchst, er ge/brauch/te, sie hat ge/braucht
Ge/burts/tags/fei/er, die (die Ge/burts/tags/fei/ern)
Ge/duld, die
Ge/dan/ke, der (die Ge/dan/ken)
ge/dan/ken/los
Ge/fahr, die (die Ge/fah/ren)
ge/fähr/lich (ge/fähr/li/cher, am ge/fähr/lichs/ten)
ge/fal/len: du ge/fällst, er ge/fiel, sie hat ge/fal/len
Ge/fähr/te, der (die Ge/fähr/ten)
Ge/fan/gen/schaft, die (die Ge/fan/gen/schaf/ten)
Ge/fäß, das (die Ge/fä/ße)

5./6.

Ge/fühl, das (die Ge/füh/le)
Ge/gend, die (die Ge/gen/den)
Ge/gen/stand, der (die Ge/gen/stän/de)
ge/hen: du gehst, er ging, sie ist ge/gan/gen
Ge/heim/nis, das (des Ge/heim/nis/ses, die Ge/heim/nis/se)
ge/hö/ren: du ge/hörst, er ge/hör/te, sie hat ge/hört
Gei/ge, die (die Gei/gen)
Geis/ter/schiff, das (die Geis/ter/schif/fe)
Ge/län/de, das (die Ge/län/de)
gelb
ge/müt/lich (ge/müt/li/cher, am ge/müt/lichs/ten)
Ge/mäl/de, das (die Ge/mäl/de)
Ge/mahl, der (die Ge/mah/le)
ge/mein/sam
Ge/mein/schaft, die (die Ge/mein/schaf/ten)
Ge/mü/se, das
ge/nie/ßen: du ge/nießt, er ge/noss, sie hat ge/nos/sen
ge/nau
Ge/nuss, der (des Ge/nus/ses, die Ge/nüs/se)
ge/nug
Ge/päck, das
ge/ra/de
ge/ring (ge/rin/ger, am ge/rings/ten)
ge/samt
Ge/samt/heit, die
Ge/schäft, das (die Ge/schäf/te)
ge/sche/hen: es ge/schieht, es ge/schah, es ist ge/sche/hen
Ge/schenk, das (die Ge/schen/ke)
Ge/schich/te, die (die Ge/schich/ten)
Ge/schwis/ter, die
ge/schwind
Ge/sell/schaft, die (die Ge/sell/schaf/ten)
Ge/stank, der
Ge/stein, das (die Ge/stei/ne)
ges/tern
Ge/sund/heit, die (der Ge/sund/heit)
Ge/trei/de, das (die Ge/trei/de)
Ge/tränk, das (die Ge/trän/ke)
ge/wal/tig (ge/wal/ti/ger, am ge/wal/tigs/ten)
Ge/wäs/ser, das (die Ge/wäs/ser)
Ge/wicht, das (die Ge/wich/te)
ge/win/nen: du ge/winnst, er ge/wann, sie hat ge/won/nen
Ge/wit/ter, das (die Ge/wit/ter)

ge/wöh/nen, sich: du ge/wöhnst dich, er ge/wöhn/te sich, sie hat sich ge/wöhnt
Ge/wohn/heit, die (die Ge/wohn/hei/ten)
ge/wöhn/lich (ge/wöhn/li/cher, am ge/wöhn/lichs/ten)
gie/ßen: du gießt, er goss, sie hat ge/gos/sen
gif/tig (gif/ti/ger, am gif/tigs/ten)
Gips, der (die Gip/se)
Glas, das (die Glä/ser)
Gla/sur, die (der Gla/sur, die Gla/su/ren)
glau/ben: du glaubst, er glaub/te, sie hat ge/glaubt
gleich
Gleis, das (die Glei/se)
glei/ten: du glei/test, er glitt, sie ist ge/glit/ten
Glet/scher, der (die Glet/scher)
Glück, das
glück/lich (glück/li/cher, am glück/lichs/ten)
Gon/del, die (*ital.,* die Gon/deln)
gra/ben: du gräbst, er grub, sie hat ge/gra/ben
Gra/ben, der (die Grä/ben)
grau
grei/fen: du greifst, er griff, sie hat ge/grif/fen
groß (grö/ßer, am größ/ten)
grün
Grund/la/ge, die (die Grund/la/gen)
Gruß, der (die Grü/ße)
grü/ßen: du grüßt, er grüß/te, sie hat ge/grüßt
gül/tig
Gunst, die
güns/tig (güns/ti/ger, am güns/tigs/ten)
Guss, der (des Gus/ses, die Güs/se)
gut (bes/ser, am bes/ten)
Gü/te, die

H

Haar, das (die Haa/re)
ha/ben: du hast, er hat/te, sie hat ge/habt
Ha/fen, der (die Hä/fen)
Hai, der (*niederländ.,* die Hai/e): ein Raubfisch
halb
Hal/te/stel/le, die (die Hal/te/stel/len)
Hams/ter, der (die Hams/ter)
Hand, die (die Hän/de)
hart (här/ter, am här/tes/ten)

has/tig (has/ti/ger, am has/tigs/ten)
Haus, das (die Häu/ser)
he/ben: du hebst, er hob, sie hat ge/ho/ben
He/cken/ro/se, die (die He/cken/ro/sen)
Heer, das (die Hee/re)
He/fe, die
hef/tig (hef/ti/ger, am hef/tigs/ten)
heim/keh/ren: du kehrst heim, er kehr/te heim, sie ist heim/ge/kehrt
heim/lich (heim/licher, am heim/lichs/ten)
Heim/weg, der (die Heim/we/ge)
heiß (hei/ßer, am hei/ßes/ten)
hei/ßen: du heißt, er hieß, sie hat ge/hei/ßen
Hek/tar, das *(griech., lat.):* Flächenmaß
hel/fen: du hilfst, er half, sie hat ge/hol/fen
Hen/kel, der (die Hen/kel)
her
Herbst, der (die Herbs/te)
herbst/lich
Herr, der (die Her/ren)
herr/schen: du herrschst, er herrsch/te, sie hat ge/herrscht
Herz, das (des Her/zens, die Her/zen)
herz/lich (herz/li/cher, am herz/lichs/ten)
het/zen: du hetzt, er hetz/te, sie ist ge/hetzt
heu/len: du heulst, er heul/te, sie hat ge/heult
heu/te
He/xe, die (die He/xen)
hier
Hilfe, die (die Hil/fen)
Him/mel, der (die Him/mel)
him/mel/blau
hi/nauf/stei/gen // hin/auf/stei/gen: du steigst hi/nauf // hin/auf,
er stieg hi/nauf // hin/auf / sie ist hi/nauf/ge/stie/gen // hin/auf/ge/stie/gen
hi/naus // hin/aus
Hin/der/nis, das (des Hin/der/nis/ses, die Hin/der/nis/se)
hin/ken: du hinkst, er hink/te, sie hat ge/hinkt
Hin/ter/grund, der (die Hin/ter/grün/de)
hin/ter
Hin/weis, der (die Hin/wei/se)
hin/zu/gie/ßen: du gießt hin/zu, er goss hin/zu, sie hat hin/zu/ge/gos/sen)
Hob/by, das (*engl.,* die Hob/bys): Lieblingsbeschäftigung
hoch (hö/her, am höchs/ten)
Hoch/be/trieb, der
ho/cken: du hockst, er hock/te, sie hat ge/hockt

5./6.

hof/fen: du hoffst, er hoff/te, sie hat ge/hofft
Hoff/nung, die (die Hoff/nun/gen)
höf/lich(höf/li/cher, am höf/lichs/ten)
Höh/le, die (die Höh/len)
Holz/fäl/ler, der (die Holz/fäl/ler)
hö/ren: du hörst, er hör/te, sie hat ge/hört
Ho/se, die (die Ho/sen)
Ho/tel, das (*franz.,* die Ho/tels)
hum/peln: du hum/pelst, er hum/pel/te, sie ist ge/hum/pelt
Hund, der (die Hun/de)
Hun/ger, der
hu/pen: du hupst, er hup/te, sie hat ge/hupt
hur/tig (hur/ti/ger, am hur/tigs/ten)

I

Idee, die (die Ideen)
Igel, der (die Igel)
ihm, ihr, ihm
im (= in dem)
im/mer
in
in/fra/ge stel/len // in Frage stellen
in/ner/halb
In/sel, die (die In/seln)
in/te/res/sant // in/ter/es/sant (*franz.,* inte/res/san/ter // in/ter/es/san/ter, am in/te/res/san/tes/ten // in/ter/es/san/tes/ten)
ir/gend/et/was
ir/ren: du irrst, er irr/te, sie hat ge/irrt
Irr/tum, der (die Irr/tü/mer)

J

Ja/cke, die (die Ja/cken)
Jahr, das (die Jah/re)
jauch/zen: du jauchzt, er jauchz/te, sie hat ge/jauchzt
je/mand
jetzt
Ju/li, der (*lat.,* die Ju/lis): der siebte Monat des Jahres
Jum/bo, der (*amerik.,* die Jum/bos)
jung (jün/ger, am jüngs/ten)
Ju/ni, der (*lat.,* die Ju/nis): der sechste Monat des Jahres

K

Kaf/fee, der (*arab.-franz.,* die Kaf/fees)
Kaf/fee/er/satz // Kaf/fee-Er/satz, der
Kahn, der (die Käh/ne)
Kai, der (*niederl.,* die Kais): befestigtes Hafenufer zum Be- und Entladen von Schiffen
Ka/jak, der/das (*eskim.,* die Ka/jaks): einsitziges Boot der Eskimos; Sportpaddelboot
Ka/kao, der (*mexik., span.,* die Ka/kaos)
Kalk, der
kalt (käl/ter, am käl/tes/ten)
Ka/min, der (die Ka/mi/ne)
Kampf, der (die Kämp/fe)
Ka/nin/chen, das (die Ka/nin/chen)
Ka/nu, das (*karib.,* die Ka/nus): leichtes Boot der Indianer; Paddelboot
Kan/ti/ne, die (*franz.,* die Kan/ti/nen)
Ka/pi/tän, der (die Ka/pi/tä/ne)
Kar/te, die (die Kar/ten)
Kar/tof/fel, die (die Kar/tof/feln)
Kas/ta/nie, die (*griech.,* die Kas/ta/ni/en)
Ka/tas/tro/phe, die (*griech.,* die Ka/tas/tro/phen)
Kat/ze, die (die Kat/zen)
kau/en: du kaust, er kau/te, sie hat ge/kaut
kau/fen: du kaufst, er kauf/te, sie hat ge/kauft
kaum
ken/nen: du kennst, er kann/te, sie hat ge/kannt
Ke/ro/sin, das *(griech.):* ein Treibstoff
Ker/ze, die (die Ker/zen)
ki/chern: du ki/cherst, er ki/cher/te, sie hat ge/ki/chert
ki/lo/me/ter/lang
Kind, das (die Kin/der)
Kin/der/schuh, der (die Kin/der/schu/he)
Ki/no, das (die Ki/nos)
Kiosk, der *(pers.,* die Kios/ke): Verkaufshäuschen
Kir/sche, die (die Kir/schen)
Kis/te, die (die Kis/ten)
Klapp/mes/ser, das (die Klapp/mes/ser)
klar (kla/rer, am klars/ten)
Klas/sen/ka/me/rad, der (die Klas/sen/ka/me/ra/den)
klein (klei/ner, am kleins/ten)
Klei/nig/keit, die (die Klei/nig/kei/ten)
Klein/kind, das (die Klein/kin/der)
Klemp/ner, der (die Klemp/ner)

klet/tern: du klet/terst, er klet/ter/te, sie ist ge/klet/tert
Kli/ma, das *(griech.,* die Kli/mas)
Klip/pe, die (die Klip/pen)
klir/ren: du klirrst, er klirr/te, sie hat ge/klirrt
knab/bern: du knab/berst, er knab/ber/te, sie hat ge/knab/bert
Knall, der (die Knal/le)
knal/len: du knallst, er knall/te,sie hat ge/knallt
knar/ren: du knarrst, er knarr/te, sie hat ge/knarrt
knat/tern: du knat/terst, er knat/terte, sie hat ge/knat/tert
Kno/chen, der (die Kno/chen)
Knopf, der (die Knöp/fe)
knus/prig // knus/perig (knus/pri/ger // knus/pe/ri/ger, am knus/prigs/ten // knus/pe/rigs/ten)
Kof/fer, der (die Kof/fer)
Ko/lo/nie, die (die Ko/lo/ni/en)
kom/men: du kommst, er kam, sie ist ge/kom/men
Kö/ni/gin, die (die Kö/ni/gin/nen)
kön/nen: du kannst, er konn/te, sie hat ge/konnt
Kon/trol/le, die (die Kon/trol/len)
Kopf, der (die Köp/fe)
Korb, der (die Kör/be)
Kör/per, der (die Kör/per)
Korn, das (die Kör/ner)
kos/ten: du kos/test, er kos/te/te, sie hat ge/kos/tet
kos/ten/los
Krab/be, die (die Krab/ben)
krab/beln: du krab/belst, er krab/bel/te, sie ist ge/krab/belt
Kran/ken/haus, das (die Kran/ken/häu/ser)
Kran/ken/wa/gen, der (die Kran/ken/wa/gen)
krat/zen: du kratzt, er kratz/te, sie hat ge/kratzt
Krebs, der (die Kreb/se)
krei/schen: du kreischst, er kreisch/te, sie hat ge/kreischt
Kreuz/schiff, das (die Kreuz/schif/fe)
krie/chen: du kriechst, er kroch, sie ist ge/kro/chen
Kro/ko/dil, das *(griech.,* die Kro/ko/di/le)
Krug, der (die Krü/ge)
Ku/chen, der (die Ku/chen)
kühl (küh/ler, am kühls/ten)
Kunst/ma/ler, der (die Kunst/ma/ler)
Kür/bis, der (des Kür/bis/ses, die Kür/bis/se)
kurz (kür/zer, am kür/zes/ten)
Küs/te, die (die Küs/ten)

L

la/chen: du lachst, er lach/te, sie hat ge/lacht
Lack/schuh, der (die Lack/schu/he)
La/dung, die (die La/dun/gen)
Land, das (die Län/der)
lan/den: du lan/dest, er lan/de/te, sie ist ge/lan/det
lang (län/ger, am längs/ten)
Lärm, der
las/sen: du lässt, er ließ, sie hat ge/las/sen
Last/wa/gen, der (die Last/wa/gen)
lau/fen: du läufst, er lief, sie ist ge/lau/fen
La/wi/ne, die *(lat.,* die La/wi/nen)
lau/schen: du lauschst, er lausch/te, sie hat ge/lauscht
laut (lau/ter, am lau/tes/ten)
le/ben: du lebst, er leb/te, sie hat ge/lebt
leer
le/gen: du legst, er leg/te, sie hat ge/legt
Leh/rer, der (die Leh/rer)
Leh/re/rin, die (die Leh/re/rin/nen)
leicht (leich/ter, am leich/tes/ten)
lei/den: du lei/dest, er litt, sie hat ge/lit/ten
lei/hen: du leihst, er lieh, sie hat ge/lie/hen
lei/se (lei/ser, am lei/ses/ten)
ler/nen: du lernst, er lern/te, sie hat ge/lernt
Le/se/buch, das (die Le/se/bü/cher)
le/sen: du liest, er las, sie hat ge/le/sen
Le/ser, der (die Le/ser)
letz/te
leuch/ten: du leuch/test, er leuch/te/te, sie hat ge/leuch/tet
Leucht/turm, der (die Leucht/tür/me)
Leu/te, die
Licht, das (die Lich/ter)
lieb (lie/ber, am liebs/ten)
lie/ben: du liebst, er lieb/te, sie hat ge/liebt
lie/gen: du liegst, er lag, sie hat ge/le/gen
Li/mo, die (die Li/mos): *Kurzform für* Limonade
Li/ne/al, das (die Li/ne/ale)
Li/nie, die *(lat.,* die Li/ni/en)
links
los
Lü/ge, die (die Lü/gen)
lü/gen: du lügst, er log, sie hat ge/lo/gen
Lun/ge, die (die Lun/gen)
Lust, die (die Lüs/te)

M

ma/chen: du machst, er mach/te, sie hat ge/macht
Mäd/chen, das (die Mäd/chen)
mah/len: du mahlst, er mahl/te, sie hat ge/mah/len
ma/len: du malst, er mal/te, sie hat ge/malt
Ma/ler, der (die Ma/ler)
ma/le/risch (ma/le/ri/scher, am ma/le/rischs/ten)
Mal/stift, der (die Mal/stif/te)
manch: man/cher, man/che, man/ches
Man/da/ri/ne, die (die Man/da/ri/nen)
Mann, der (die Män/ner)
Man/tel, der (die Män/tel)
Map/pe, die (die Map/pen)
Mar/ga/ri/ne, die *(franz.)*
Mar/kie/rung, die (die Mar/kie/run/gen)
Ma/schi/ne, die *(franz.,* die Ma/schi/nen)
Mas/ke, die (die Mas/ken)
Ma/te/ri/al, das *(lat.,* die Ma/te/ri/a/li/en)
Mat/jes/he/ring, der (die Mat/jes/he/rin/ge)
Mat/ro/se, der (die Ma/tro/sen)
Mau/er, die (die Mau/ern)
Maus, das (die Mäuse)
Mau/se/loch, das (die Mau/se/lö/cher)
Me/di/zin, die *(lat.)*
Meer, das (die Mee/re)
Mee/res/bo/den, der (die Mee/res/bö/den)
Mehl, das (die Meh/le (= Mehlsorten))
mein, mei/ne, mein
Mei/nung, die (die Mei/nun/gen)
meis/ten
Me/lo/ne, die *(griech.,* die Me/lo/nen)
Men/gen/an/ga/be, die (die Men/gen/an/ga/ben)
Mensch/heit, die
merk/wür/dig (merk/wür/di/ger, am merk/wür/digs/ten)
Mes/ser, das (die Mes/ser)
mich
Milch, die
Mi/ne, die (die Mi/nen)
Mi/nu/te, die (die Mi/nu/ten)
mir
Mi/schung, die (die Mi/schun/gen)
Miss/ton, der (die Miss/tö/ne)
Miss/klang, der (die Miss/klän/ge)

5./6.

Miss/ge/schick, das (die Miss/ge/schi/cke)
mit
mit/ei/nan/der // mit/ein/an/der
Mit/glied, das (die Mit/glie/der)
mit/ma/chen: du machst mit, er mach/te mit, sie hat mit/ge/macht
Mit/spie/ler, der (die Mit/spie/ler)
Mit/te, die (die Mit/ten)
mit/tei/len: du teilst mit, er tei/te mit, sie hat mit/ge/teilt
mo/dern (mo/der/ner, am mo/derns/ten)
mög/lich (mög/li/cher, am mög/lichs/ten)
Mög/lich/keit, die (die Mög/lich/kei/ten)
Mon/tag, der (die Mon/ta/ge)
Moor, das (die Moo/re)
Mo/tor/schiff, das (die Mo/tor/schif/fe)
Mö/we, die (die Mö/wen)
mü/de (mü/der, am mü/des/ten)
mü/he/voll
Müh/le, die (die Müh/len)
Mu/schel, die (die Mu/scheln)
Mu/schel/scha/le, die (die Mu/schel/scha/len)
Mu/se/um, das (*griech.*, die Mu/seen)
Mu/sik, die (*griech.*, die Mu/si/ken)
Mus/kel, der (*lat.*, die Mus/keln)
müs/sen: du musst, er muss/te, (sie hat) ge/musst
Mut/ter, die (die Müt/ter)
Müt/ze, die (die Müt/zen)

N

nach
nach/dem
Nach/mit/tag, der (die Nach/mit/ta/ge)
Nach/richt, die (die Nach/rich/ten)
Na/cken, der (die Na/cken)
Na/del, die (die Na/deln)
na/he (nä/her, am nächs/ten)
Nä/he, die
nä/hen: du nähst, er näh/te, sie hat ge/näht
Nah/rung, die
Na/me, der (die Na/men)
Na/se, die (die Na/sen)
na/schen: du naschst, er nasch/te, sie hat ge/nascht
nass (näs/ser, am nas/ses/ten)
Na/tur/for/scher, der (die Na/tur/for/scher)

na/tür/lich (na/tür/li/cher, am na/tür/lichs/ten)
ne/ben
neh/men: du nimmst, er nahm, sie hat ge/nom/men
nen/nen: du nennst, er nann/te, sie hat ge/nannt
nett (net/ter, am net/tes/ten)
Netz, das (die Net/ze)
neu (neu/er, am neu/es/ten)
neu/gie/rig (neu/gie/ri/ger, am neu/gie/rigs/ten)
neun
nicht
nichts
nie
nie/mand
noch
Nord/see, die
Not, die (die Nö/te)
Nu/del, die (die Nu/deln)
num/me/rie/ren: du num/me/rierst, er num/me/rier/te, sie hat num/me/riert
Num/mern/schild, das (die Num/mern/schil/der)
Nuss, die (die Nüs/se)

O

Oa/se, die *(ägypt.,* die Oa/sen): Wasserstelle in der Wüste
ob
ober/fläch/lich (ober/fläch/li/cher, am ober/fläch/lichs/ten)
Ober/sei/te, die (die Ober/sei/ten)
Obst, das
Och/se, der (die Och/sen)
oder
Ofen, der (die Öfen)
of/fen (of/fe/ner, am of/fens/ten)
öff/nen: du öff/nest, er öff/ne/te, sie hat ge/öff/net
Öff/ner, der (die Öff/ner)
oh/ne
Ohr, das (die Oh/ren)
Öl, das (die Ö/le)
Oma, die (die Omas)
ord/nen: du ord/nest, er ord/ne/te, sie hat ge/ord/net
Ort, der (die Or/te)
ört/lich
Os/ten, der

P

Paar, das (die Paa/re)
pa/cken: du packst, er pack/te, sie hat ge/packt
Pad/del, das (die Pad/del)
Pa/ket, das (die Pa/ke/te)
Pa/pier, das (die Pa/pie/re)
pa/ral/lel *(griech.):* gleich laufend; gleichgerichtet
pas/sen: du passt, er pass/te, sie hat ge/passt
pas/sie/ren *(franz.):* es pas/siert, es pas/sier/te, es ist pas/siert
Pau/se, die (die Pau/sen)
Pech/vo/gel, der (die Pech/vö/gel)
Pfef/fer, der
pfeil/schnell
Pferd, das (die Pfer/de)
Pfings/ten, das (*griech.*, die Pfings/ten)
pflü/cken: du pflückst, er pflück/te, sie hat ge/pflückt
Pfüt/ze, die (die Pfüt/zen)
Pi/lot, der (die Pi/lo/ten)
Pla/kat, das (die Pla/ka/te)
Platt/form, die (die Platt/for/men)
Platz, der (die Plät/ze)
plötz/lich
Po/li/zei, die *(griech.)*
Po/ny, das (*engl.*, die Po/nys): 1. Kleinpferd; 2. in die Stirn gekämmtes Haar
Preis, der (die Prei/se)
Pud/ding, der (*engl.*, die Puddings // die Pud/dinge)
Pul/li, der (die Pul/lis)
Pul/ver, das (die Pul/ver)
pünkt/lich (pünkt/li/cher, am pünkt/lichs/ten)
Pup/pe, die (die Pup/pen)
Py/ra/mi/de, die (die Py/ra/mi/den)

Q

Qua/drat // Quad/rat, das (*lat.*, die Qua/dra/te // Quad/ra/te)
quer
quiet/schen: du quietschst, er quietsch/te, sie hat ge/quietscht
Quiz, das *(engl.):* Frage- und Antwortspiel

R

Rad, das (die Räder)
Ra/di/o, das (*lat.*, die Ra/di/os)
Ra/sier/klin/ge, die (die Ra/sier/klin/gen)
rasch (ra/scher, am ra/sches/ten)
ra/sen: du rast, er ras/te, sie ist ge/rast
Rat/haus, das (die Rat/häu/ser)
Rät/sel/heft, das (die Rät/sel/hef/te)
Raum, der (die Räu/me)
Rausch/gift, das (die Rausch/gif/te)
rechts
Re/de, die (die Re/den)
re/den: du re/dest, er re/de/te, sie hat ge/re/det
Re/gal, das (die Re/ga/le)
Re/gel, die (die Re/geln)
Re/gen, der
reg/nen: es reg/net, es reg/ne/te, es hat ge/reg/net
reg/ne/risch (reg/ne/risch/er, am reg/ne/rischs/ten)
reich (rei/cher, am reichs/ten)
Reich/tum, der (die Reich/tü/mer)
Rei/he, die (die Rei/hen)
rein (rei/ner, am reins/ten)
Reis, der *(griech.)*
rei/sen: du reist, er reis/te, sie ist ge/reist
Rei/sen/der, der (die Rei/sen/den)
Reiß/ver/schluss, der (des Reiß/ver/schlus/ses, die Reiß/ver/schlüs/se)
ren/nen: du rennst, er rann/te, sie ist ge/rannt
Renn/bahn, die (die Renn/bah/nen)
Renn/pferd, das (die Renn/pfer/de)
re/pa/rie/ren: du re/pa/rierst, er re/pa/rier/te, sie hat re/pa/riert
Re/pa/ra/tur, die (die Re/pa/ra/tu/ren)
Res/tau/rant, das (*franz.*, die Res/tau/rants)
ret/ten: du ret/test, er ret/te/te, sie hat ge/ret/tet
Re/zept, das (*lat.*, die Re/zep/te)
Rhein, der
rich/tig (rich/ti/ger, am rich/tigs/ten)
Rich/tung, die (die Rich/tun/gen)
rie/chen: du riechst, er roch, sie hat ge/ro/chen
rie/sig (rie/si/ger, am rie/sigs/ten)
Rob/be, die (die Rob/ben)
Ro/chen, der (die Ro/chen): Seefisch
Rohr, das (die Roh/re)
rol/len: du rollst, er roll/te, sie ist ge/rollt; sie hat ge/rollt

5./6.

Roll/feld, das (die Roll/fel/der)
Roll/la/den, der (die Roll/lä/den)
Ro/se, die (die Ro/sen)
Ro/si/ne, die (die Ro/si/nen)
rot (rö/ter, am rö/tes/ten)
Ruck/sack, der (die Ruck/sä/cke)
Rü/cken, der (die Rü/cken)
rück/sichts/los (rück/sichts/lo/ser, am rück/sichts/lo/ses/ten)
Ru/der/boot, das (die Ru/der/boo/te)
ru/dern: du ru/derst, er ru/der/te, sie hat ge/ru/dert
ru/fen: du rufst, er rief, sie hat ge/ru/fen
Ru/i/ne, die (die Ru/i/nen): zerfallenes Bauwerk

S

Saal, der (die Sä/le)
Sa/che, die (die Sa/chen)
Sack, der (die Sä/cke)
saf/tig (saf/ti/ger, am saf/tigs/ten)
Sä/ge, die (die Sä/gen)
sa/gen: du sagst, er sag/te, sie hat ge/sagt
Sa/lat, der (die Sa/la/te)
sal/zig (sal/zi/ger, am sal/zigs/ten)
sämt/lich
sam/meln: du sam/melst, er sam/mel/te, sie hat ge/sam/melt
Sam/mel/stel/le, die (die Sam/mel/stel/len)
Samm/lung, die (die Samm/lun/gen)
Sand, der
Satz, der (die Sät/ze)
Sau/ce, die (*franz.*, die Sau/cen)
sau/sen: du saust, er saus/te, sie ist ge/saust
Scha/den, der (die Schä/den)
Schaf, das (die Scha/fe)
Schä/fer/hund, der (die Schä/fer/hun/de)
Schall/plat/te, die (die Schall/plat/ten)
scharf (schär/fer, am schärfs/ten)
schau/en: du schaust, er schau/te, sie hat ge/schaut
Schau/fens/ter, das (die Schau/fens/ter)
Schat/ten, der (die Schat/ten)
schei/nen: du scheinst, er schien, sie hat ge/schie/nen
Schicht, die (die Schich/ten)
schie/ben: du schiebst, er schob, sie hat ge/scho/ben
Schiff, das (die Schif/fe)
Schiff/fahrt, die (die Schiff/fahr/ten)

Schild, das (die Schil/der)
schil/dern: du schil/derst, er schil/der/te, sie hat ge/schil/dert
Schim/pan/se, der (die Schim/pan/sen)
schimp/fen: du schimpfst, er schimpf/te, sie hat ge/schimpft
Schin/ken, der (die Schin/ken)
Schirm, der (die Schir/me)
schla/fen: du schläfst, er schlief, sie hat ge/schla/fen
schle/cken: du schleckst, er schleck/te, sie hat ge/schleckt
schlei/chen: du schleichst, er schlich, sie ist ge/schli/chen
Schlep/per, der (die Schlep/per)
schlie/ßen: du schließt, er schloss, sie hat ge/schlos/sen
schließ/lich
Schloss, das (des Schlos/ses, die Schlös/ser)
Schluss, der (des Schlus/ses, die Schlüs/se)
Schlüs/sel, der (die Schlüs/sel)
schlüp/fen: du schlüpfst, er schlüpf/te, sie ist ge/schlüpft
schmal (schma/ler // schmä/ler, am schmals/ten // schmäls/ten)
Schmet/ter/ling, der (die Schmet/ter/lin/ge)
Schmugg/ler, der (die Schmugg/ler)
schmut/zig (schmut/zi/ger, am schmut/zigs/ten)
schnal/zen: du schnalzt, er schnalz/te, sie hat ge/schnalzt
Schne/cke, die (die Schne/cken)
Schnee, der (des Schnees)
schnee/weiß
Schnell/läufer, der (die Schnell/läu/fer)
schnur/ren: du schnurrst, er schnurr/te, sie hat ge/schnurrt
schön (schö/ner, am schöns/ten)
Schreck, der (die Schre/cke)
schrei/ben: du schreibst, er schrieb, sie hat ge/schrie/ben
Schritt, der (die Schrit/te)
Schuh, der (die Schu/he)
Schuld, die
Schu/le, die (die Schu/len)
schwach (schwä/cher, am schwächs/ten)
Schwanz, der (die Schwän/ze)
schwarz (schwär/zer, am schwär/zes/ten)
schwei/gen: du schweigst, er schwieg, sie hat ge/schwie/gen
schwer (schwe/rer, am schwers/ten)
schwie/rig (schwie/ri/ger, am schwie/rigs/ten)
schwim/men: du schwimmst, er schwamm, sie ist ge/schwom/men
schwül (schwü/ler, am schwüls/ten)
sechs
See, der (die Seen): stehendes Binnengewässer

See, die: Meer
se/hen: du siehst, er sah, sie hat ge/se/hen
sehr
sein, sei/ne, sein
Seil, das (die Sei/le)
seit
Sei/te, die (die Sei/ten)
selbst/stän/dig // selb/stän/dig (selbst/stän/di/ger // selb/stän/di/ger, am selbst/stän/digs/ten // selb/stän/digs/ten)
selt/sam (selt/sa/mer, am selt/sams/ten)
set/zen: du setzt, er setz/te, sie hat ge/setzt
Si/cher/heits/gurt, der (die Si/cher/heits/gur/te)
Sie/ges/freu/de, die
Sig/nal, das (die Sig/na/le)
sil/bern
sin/gen: du singst, er sang, sie hat ge/sun/gen
Sinn, der (die Sin/ne)
Sitz, der (die Sit/ze)
sit/zen: du sitzt, er saß, sie hat ge/ses/sen
Sitz/platz, der (die Sitz/plät/ze)
Soh/le, die (die Soh/len)
sol/len: du sollst, er soll/te, (sie hat) ge/sollt
Som/mer, der (die Som/mer)
son/der/bar (son/der/ba/rer, am son/der/bars/ten)
son/dern
Son/ne, die (die Son/nen)
son/nig (son/ni/ger, am son/nigs/ten)
Sonn/tag, der (die Sonn/ta/ge)
sonst
sorg/los (sorg/lo/ser, am sorg/lo/ses/ten)
Sor/te, die (die Sor/ten)
so/wie
so/wohl
Span/nung, die (die Span/nun/gen)
spar/sam (spar/sa/mer, am spar/sams/ten)
Spaß, der (die Spä/ße)
spät (spä/ter, am spä/tes/ten)
Spa/ten, der (die Spa/ten)
spa/zie/ren ge/hen: du gehst spa/zie/ren, er ging spa/zie/ren, sie ist spa/zie/ren ge/gan/gen
Spei/se/saal, der (die Spei/se/sä/le)
spie/len: du spielst, er spiel/te, sie hat ge/spielt
spin/nen: du spinnst, er spann, sie hat ge/spon/nen

spitz (spit/zer, am spit/zes/ten)
Sport, der
Spra/che, die (die Spra/chen)
spre/chen: du sprichst, er sprach, sie hat ge/spro/chen
sprie/ßen: es sprießt, es spross, es ist ge/spros/sen
sprin/gen: du springst, er sprang, sie ist ge/sprun/gen
spür/bar (spür/ba/rer, am spür/bars/ten)
spü/ren: du spürst, er spür/te, sie hat ge/spürt)
Staat, der (die Staa/ten)
Sta/chel/bee/re, die (die Sta/chel/bee/ren)
Stadt, die (die Städ/te)
stän/dig
stark (stär/ker, am stärks/ten)
statt
Stau/damm, der (die Stau/däm/me)
ste/cken: du steckst, er steck/te, sie hat ge/steckt
ste/hen: du stehst, er stand, sie hat ge/stan/den
stei/gen: du steigst, er stieg, sie ist ge/stie/gen
stei/nig (stei/ni/ger, am stei/nigs/ten)
Stein/zeit/mensch, der (die Stein/zeit/men/schen)
Stel/le, die (die Stel/len)
Stiel, der (die Stie/le)
Stift, der (die Stif/te)
Stim/me, die (die Stim/men)
Stoff/ta/sche, die (die Stoff/ta/schen)
stolz (stol/zer, am stol/zes/ten)
Strand, der (die Strän/de)
Stra/ße, die (die Stra/ßen)
Strauß, der (die Sträu/ße)
strei/cheln: du strei/chelst, er strei/chel/te, sie hat ge/strei/chelt
Strei/fen, der (die Strei/fen)
streu/en: du streust, er streu/te, sie hat ge/streut
stri/cken: du strickst, er strick/te, sie hat ge/strickt
Stuhl, der (die Stüh/le)
Stun/de, die (die Stun/den)
Sturm, der (die Stür/me)
stür/misch (stür/mi/scher, am stür/mischs/ten)
su/chen: du suchst, er such/te, sie hat ge/sucht
Sü/den, der
sum/men: du summst, er summ/te, sie hat ge/summt
sump/fig (sump/fi/ger, am sump/figs/ten)
süß (sü/ßer, am sü/ßes/ten)

T

Tag, der (die Ta/ge)
Tan/ker, der (die Tan/ker)
tas/ten: du tas/test, er tas/te/te, sie hat ge/tas/tet
Tat/sa/che, die (die Tat/sa/chen)
tau/chen: du tauchst, er tauch/te, sie ist // hat ge/taucht
Tee, der (*chines.*, die Tees)
Teich, der (die Tei/che)
teil/neh/men: du nimmst teil, er nahm teil, sie hat teil/ge/nom/men
Tem/pe/ra/tur, die (*lat.*, die Tem/pe/ra/tu/ren)
Ten/nis, das *(engl.)*
teu/er (teu/rer, am teu/ers/ten)
Text, der (die Tex/te)
The/a/ter, das (*griech.*, die The/a/ter)
The/ma, das (*griech.*, die The/men // Themata)
tief (tie/fer, am tiefs/ten)
Tier, das (die Tie/re)
Ti/ger, der (die Ti/ger)
Tipp, der (*engl.*, die Tipps)
Tisch, der (die Ti/sche)
Topf, der (die Töp/fe)
tor/keln: du tor/kelst, er tor/kel/te, sie ist ge/tor/kelt
tot/är/gern, sich: du är/gerst dich tot, er är/ger/te sich tot, sie hat sich tot/ge/är/gert
Tod/feind, der
tod/un/glück/lich
trä/ge (trä/ger, am trägs/ten)
trans/por/tie/ren: du trans/por/tierst, er trans/por/tier/te, sie hat trans/por/tiert
Trau/be, die (die Trau/ben)
Treff/punkt, der (die Treff/punk/te)
tren/nen: du trennst, er trenn/te, sie hat ge/trennt
Trep/pe, die (die Trep/pen)
tro/cken (tro/cke/ner, am tro/ckens/ten)
trö/deln: du trö/delst, er trö/del/te, sie hat ge/trö/delt
Tuch, das (die Tü/cher)
tun: du tust, er tat, sie hat ge/tan
Turm, der (die Tür/me)
Tür, die (die Tü/ren)

U

U-Bahn, die
übel (üb/ler, am übels/ten)
über
über/mü/tig (über/mü/ti/ger, am über/mü/tigs/ten)
über/que/ren: du über/querst, er über/quer/te, sie hat über/quert
Um/ge/bung, die (die Um/ge/bun/gen)
um/fang/reich (um/fang/rei/cher, am um/fang/reichs/ten)
um/rüh/ren: du rührst um, er rühr/te um, sie hat um/ge/rührt
um/schau/en, sich: du schaust dich um, er schau/te sich um, sie hat sich um/ge/schaut
um/ständ/lich (um/ständ/li/cher, am um/ständ/lichs/ten)
un/ab/sicht/lich
un/be/stimmt
un/ehr/lich
un/ge/nau
Un/glück, das
un/heim/lich
un/mo/dern
un/mög/lich
un/nö/tig
un/ser, un/se/re, un/ser
un/ten
un/ter
un/ter/schei/den: du un/ter/schei/dest, er un/ter/schied, sie hat un/ter/schie/den
un/ter/setzt
un/ver/gess/lich
un/wahr
un/we/sent/lich
un/wich/tig
un/wohl
un/zu/frie/den
ur/alt
Ur/laub, der (die Ur/lau/be)
ur/sprüng/lich (ur/sprüng/li/cher, am ur/sprüng/lichs/ten)

V

Va/ter, der (die Vä/ter)
Veil/chen, das (die Veil/chen)
ve/ne/zi/a/nisch
ver/än/dern: du ver/än/derst, er ver/än/der/te, sie hat ver/än/dert
ver/bin/den: du ver/bin/dest, er ver/band, sie hat ver/bun/den
ver/brin/gen: du ver/bringst, er ver/brach/te, sie hat ver/bracht
ver/dop/peln: du ver/dop/pelst, er ver/dop/pel/te, sie hat ver/dop/pelt
ver/eb/ben: es ver/ebbt, es ver/ebb/te, es ist ver/ebbt
ver/ges/sen: du ver/gisst, er ver/gaß, sie hat ver/ges/sen
Ver/gleich, der (die Ver/glei/che)
Ver/hält/nis, das (des Ver/hält/nis/ses, die Ver/hält/nis/se)
ver/kau/fen: du ver/kaufst, er ver/kauf/te, sie hat ver/kauft
Ver/kehrs/ver/bin/dung, die (die Ver/kehrs/ver/bin/dun/gen)
ver/mei/den: du ver/mei/dest, er ver/mied, sie hat ver/mie/den
ver/pa/cken: du ver/packst, er ver/pack/te, sie hat ver/packt
ver/ra/ten: du ver/rätst, er ver/riet, sie hat ver/ra/ten
ver/rei/sen: du ver/reist, er ver/reis/te, sie ist ver/reist
ver/sam/meln: du ver/sam/melst, er ver/sam/mel/te, sie hat ver/sam/melt
ver/schlie/ßen: du ver/schließt, er ver/schloss, sie hat ver/schlos/sen
Ver/schluss, der (des Ver/schlus/ses, die Ver/schlüs/se)
ver/ständ/lich (ver/ständ/li/cher, am ver/ständ/lichs/ten)
ver/ste/cken: du ver/steckst, er ver/steck/te, sie hat ver/steckt
ver/ste/hen: du ver/stehst, er ver/stand, sie hat ver/stan/den
Ver/stei/ne/rung, die (die Ver/stei/ne/run/gen)
ver/su/chen: du ver/suchst, er ver/such/te, sie hat ver/sucht
ver/wen/den: du ver/wen/dest, er ver/wand/te // ver/wen/de/te, sie hat ver/wandt // ver/wen/det
ver/zeh/ren: du ver/zehrst, er ver/zehr/te, sie hat ver/zehrt
Vet/ter, der (die Vet/tern)
Vieh, das
viel (mehr, am meis/ten)
viel/leicht
vier
Vi/o/li/ne, die (*ital.,* die Vi/o/li/nen)
Vi/ta/min, das (*lat.,* die Vi/ta/mi/ne)
Vo/gel, der (die Vö/gel)
voll (vol/ler, am volls/ten)
voll/stän/dig (voll/stän/di/ger, am voll/stän/digs/ten)
vom (= von dem)
von
von/ei/nan/der // von/ein/an/der
vor

Vor/der/sei/te, die (die Vor/der/sei/ten)
vor/drän/gen, sich: du drängst dich vor, er dräng/te sich vor, sie hat sich vor/ge/drängt
vor/neh/men, sich etwas vor/neh/men: du nimmst dir etwas vor, er nahm sich etwas vor, sie hat sich etwas vor/ge/nom/men
vor/sich/tig (vor/sich/ti/ger, am vor/sich/tigs/ten)
Vul/kan, der (*lat.*, die Vul/ka/ne): Feuer speiender Berg

W

Waa/ge, die (die Waa/gen)
wa/chen: du wachst, er wach/te, sie hat ge/wacht
Wachs (des Wach/ses, die Wach/se)
wach/sam (wach/sa/mer, am wach/sams/ten)
wach/sen (= größer werden): du wächst, er wuchs, sie ist ge/wach/sen
wa/ckeln: du wa/ckelst, er wa/ckel/te, sie hat ge/wa/ckelt
Wa/gen, der (die Wa/gen)
Wag/nis, das (des Wag/nis/ses, die Wag/nis/se)
wäh/rend
Wal, der (die Wa/le)
wal/zen: du walzt, er walz/te, sie hat ge/walzt
Wan/de/rung, die (die Wan/de/run/gen)
warm (wär/mer, am wärms/ten)
wär/men: du wärmst, er wärm/te, sie hat ge/wärmt
war/ten: du war/test, er war/te/te, sie hat ge/war/tet
wa/rum // war/um
wa/schen: du wäschst, er wusch, sie hat ge/wa/schen
Was/ser, das (die Was/ser)
wa/ten: du wa/test, er wa/te/te, sie ist ge/wa/tet
wech/sel/haft (wech/sel/haf/ter, am wech/sel/haf/tes/ten)
we/cken: du weckst, er weck/te, sie hat ge/weckt
Weg, der (die We/ge)
Wei/de, die (die Wei/den)
Wein, der (die Wei/ne)
wei/nen: du weinst, er wein/te, sie hat ge/weint
weiß
we/nig (we/ni/ger, am we/nigs/ten)
wenn
wer/den: du wirst, er wur/de, sie ist ge/wor/den
wer/fen: du wirfst, er warf, sie hat ge/wor/fen
Wes/pe, die (die Wes/pen)
Wes/ten, der
Wet/ter, das (die Wet/ter)
wich/tig (wich/ti/ger, am wich/tigs/ten)

wie
wie/der
wild (wil/der, am wil/des/ten)
Wind/müh/le, die (die Wind/müh/len)
win/zig (win/zi/ger, am win/zigs/ten)
wir
wis/sen: du weißt, er wuss/te, sie hat ge/wusst
Wo/che, die (die Wo/chen)
Woh/nung, die (die Woh/nun/gen)
Wol/le, die
wol/len: du willst, er woll/te, sie hat ge/wollt
wun/der/bar
Wunsch, der (die Wün/sche)

Z

zahl/reich (zahl/rei/cher, am zahl/reichs/ten)
Zahn, der (die Zäh/ne)
Zärt/lich/keit, die (die Zärt/lich/kei/ten)
Zei/chen, das (die Zei/chen)
zeich/nen: du zeich/nest, er zeich/ne/te, sie hat ge/zeich/net
Zei/tung, die (die Zei/tun/gen)
Zelt, das (die Zel/te)
zer/fal/len: es zer/fällt, es zer/fiel, es ist zer/fal/len
Zie/ge/lei, die (die Zie/ge/lei/en)
zie/hen: du ziehst, er zog, sie hat ge/zo/gen
Ziel, das (die Zie/le)
zier/lich (zier/li/cher, am zier/lichs/ten)
zi/schen: du zischst, er zisch/te, sie hat ge/zischt
Zu/cker, der
zu/ei/nan/der // zu/ein/an/der
zu/frie/den (zu/frie/de/ner, am zu/frie/dens/ten)
Zug, der (die Zü/ge)
zum (= zu dem)
zur (= zu der)
zu/se/hen: du siehst zu, er sah zu, sie hat zu/ge/se/hen
Zu/stand, der (die Zu/stän/de)
zu/stim/men: du stimmst zu, er stimm/te zu, sie hat zu/ge/stimmt
zwei
Zwerg, der (die Zwer/ge)
Zwie/bel, die (die Zwie/beln)
zwi/schen

Deutsch
Rechtschreibung
7./8. Schuljahr

Inhaltsverzeichnis Deutsch Rechtschreibung 7./8. Schuljahr

Groß- und Kleinschreibung

1. Großschreibung bei Substantiven, Satzanfängen und Eigennamen

1 In einem Text werden das **erste Wort der Überschrift, die Eigennamen (und Titel)** sowie **alle Substantive großgeschrieben.** Substantive erkennst du daran, dass du einen Artikel vor das Wort setzen kannst.

Beispiele für Eigennamen (und Titel):	Nick, Walter, Petra, Elena, Herr Müller, Wien, (der) Eiffelturm, Professor Heins
Beispiele für Substantive:	die Familie, der Hund, das Riesenrad, die Träne, der Bürgermeister, ein Glücksgriff, eine Idee

2 Nach Punkten, Fragezeichen und Ausrufezeichen, also bei **Satzanfängen**, wird immer **großgeschrieben**. Steht nach einem **Doppelpunkt** ein vollständiger Satz oder eine wörtliche Rede, wird das erste Wort ebenfalls großgeschrieben (vgl. dazu auch Seite 55).

Beispiele: Ich kann das nicht glauben. Das gibt es einfach nicht!
Super, wir haben Ferien! Jetzt kann ich jeden Morgen ausschlafen.
Wie viel Uhr ist es jetzt? Es ist genau sieben Uhr dreiunddreißig.
Nick Neumensch kennt sich aus: Er hat ihr dabei schon oft über die Schulter geschaut.
Der Professor erklärt: „Ein Riese hat den Eiffelturm gegen die Freiheitsstatue ausgetauscht.“

2. Substantivierung von Verben

1 Verben werden normalerweise **kleingeschrieben.**

Beispiele: Nele wird morgen früh vorbeikommen.
Konstantin sprang über die Mauer und landete in einer Pfütze.

2 Wie andere Wortarten kann auch das Verb zu einem Substantiv werden. Man spricht dann von einem **substantivierten Verb.** Es gibt verschiedene Wörter, die das Verb zu einem Substantiv machen, wenn man sie davor setzt: bestimmter und unbestimmter Artikel, Adjektive, Possessivpronomen und Präpositionen. **Substantivierte Verben werden immer großgeschrieben.**

mit bestimmtem und unbestimmtem Artikel	**Das F**üttern von Lehrern ist verboten! Man konnte **ein W**einen aus dem Nebenzimmer hören.
mit Adjektiv	Omas **lautes N**örgeln nervt die ganze Familie. **Langes N**aseputzen führt zu Nasenflügellähmungen!
mit Possessivpronomen	**Euer G**eschrei macht mich ganz krank! Ich weiß, du kannst **mein S**chreien nicht ertragen. Ich freue mich über **dein K**ommen.
mit Präposition	Das ist überhaupt nicht **zum L**achen! Max verbrachte den Nachmittag **mit A**usruhen. **Beim J**oggen komme ich immer außer Atem! **Durch A**bschreiben wird keiner schlau.

3 **Achtung:**
Ein Verb kann auch ohne Begleiter als Substantiv in einem Satz stehen.

Beispiele: Eine weit verbreitete Krankheit ist (das) Gähnen.
(Das) Betreten des Rasens ist erwünscht.
Otto fand (das) Spazierengehen am Sonntag schon immer langweilig.

3. Substantivierung von Adjektiven

1 Adjektive werden normalerweise **kleingeschrieben**.

Beispiele: Das kleine Auto gefällt mir gut.
Gestern Nacht hatte ich einen wunderschönen Traum.
Ich habe meine teure Uhr verloren.

2 **Adjektive** können in Verbindung mit Artikeln, unbestimmten Mengenangaben, Pronomen und Präpositionen **zu Substantiven werden**. Sie müssen dann **großgeschrieben** werden.

mit bestimmtem und unbestimmtem Artikel	**Das** Tollste in den Ferien war die Nachtwanderung durch den Dschungel. **Ein** Alter, der uns entgegen kam, lachte über das ganze Gesicht.
mit unbestimmten Mengenangaben	Ich muss dir **etwas** Lustiges erzählen. Es gibt **nichts** Gutes, außer man tut es. **Viel** Leckeres konnte er seinem Freund nicht anbieten.
mit Präpositionen	Bekanntmachung: Nächste Woche macht die Klasse 7a ein Picknick **im** Grünen. Insekten fliegen immer **ins** Helle.
mit Pronomen	**Mein** Ältester ist ziemlich gut in Mathe. **Dieser** Kleine dort hinten hat mich in die Wade gezwickt.

4. Pronomen

1 Pronomen nennt man auch Fürwörter. Sie weisen auf Personen, Dinge oder Sachverhalte hin, bezeichnen sie aber nicht. Sie werden **kleingeschrieben**. Man unterscheidet **Personalpronomen** (z. B. ich, du, er, sie, wir, ihr), **Possessivpronomen** (z. B. unser, mein, dein), **Demonstrativpronomen** (z. B. dieser, jener, das), **Relativpronomen** (z. B. welcher, was, der, die), **Reflexivpronomen** (z. B. mich, sich) und **Indefinitpronomen** (z. B. einige, mehrere, jemand).

Personalpronomen	Darf **ich** mich vorstellen, **ich** heiße Niklas. Kannst **du** morgen? Gestern machte **sie** die Führerscheinprüfung.
Possessivpronomen	Das ist **meine** beste Freundin. Wenn der Kaffee durchgelaufen ist, sagt **unsere** Kaffeemaschine laut: „Fertig!“
Demonstrativpronomen	Heute Morgen fand ich **diesen** Schlüssel. Denn **die** hier ist schuld, nicht ich!
Relativpronomen	Ich weiß nicht, **was** ich zu Max gesagt habe. Das Haus, **welches** wir meinen, steht dort drüben.
Reflexivpronomen	Ich kämme **mich**. Susanne zieht **sich** an.
Indefinitpronomen	Gestern waren **einige** schon da. Da steht **jemand** vor der Tür!

2 Pronomen können jedoch im Satz wie **Substantive** verwendet werden. Dann muss man sie **großschreiben**.

substantivierte Personalpronomen	Der Lehrer lehnte das **Du** ab. Der Zusammenhalt der Gruppe erzeugte ein großes **Wir**-Gefühl.
substantivierte Possessivpronomen	Die meisten Diebe verwechseln **Dein** und **Mein**. Jeder trug das **Seine** zum Gelingen des Turniers bei.

5. Anredepronomen in Briefen

1 In **offiziellen Briefen** an Firmen oder Behörden und an Menschen, die du nicht kennst, musst du die **höfliche Anrede** Sie verwenden. Auch die dazu gehörenden Anredepronomen Ihr, Ihre, Ihnen usw. werden **großgeschrieben**.

Beispiele: Sehr geehrter Herr Bundeskanzler, ich bitte Sie mir einen Bonbon-Orden zu verleihen.
Lieber Herr Taschenbier, hiermit schicke ich Ihnen Ihre Kassette zurück, die Sie mir vor 27 Jahren ausgeliehen haben.
Sehr geehrter Herr Strobel, bitte tun Sie mir einen Gefallen.

2 Schreibst du Briefe, Einladungen oder Postkarten an **vertraute Personen**, die du mit du anredest, verwendest du die Anredepronomen du, dich, dir, deine, ihr, euch, eure, euer. Diese Pronomen schreibst du normalerweise **klein**.

Beispiele: Liebe Laura, du kannst dir vorstellen, wie sehr ich mich freute, als ich deine Postkarten bekommen habe!
Hallo Papa, dein Abendessen hat leider der Hund gefressen!
Liebe Lena, lieber Olli, ich hoffe, ihr kommt beide zu meiner Geburtstagsfete. Ich lade euch herzlich dazu ein.

6. Tageszeiten

1 Wird an ein Substantiv, das eine Tageszeit beschreibt, ein s angehängt, so wird es zum Adverb und muss **kleingeschrieben** werden.

Substantiv	Adverb	Beispiele
der Vormittag	vormittags	In meinem Zimmer scheint **vormittags** die Sonne.
der Montagmorgen	montagmorgens	Lehrer Laumeier kam **montagmorgens** immer zu spät.
der Samstag	samstags	Hubert geht **samstags** immer Brötchen holen.

2 Nach den Wörtern vorgestern, gestern, heute, morgen, übermorgen werden die **Tageszeitangaben** jedoch immer **großgeschrieben.**

Beispiele: Auf der Autobahn war heute Morgen mal wieder Stau.
Gestern Nachmittag besiegte der 1. FC Freiburg Bayern München mit 5:0.
Wenn ich schnell mache, bin ich übermorgen Abend fertig.

! **Aber Achtung:** Das Paket kam gestern früh bei uns an.

3 Die Verbindung von einem Wochentag und einer Tageszeit wird als zusammengesetztes Substantiv verstanden und deshalb **großgeschrieben.**

Beispiele: Am Freitagvormittag werden endlich die Preise verlost.
Leider kann ich am Donnerstagabend nicht kommen.
Julia fühlte sich seit dem Montagmorgen ziemlich krank.

7. Uhrzeiten

1 Uhrzeiten (mit oder ohne „Uhr") schreibt man **klein**.

Beispiele: Um fünf einigten sie sich auf unentschieden.
Gestern bin ich um zehn vor drei aus dem Bett gefallen.
Es ist jetzt genau sieben Uhr achtundzwanzig (Minuten).

2 Wird das Wort Viertel wie ein Substantiv verwendet, muss es **großgeschrieben** werden.

Beispiele: Es ist (ein) Viertel nach zwölf.
Das Spiel Oberstadt gegen Unterstadt wurde um Viertel vor zwei abgebrochen.

Achtung:
Schwieriger sind genaue Zeitangaben, wenn Bruchzahlen enthalten sind. Du kannst entweder schreiben:

Der Kampf dauerte eine Dreiviertelstunde.
Oder: Der Kampf dauerte drei Viertelstunden.
Oder: Der Kampf dauerte drei viertel Stunden.

8. Zahlen und Zahladjektive

1 **Alle Zahlen unter einer Million schreibt man klein und zusammen.**

Beispiele: Das Känguru sprang um zehn Meter an der Ziellinie vorbei.
Ich kenne alle siebenundzwanzig Buslinien in unserer Stadt.
Der fünfte Oktober war ein fürchterlicher Tag.
Hertha feiert heute ihren achtzigsten Geburtstag.
Den dritten Platz belegte die Riesenschildkröte.
Die Stöckelschuhe meiner Schwester haben zwei Meter hohe Absätze.

Aber: Eine Million siebenhunderttausend Sekunden ist eine lange Zeit.

2 Werden Zahladjektive **wie Substantive** behandelt, muss man sie **großschreiben**. Das ist der Fall, wenn vor ihnen ein **Artikel**, ein **Pronomen** oder eine **Präposition** steht.

mit bestimmtem oder unbestimmtem Artikel	Der Fünfte bekam Durchfall. Laura bekam im Diktat **eine** Vier.
mit Pronomen	**Jeder** Dritte bekam eine Medaille. **Mein** Fünfzigster wird groß gefeiert.
mit Präposition	Ich kann **am** Achten dieses Monats nicht. **Zum** Siebzigsten gratuliere ich Ihnen herzlich.

Auch: Er wurde Siebter. Sie wurde Achtunddreißigste.

3 Folgende Zahlwörter werden in allen Formen **kleingeschrieben**: ein, andere, viel, wenig.

Beispiele: Die anderen gingen lieber ins Kino.
Bei dem Rockkonzert gab es viele, die schwerhörig wurden.
Die Gründe für das Waldsterben sind nur wenigen bekannt.
Die einen kommen, die anderen gehen.

7./8.

9. Eigennamen

1 Alle Namen schreibt man groß. Das gilt auch für **zusammengesetzte Begriffe**, wenn es sich um einen **speziellen Namen** handelt, der sich z. B. auf eine **einzige** Person, Gaststätte oder ein Bauwerk bezieht.

Beispiele:
die Augsburger Puppenkiste
(weil es *das* berühmte Marionettentheater aus Augsburg ist)
der Schiefe Turm von Pisa
(weil es unverwechselbar nur *einen* gibt)
der Atlantische Ozean
der Alte Fritz
(damit ist *eine* bestimmte Person gemeint, nämlich Friedrich II., König von Preußen)
die Frankfurter Allgemeine Zeitung
Karl der Große
der Gasthof zum Röhrenden Hirsch
das Rote Kreuz

2 Wenn sich ein Begriff aber nur auf eine **bestimmte Art** von Dingen bezieht, von denen es viele verschiedene gibt, werden nur die **Substantive großgeschrieben**.

Beispiele:
dicke Bohnen
blaue Briefe
das neue Jahr
der erste Schultag
italienischer Salat
hessischer Apfelwein

10. Geographische Namen

1 In Bezeichnungen für **Berge, Meere, Wälder oder Regionen** werden die Adjektive oder Partizipien **großgeschrieben.**

Beispiele: der Teutoburger Wald
das Tote Meer
das Gelobte Land

2 Wörter, die von **geographischen Namen** abgeleitet werden und auf -er enden, werden auch **großgeschrieben**.

Beispiele: Frankfurter Würstchen
die Düsseldorfer Messe
die Mainzer Fastnacht
der Tübinger Neckar

3 Es gibt aber auch Adjektive, die von **geographischen Namen** abgeleitet werden und auf -isch enden. Sie müssen **kleingeschrieben** werden, wenn sie kein fester Bestandteil eines Eigennamens sind.

Beispiele: belgische Pralinen
ein französisches Skigebiet
englischer Humor

Aber: der Atlantische Ozean
(denn das ist ein Eigenname: Es gibt nur den einen Atlantischen Ozean)

11. Wortpaare in festen Verbindungen

1 **Wortpaare**, die sich auf **Personengruppen** beziehen, werden **großgeschrieben.**

Beispiele: Jung und Alt kamen zusammen, um gemeinsam den Opfern des Zweiten Weltkrieges zu gedenken.
Das war ein Fest für Arm und Reich.
Das Konzert war ein riesiger Erfolg: Groß und Klein hatten ihren Spaß dabei.

2 **Feststehende Begriffe**, die mit im eingeleitet werden, werden **großgeschrieben.**

Beispiele: Im Großen und Ganzen kann ich mich über mein Zeugnis nicht beschweren.
Liebe Frau Schulz, ich möchte mich schon im Voraus für ihre großartige Unterstützung bedanken.
Die Schüler von heute sind im Allgemeinen nicht so faul, wie man oft behauptet.

3 Es gibt aber weiterhin **Wortverbindungen**, z. B. von Adjektiven und Präpositionen, die **kleingeschrieben** werden:

Beispiele: Sie kamen von nah und fern, um Martin Lopez beim Stierkampf zu sehen.
Mit meinem besten Freund gehe ich durch dick und dünn.
Über kurz oder lang wird auch er verstehen, dass es so nicht weiter gehen kann.

12. Die Substantive Schuld, Angst, Leid, Gram, Pleite und Bange

Es gibt einige Substantive, die ihre Funktion ändern, je nachdem, ob sie in Verbindung mit dem Verb haben oder den Verben sein, bleiben oder werden verwendet werden.

1

Die Wörter Schuld, Angst, Leid, Gram, Pleite und Bange werden in Verbindung mit dem Verb haben **großgeschrieben.**

Beispiele:
Müller hat Schuld.
Susi hatte abends niemals Angst.
Er hat keine Bange.
Der Gemüseladen um die Ecke hat Pleite gemacht.

2

Diese Substantive werden in Verbindung mit den Verben sein, werden und bleiben **kleingeschrieben.**

Beispiele:
Müller ist schuld.
Aber vor jeder Mathearbeit ist ihr angst und bange.
Markus war es leid, jeden Tag Grießbrei zu essen.
Der Gemüsehändler war pleite.
Sie ist mir gram.

Getrennt- und Zusammenschreibung

1. Enge Verbindungen aus Substantiv + Verb

1 **Die Getrenntschreibung dieser Wörter ist die Regel.** Treffen ein Substantiv und ein Verb aufeinander, werden sie getrennt geschrieben. Dabei muss aber das erste Wort eindeutig als Substantiv zu erkennen sein.

getrennt geschriebene Wortverbindungen aus Substantiv und Verb	Thorsten bedauert: „Ich kann nicht kommen, ich muss noch **Hausaufgaben machen!**“ „Bei dem Regen kannst du doch nicht **Rad fahren!**“, jammert die Frau des Postboten. An Skiliften muss man oft **Schlange stehen.**

2 **Die Zusammenschreibung ist die Ausnahme.** Wenn diese Wortverbindungen **substantiviert** werden, muss man sie zusammen- und wie jedes Substantiv großschreiben. Ein Artikel, eine Präposition oder ein Adjektiv vor der Wortverbindung helfen dir bei der Entscheidung, ob es sich um eine Substantivierung handelt. Sie können in manchen Fällen auch weggelassen werden.

zusammengeschriebene Wortverbindungen aus Substantiv und Verb	(Das) **Autofahren** ist anstrengend, wenn man ständig 180 fährt. (Das) **Schachspielen** macht Thorsten am meisten Spaß, wenn er seinen Opa in wenigen Zügen besiegt. **Beim Zeitunglesen** hat Sonja einen Bücherwurm kennen gelernt. (Schnelles) **Radfahren** ist äußerst gesund für den Kreislauf.

2. Verbindungen aus Verb + Verb, Partizip + Verb, Adverb + Verb

1 **Wortverbindungen mit zwei Verben werden immer getrennt geschrieben.** Getrennt geschrieben wird auch, wenn das Verb in der Wortverbindung als **Partizip** verwendet wird.

Wortverbindungen mit zwei Verben	Unseren neuen Nachbarn würde ich gerne näher **kennen lernen.** Dieses Ding stinkt, das würde ich lieber **liegen lassen.** Ich habe Hunger, lass uns etwas **essen gehen.** Max wird dieses Jahr in der Schule leider **sitzen bleiben.** Du brauchst nicht aufstehen, du kannst **sitzen bleiben!**
Wortverbindungen aus Partizip und Verb	Als kleines Kind ist mein Opa im Dorfteich **schwimmen gegangen.** Zum Geburtstag werde ich dir **singend gratulieren.** Diese Wortverbindungen musst du **getrennt schreiben.** Diesen Ganoven müssen wir unbedingt **gefangen nehmen!** Simon ist einfach in seinem Bett **liegen geblieben!**

7./8.

! **Achtung:**
Auch diese Verbindungen schreibst du zusammen und groß, wenn sie als Substantive gebraucht werden.

Beispiele: (Das) Essengehen macht mir Spaß.
Das Sitzenbleiben machte Max überhaupt nichts aus.
Schon beim Kennenlernen hatte ich ein ungutes Gefühl.
Das Getrenntschreiben dieser Wörter ist die Regel, aber du musst die Ausnahmen beachten.

2 Geht ein Verb eine Verbindung mit einem **Adverb** (= „zum Verb“) ein, wird immer getrennt geschrieben. Adverben sind z. B. nebeneinander, vorwärts, rückwärts, miteinander, beiseite, genau, zugute ...

Wortverbindungen aus Adverb und Verb	Wenn die Ostereier **rückwärts rollen**, hat der Hase nicht aufgepasst. Die Sardinen müssen in den Dosen **neben-einander liegen**, weil die Blechmiete gerade wieder erhöht wurde. „Damit wir mit der Stunde **vorwärts kommen**, müsst ihr euch besser konzentrieren“, mahnte der strenge Mathelehrer. Würdest du das bitte **beiseite legen**? Diese Foto solltest du dir einmal **genau an-schauen!** Das wir dir später einmal **zugute kommen.**

3. Verbindungen aus darunter, darüber usw. + Verb, Partikel + Verb

1 Verbindungen von darüber, darunter, darauf, darin, davor und dahinter und einem Verb werden **getrennt geschrieben**. Wenn du jedoch die umgangssprachlichen Kurzformen drin, drüber, drauf, drunter verwendest, werden diese Verbindungen **zusammengeschrieben**.

darunter, darüber, darin, darauf, dahinter, davor + Verb	Sherlock Holmes klopfte auf die Mauer: „**Dahinter verbirgt** sich bestimmt das Geheimlabor!" „Ich kann nicht mehr fernsehen! Musst du dich unbedingt **davor stellen?**", schimpfte Jans Vater.
Kurzformen drin, drüber, drauf, drunter + Verb	Du kannst deinen Namen **draufschreiben**. Ich will heute den Hund lieber **drinlassen**.

2 Bestimmte Wortpartikel gehen mit Verben keine feste Verbindung ein: auf-, ab-, hinauf-, hinunter-, fort-, zusammen- usw. Man muss sie allerdings **im Infinitiv, im Partizip Perfekt und am Ende eines Nebensatzes mit dem Verb zusammenschreiben.**

Getrenntschreibung:	**auffallen:** Der Bankräuber **fiel** durch seine ungewöhnliche Nervosität **auf**. **hinaufschauen:** Und alle Menschen **schauten** zu ihm **hinauf**.
Zusammenschreibung im Infinitiv	Ich möchte nur ungern unangenehm **auffallen**. Mit meinem steifen Hals kann ich nicht zu dir **hinaufschauen**.
Zusammenschreibung im Partizip Perfekt	Mein buntes Fahrrad ist total **aufgefallen**. Ich habe dann aber doch zu dir **hinaufgeschaut**.
Zusammenschreibung am Ende eines Nebensatzes	Ich kann mir gut vorstellen, dass du mit diesem Fahrrad ziemlich **auffällst**. Und da wurde mir bewusst, dass ich ganz heimlich zu dir **hinaufschaue**.

4. Verbindungen aus Adjektiv + Adjektiv, Substantiv + Adjektiv

1 Wenn in einer Wortverbindung **zwei Adjektive** aufeinander treffen, werden sie **zusammengeschrieben**, z. B. feuchtwarm (feucht + warm).

Verbindungen aus Adjektiv + Adjektiv	**Nasskaltes** Wetter schlug Markus entgegen, als er morgens zur Schule ging. Das Jahrgangstreffen meiner Mutter war eine **feuchtfröhliche** Party. Wenn Jugendliche einem Erwachsenen Ratschläge geben wollen, sind sie dann **altklug**? **Lautstark** protestierend wurde Jesse James aus dem Gerichtssaal gezerrt.

2 Auch die Wortkombination **Substantiv und Adjektiv** schreibt man zusammen, z. B. felsenfest (Felsen + fest), steinhart (Stein + hart).

Verbindungen aus Substantiv + Adjektiv	Die Mathearbeit war eine **bretthart**e Klausur. „Ich bin **felsenfest** davon überzeugt, dass sie nicht die Wahrheit sagen“, sagte der Kommissar dem Gangster. „Ich hau dich **windelweich**!“, drohte Herr Pampers seinem Konkurrenten im Supermarktregal.

(vgl. dazu auch die Seiten 36 und 37).

7./8.

5. Verbindungen aus Adjektiv + Verb, Adjektiv + Partizip

1 Verbindungen aus **Adjektiv + Verb** werden **getrennt geschrieben,** wenn das Adjektiv **erweiterbar** (laut, lauter) oder **steigerbar** (sehr laut) ist, z. B. hell strahlen, schnell fahren, gut riechen. Ist das nicht der Fall, werden sie zusammengeschrieben.

Verbindungen aus Adjektiv + Verb	Ich mag Blumen, wenn sie **gut riechen.** Kannst du nicht **lauter reden?** Der Schachweltmeister kann besonders **schnell denken.**

Aber: Alle Substantive werden großgeschrieben.
Du musst Adjektive kleinschreiben.
Kannst du bitte mal die Mücke dort totschlagen?

2 Adjektive, die auf -ig, -isch oder -lich enden, werden immer **vom Verb getrennt** geschrieben, z. B. hastig reden, gründlich kauen, neckisch grinsen.

Adjektive auf -ig, -isch und -lich + Verb	„Das Taschengeld hast du dir **redlich verdient**", sagte der Großvater zu seinem Enkel. Wer **gründlich kaut,** hilft seiner Verdauung. „Ich habe den Täter nur **flüchtig gesehen**", stammelte der Zeuge. Mit dem neuen Fahrrad konnte Tobias jeden in seiner Klasse **neidisch machen.** Der Pfarrer wollte den Jungen **heilig sprechen.** Das neue Auto der Meiers war **unheimlich teuer.** Die Studenten sollten den Text **kritisch lesen.**

7./8.

3 Wortverbindungen, die aus **Adjektiv und Partizip** bestehen, schreibt man **immer getrennt,** z. B. gut gespielt, hart getroffen, froh gestimmt.

Verbindungen aus Adjektiv + Partizip	Der Saal war **festlich geschmückt.** Ostereier sind meistens **bunt bemalt.** Vincent wurde **auffallend bleich.**

6. Zusammenschreibung in Einzelfällen

Normalerweise werden Wörter getrennt geschrieben, wenn sie sich inhaltlich aufeinander beziehen und eng zusammen stehen. Es gibt allerdings einige **Ausnahmen**, die du dir merken solltest.

1 Immer zusammengeschrieben werden Wortverbindungen, wenn der erste oder zweite Bestandteil in dieser Form nicht selbständig vorkommt oder für sich genommen keinen Sinn ergibt, z. B. gutmütig, redselig, wissbegierig, einfach, vieldeutig.

Beispiele: Ein so gutmütiges Pferd hatte Graf Koks noch nie gesehen.
Der Prinz gab nichts von sich außer vieldeutigen Äußerungen.
Wieder mussten die Schüler einen langatmigen Vortrag über sich ergehen lassen.

2 Zusammensetzungen mit haus-, heim-, irre-, preis-, stand-, statt-, teil- und wett- müssen **im Infinitiv, als Partizip Perfekt und am Ende eines Nebensatzes zusammengeschrieben** werden.

Zusammenschreibung im Infinitiv	Am Wettkampf im Geschichtenerzählen der 8. Klasse kann jeder Schüler **teilnehmen**, verkündete ein Flugblatt. „Jetzt musst du dein Geheimnis **preisgeben**, du Schurke“, triumphierte James Bond. Michael wollte seine Mutter bei der Schnitzeljagd wirklich nicht **irreführen**.
Zusammenschreibung als Partizip Perfekt	Der Kellner empfahl: „Probieren Sie unsere **hausgemachte** Tagessuppe!“ „Dem Einspruch wird **stattgegeben!**“, verordnete der Richter.
Zusammenschreibung am Ende eines Nebensatzes	Die Oma konnte sich darauf verlassen, dass ihre Enkel sie sicher **heimführten**. Kapitän Nemo befürchtet, dass sein Boot dem Sturm nicht **standhält**.

Aber: Hans nahm nicht teil, weil er krank wurde.
Simon schwieg und gab keine Details preis.

3 Alle Zusammensetzungen mit -irgend müssen **zusammengeschrieben** werden.

Beispiele: irgendwer, irgendwann, irgendwo, irgendwelche, irgendwie, irgendeine, irgendwoher, irgendwohin, irgendetwas

Achtung (Ausnahme): irgend so einer, irgend so welche, irgend so etwas

7. Verbindungen mit wie, zu, so

Wortverbindungen, in denen die Wörter wie, zu und so vorkommen, werden generell **getrennt** geschrieben.

Beispiele mit wie	**Wie viel** Uhr ist es, bitte? **Wie oft** soll ich das noch sagen? **Wie lange** haben wir uns nicht gesehen?
Beispiele mit zu	In diesem Raum sind **zu viele** Personen. Das geht mir **zu weit!** Für echte Erholung haben die meisten Leute **zu wenig** Zeit.
Beispiele mit so	„**So viele** Leute habe ich nicht eingeladen!“, stöhnt der Gastgeber. **So gerne** würde Herr Matur einmal Claudia Schiffer kennen lernen. Das halte ich nicht **so lange** aus, das ist ja stinklangweilig!

Achtung:
Die Konjunktionen soviel, solang, soweit, sooft und das Fragewort wieso schreibt man zusammen.

Beispiele: Er kommt heute nicht, soviel ich weiß.
Solange ich hier bin, geht keiner nach Hause!
Wieso steht hier alles unter Wasser?

7./8.

8. Verbindungen mit sein

Wortverbindungen mit dem Verb sein werden **immer getrennt** geschrieben, z. B. zufrieden sein, mächtig sein, krank sein.

Beispiele: Matthias kann zufrieden sein mit seiner Mathearbeit.
Wie kann man bei diesem schönen Wetter nur krank sein?
Fabian sollte lieber vorsichtig sein.

s-Laute

1. Drei verschiedene Schreibweisen für den s-Laut

1 **Der stimmhafte s-Laut wird immer als s geschrieben.** Dieser Laut ist **weich** und wird **gesummt**. Das Ohrenzuhalten ist ein guter Test um zu erkennen, ob ein s-Laut stimmhaft ist oder nicht: Das Wort Riesensemmel dröhnt im Kopf und kitzelt auf der Unterlippe (stimmhafter s-Laut), während das Wort Spaß scharf ist und gezischt wird (stimmloser s-Laut).

Achtung:
Der Umkehrschluss stimmt nicht: Nicht jedes s ist ein stimmhaftes s! Denn es gibt viele Wörter, die mit s geschrieben werden, aber stimmlos sind.

stimmhafte s-Laute, die als s geschrieben werden	Sonnensucht, Riesensemmel, Siebenschläfer, Sandsuppe, Salbeisalat, Musiksucht
stimmlose s-Laute, die als s geschrieben werden	es, das, ans, bis, aus, ins, fast, Bus, Kaktus, Globus, Moos, Klaus

2 **Der stimmlose s-Laut kann in allen drei s-Schreibweisen vorkommen:** s, ß, ss.

stimmloser s-Laut, als s geschrieben	– in Wörtern, die auf **-nis, -is, -os, -as,** oder **-us** enden wie in Geheim**nis**, Verhält**nis**, Kürb**is**, Atl**as**, Anan**as**, L**os**, fam**os**, B**us**, Kakt**us**, Glob**us**, Sin**us** – in Wörtern, die einen **s-Laut am Ende** besitzen, der bei Steigerung oder Verlängerung des Wortes zum gesummten, stimmhaften s-Laut wird: Preis – Preise, Maus – Mäuse, fies – fieser – am fiesesten, Paradies – paradiesisch – in **Wörtern mit einem t nach dem s,** wenn diese verwandte Wörter mit stimmhaftem s-Laut haben wie grast (grasen), bläst (blasen), rast (rasen), grinst (grinsen), liest (lesen), haust (hausen)

7./8.

stimmloser s-Laut, als ß geschrieben	– **nach den Diphthongen** (Doppellauten) **au, äu, eu, ei, ie** wie in Strauß, außen, Äußerung, Fleiß, heißen, gießen, Spießer – **nach einem langen Vokal**, wenn im Wortstamm kein weiterer Konsonant folgt, wie in groß, Maß, Spaß, Fuß, Gruß
stimmloser s-Laut, als ss geschrieben	– **nach einem kurzen Vokal** wie in hassen, essen, Riss, küssen, Drossel, Schuss, Schloss

3

Achtung:
Normalerweise wird bei Verben in der **2. Person Singular** ein st angehängt wie in kauen – du kaust oder reiten – du reitest. Bei Verben mit ß oder ss fällt das s weg.

Beispiele: wissen – du weißt
küssen – du küsst
reißen – du reißt

4

Wörter mit s-Lauten werden nach den **üblichen Trennungsregeln** getrennt.

Beispiele: rei-ßen, Was-ser, küs-sen, ra-sen, bla-sen, spie-ßig, has-ten, ros-ten

(vgl. dazu auch die Seiten 40 bis 42.)

2. ss nach kurzem Vokal

1 Steht der **stimmlose s-Laut** nach einem **kurz gesprochenen Vokal oder Umlaut**, schreibt man ihn als ss. Diese Regel gilt auch für alle **abgeleiteten Schreibweisen** dieser Wörter. Das ss bleibt immer erhalten, wenn der kurz gesprochene Vokal oder Umlaut erhalten bleibt.

Wörter, die nach einem kurzen Vokal oder Umlaut mit ss geschrieben werden	nasse Gasse essbarer Kuss hässliches Schloss hessisches Wasser verbessertes Gebiss
Erhalt von ss bei Ableitungen von Wörtern mit kurzem Vokal	essen – gegessen Hass – hässlich muss – müssen – musste wissen – wusste Schlüssel – verschlüsselt messen – misst passen – passt

2 **Vorsicht:**
Wandelt sich aber bei abgeleiteten Formen der kurze Vokal in einen **lang gesprochenen Vokal oder in einen Diphthong (Doppellaut)**, so steht statt ss ein ß.

Wörter, bei denen sich die Schreibweise des s-Lautes ändert, weil sich die Länge des gesprochenen Vokals (kurz zu lang) ändert	Schloss – schließen – schließbar Riss – reißen – reißbar Guss – gießen – (die) Gießerei Fluss – fließen messen – Maß – mäßig Verdruss – verdrießlich

3. ß nach langem Vokal

1 Immer dann, wenn ein scharfer, **stimmloser s-Laut** einem **lang gesprochenen Vokal, Umlaut oder einem Diphthong (Doppellaut) folgt**, schreibt man ß. Bleibt der lange Vokal (Umlaut, Diphthong) bei den **abgeleiteten Formen** dieser Wörter erhalten, bleibt auch das ß erhalten.

Wörter, die nach einem langen Vokal, Umlaut oder Diphthong mit ß geschrieben werden	übermäßiger Vielfraß genießen reißfester Fußball süß großer Spaß stoßen
Erhalt von ß bei Ableitungen von Wörtern mit langem Vokal	süß – süßer – am süßesten Spaß – spaßen – gespaßt Stoß – stoßen – gestoßen sprießen – (es) sprießt gießen – (es) gießt

2 Verwandelt sich aber bei abgeleiteten Formen der lange Vokal (Umlaut, Diphthong) in einen **kurz gesprochenen Vokal**, so steht anstelle von ß ein ss.

Wörter, bei denen sich die Schreibweise des s-Lautes ändert, weil sich die Länge des gesprochenen Vokals (lang zu kurz) ändert	reißen – gerissen – der Riss genießen – der Genuss – genossen schießen – der Schuss – geschossen Maß – messen – er misst beißen – er biss – bissfest Fraß – fressen – (der Hund) frisst

4. Pluralformen von Substantiven mit s-Lauten

Die Pluralformen von Substantiven folgen einer einfachen Regel: **Die Schreibweise der s-Laute ändert sich nicht.** Substantive mit ß haben auch im Plural ein ß und Substantive mit ss behalten dieses ss.

Singular und Plural bei Substantiven mit s-Lauten	Kloß – Klöße Riss – Risse Regenguss – Regengüsse Reisepass – Reisepässe Fuß – Füße Gruß – Grüße Abfluss – Abflüsse

5. das und dass

Die Wörter das und dass haben verschiedene Aufgaben. Während das Wörtchen dass nur als Konjunktion benutzt wird, kann das drei verschiedene Funktionen übernehmen.

1

Das kann ein **Artikel** sein und gehört dann vor ein Substantiv.

Das kann ein **Relativpronomen** sein und einen Nebensatz einleiten, der ein vorhergegangenes Substantiv näher erklärt.

Das kann ein **Demonstrativpronomen** sein und auf eine Person, einen Sachverhalt oder ein Ereignis hinweisen.

das als Artikel	Sie fütterte **das** Kaninchen. **Das** Kuchenstück war verschwunden. Warum erklärst du mir nicht **das** Problem?
das als Relativpronomen	Das Lachen, **das** sie so liebte, verstummte. Schließlich kaufte er das Haus, **das** beide Kriege überstanden hatte. Das Tier, **das** an seinem langen Rüssel scharfe Zähne hat.
das als Demonstrativpronomen	**Das** hätte er nie für möglich gehalten. **Das** ist unglaublich! **Das** ist der Scherbenhaufen des Monats.

2

Das Wörtchen dass ist **immer eine Konjunktion** und verbindet einen Haupt- mit einem Nebensatz. Dass kann auch an den Satzanfang gestellt werden.

dass als Konjunktion, die Haupt- und Nebensatz verbindet.	Maria hat das Gefühl, **dass** sie krank wird. Er war so wütend, **dass** er das Telefon in den Kühlschrank stellte.
dass als Konjunktion in vorangestellten Nebensätzen	**Dass** es so weit kommen musste, war schlimm! **Dass** Pferde vier Beine haben, weiß doch jedes Kind.

Eine kleine Hilfe:
Wenn man das durch „dieses“, „jenes“ oder „welches“ ersetzen kann, wird es mit s geschrieben. Kann das nicht durch eines dieser Wörter ersetzt werden, ist es eine Konjunktion und wird mit ss geschrieben.

Beispiele: Das Auto, das er für das Fahrrad eingetauscht hatte, liebte er sehr.
Jenes Auto, welches er für dieses Fahrrad eingetauscht hatte, liebte er sehr.

Dehnung und Schärfung

1. Dehnung der Vokale a, e, o, u

Die lang gesprochenen Vokale a, e, o und u werden auf drei verschiedene Arten geschrieben:

Entweder deutet ein **Dehnungs-h** wie in hohl an, dass ein Vokal lang ausgesprochen wird.

Oder der **Vokal verdoppelt sich** wie in Boot und wird dann auch gedehnt.

Vielen Wörtern wie zum Beispiel rot oder Not sieht man es leider nicht an, dass der Vokal lang ausgesprochen wird. Hierfür ist die so genannte **unsichtbare Dehnung** verantwortlich.

Wörter mit Dehnungs-h: ah, eh, oh, uh	Bahn, fahren, Hahn, Zahl, angenehm, Lehrer, Mehl, Sehnsucht, stehlen, befohlen, Floh, froh, Hohn, Ohr, fuhr, Huhn, Kuh, Schuh, Uhr, Stuhl
Wörter mit Doppelvokalen: aa, ee, oo	Aal, Haar, Paar, Saal, Saat, Staat, Allee, Kaffee, Leere, Schnee, Seele, Seestern, Boot, Moor, Moos, Zoo
Wörter mit unsichtbarer Dehnung: a, e, o, u	Blase, Dame, Dativ, malen, Name, Feder, kleben, Schere, Weg, Po, schonen, Soße, Tod, Fuge, Frisur, Jubel, Känguru, Kakadu, Zug

7./8.

2. Dehnung des Vokals i

Beim Vokal i gibt es insgesamt vier Möglichkeiten der Dehnung:

Häufig wird das **i durch ein e gedehnt** wie in Bier.

Seltener ist die **Dehnung durch ein eh** wie in flieht.

Nur in Ausnahmefällen wird das i durch **ein h gedehnt** wie zum Beispiel in ihr.

Einen Doppelvokal ii gibt es nicht, dafür aber **unsichtbare Dehnungen** wie in Musik.

Wörter mit ie	Batterie, Klavier, mies, Spieß, Demokratie, Melodie, Abschied, rasieren, schieben, Liebe, Sieb, Priester, Gier, Stiel, Diener, Zwiebel, Dachgiebel, diskutieren, verzieren
Wörter mit ih	ihm, ihn, ihnen, ihr, ihrem, ihren, ihres, ihrer
Wörter mit ieh	Vieh, stiehlt, befiehlt, sieht, flieht, geschieht, zieht
Wörter mit unsichtbarer Dehnung	Stil, Fibel, wir, dir, Widerstand, Augenlid, Tiger, Krise, Termin, Sirup, Ruine, Apfelsine, Lawine, Rosine, Mine, Maschine, Kantine

3. Dehnung der Umlaute ä, ö, ü

1

Nicht nur Vokale, auch Umlaute können lang gesprochen werden. Umlaute werden entweder durch ein **Dehnungs-h** gedehnt wie in Gefühl oder die Wörter enthalten eine **unsichtbare Dehnung** wie in schwül.

Umlaute mit Dehnungs-h: äh, öh, üh	Fähre, Gefährte, Krähe, wählen, Währung, zählen, Höhle, Söhne, verwöhnen, Bühne, glühen, wühlen
Umlaute mit unsichtbarer Dehnung: ä, ö, ü	nämlich, schädlich, Schräge, Säge, spärlich, Träne, Möbel, möglich, Vögel, Bügel, Flügel, Spüle, Wüste

Kleiner Tipp:
Ob ein lang gesprochener Umlaut mit oder ohne Dehnungs-h geschrieben wird, lässt sich herausfinden, wenn du verwandte Wörter suchst: täglich kommt von Tag, krönen von Krone, aufspüren von Spur, zählen von Zahl.

2

In einigen Fällen wird aus einem Doppelvokal wie in Saal in der Pluralform (Säle) oder der so genannten Verkleinerungsform ein Umlaut (Sälchen).

Wörter mit Doppelvokal	Verkleinerungsform
Paar	Pärchen
Haar	Härchen
Boot	Bötchen

Vorsicht:
Die Verkleinerungsform des Wortes Seele ist zwar Seelchen, aber die Ableitung selig wird nur mit einfachem e geschrieben.

4. Kurze Vokale

1 **Vokale werden kurz und scharf gesprochen**, wenn ihnen doppelte Konsonanten folgen wie z. B. in Lotto. Häufige **Doppelkonsonanten** sind ff wie in Affe, ll wie in Halle, mm wie in Sommer, nn wie in Panne, pp wie in Puppe, rr wie in irre, ss wie in lassen oder tt wie in Otter. Auch wenn nach einem Vokal **mehrere, nicht gleiche Konsonanten** stehen wie in zwitschern wird der Vokal kurz gesprochen.

Wörter mit Doppelkonsonanten	Bettvorleger, Mittagessen, Bratpfanne, Abfalltasse, Zimmermänner, Baggerschaufel, Irrtum, Klappbett, Krabbe
Wörter mit mehreren, nicht gleichen Konsonanten (Konsonantenhäufung)	Stück, Blick, Platz, schmatzen, Flasche, Bach, Drache, Tisch, Konzert, Klempner, Hemd, fälschen

Achtung:
Der Wortstamm hilft dir, die richtige Schreibweise zu erkennen: bekannt leitet sich ab von kennen, kommt von kommen, platzieren von Platz usw. (siehe dazu auch Seite 38).

2 Bei **Zusammensetzungen** und **Ableitungen** bleibt die **Verdoppelung** nach kurzem Vokal bestehen. Stoßen bei Zusammensetzungen **drei gleiche Konsonanten** aufeinander, bleiben sie alle erhalten.

Beispiele:	Sonn(e)	+	Tag	=	Sonntag
	fass(en)	+	-bar	=	fassbar
	irr(en)	+	-tum	=	Irrtum
	Aff(e)	+	-if	=	affig
	Fett	+	Tropfen	=	Fetttropfen
	fress(en)	+	Sucht	=	Fresssucht
	Flanell	+	Lappen	=	Flanelllappen
	roll(en)	+	Laden	=	Rollladen

(vgl. dazu auch Seite 38.)

7./8.

3 Etliche Wörter enthalten jedoch **einen kurz gesprochenen Vokal ohne folgende Konsonantenverdoppelung**. Diese Schreibweise kann oft auch nicht von einer Stammform abgeleitet werden, sondern muss auswendig gelernt werden.

Wörter mit kurz gesprochenem Vokal ohne Konsonantenverdoppelung	Hotel, Bus, Kaktus, Ergebnis, Ananas, man, das (Artikel), es, hin, Rum

5. Wörter mit ck

Das ck gilt als **Doppelkonsonant** und steht für kk. Wie alle übrigen Doppelkonsonanten steht ck deshalb **nur nach kurzen Vokalen**. Nach langen Vokalen und nach Konsonanten steht dagegen ein einfaches k.

ck nach kurzem Vokal	Decke, meckern, Wecker, Blick, Mücke, flicken, Dackel, hocken
k nach langem Vokal oder in Verbindung mit anderen Konsonanten	Luke, Ekel, Spuk, Krake Falke, Imker, Wolke, Anker

Vorsicht, Ausnahme:
Einige aus anderen Sprachen entlehnte Wörter werden nur mit einfachem k geschrieben, obwohl der Vokal davor kurz gesprochen wird: Technik, Klinik, Automatik, Insekt, Oktober, Direktor.

6. Wörter mit tz

Das tz gilt ebenfalls als **Doppelkonsonant**, es steht für zz. Das tz wird **immer nur nach kurzen Vokalen** benutzt.

Beispiele: Witz, Satz, Klotz, blitzen, kratzen, schmatzen, Katze, setzen, spitz, Trotz

Wortbildung

1. Wortzusammensetzungen

1

Dass man viele Wörter aneinander reihen kann, um neue Ausdrücke zu bilden, ist eine Besonderheit der deutschen Sprache. So könnte man durchaus sagen: „Die Rathausvorplatztelefonhäuschenfarbgebungsdiskussion verlief unbefriedigend." Natürlich ist das ein sehr umständliches Wortungeheuer. Verständlicher wäre es zu sagen: „Die Diskussion um die Farbgebung des Telefonhäuschens auf dem Rathausvorplatz verlief unbefriedigend." Aber: **Durch das Zusammensetzen von zwei oder mehreren Wörtern können ständig neue Ausdrücke entstehen.**

2

Normalerweise bestehen zusammengesetzte Wörter aus einem **Grundwort** und einem **Bestimmungswort**. Grund- und Bestimmungswort können gleichen oder verschiedenen Wortarten angehören. Durch das Zusammensetzen mit anderen Wörtern kann ein Grundwort verstärkt oder genauer beschrieben werden.

Achtung:
Entsteht bei Zusammensetzungen ein neues Substantiv, so richtet sich der Artikel immer nach dem Grundwort!

Zusammensetzungen aus:	Bestimmungswort	Grundwort	zusammengesetztes Wort
Substantiv + Substantiv	die Sonne die Schokolade der Herr	die Uhr der Kuchen das Rad	die **Sonnenuhr** der **Schokoladenkuchen** das **Herrenrad**
Adjektiv + Substantiv	groß alt das Blut	der Onkel das Papier rot	der **Großonkel** das **Altpapier** **blutrot**
Verb + Substantiv	rennen fahren malen	der Fahrer die Bahn die Aktion	der **Rennfahrer** die **Fahrbahn** die **Malaktion**

Zusammensetzungen aus:	Bestimmungswort	Grundwort	zusammengesetztes Wort
Verb + Adjektiv	rutschen trinken	fest stark	**rutschfest** **trinkstark**
Adjektiv + Adjektiv	blau hell	grün hörig	**blaugrün** **hellhörig**
Zahlwort + Substantiv	fünf sechs	der Kampf das Eck	der **Fünfkampf** das **Sechseck**
Präposition + Substantiv	vor zwischen über	die Stadt der Bericht das Angebot	die **Vorstadt** der **Zwischenbericht** das **Überangebot**

3

Achtung:
Bei Wortzusammensetzungen können Buchstaben wegfallen wie z.B. bei spür(en) + Sinn = Spürsinn. Es können aber auch so genannte **Fugenzeichen** hinzukommen, die eine Art „Klebstoff“ zwischen den Wörtern bilden, wie z.B. in Engelshaar, Wüstenbewohner, Meerespflanzen oder Rinderwahnsinn.

2. Das Stammprinzip

1 Die Schreibweise eines Wortes richtet sich meistens nach der **Wortfamilie**, aus der es stammt, also nach dem **Stammprinzip**. In einigen Fällen ändern sich bei den Ableitungen die Vokale wie z. B. in Hahn – Hähne, Huhn – Hühner, Holz – Gehölz. **Als Regel gilt aber: Die Schreibweise der Wörter innerhalb einer Wortfamilie bleibt gleich!**

Beispiele für Wortfamilien
Beule, verbeult, beulig
fahren, Gefährt, Fähre, Fahrerei, fahrbar
Schnauze, schnäuzen, großschnäuzig
hohl, Höhle, aushöhlen
Nummer, nummerieren, nummerierbar
Platz, platzieren, platziert, Platzierung
Stange, Blumenstängel, Stängelchen, stängellos

Achtung: Die Schreibweise von Verben ändert sich mitunter auch innerhalb der Wortfamilie wie zum Beispiel in fahren – fuhr – Fuhrunternehmer. Schau auch in die Wörterliste!

2 Treffen in einer Zusammensetzung mehrere Buchstaben aufeinander, bleiben **alle Buchstaben der einzelnen Wortstämme erhalten**.

Wörter mit Dreifachkonsonanten	Geschirrreiniger, Stresssituation, Betttuch, Seeelefant, Papppolizist, Schwimmmeister, Flanelllappen, Balletttänzer
Wörter mit ungewöhnlichen Konsonantenkombinationen	Rohheit (roh + -heit) Zähheit (zäh + -heit) Zierrat (zieren + -rat) selbstständig (selbst + ständig*)

Wörter mit Dreifachvokalen dürfen auch mit Bindestrich geschrieben werden wie z. B. See-Elefant und Kaffee-Ersatz.

*Die Schreibweise selbständig ist nach wie vor auch zulässig.

7./8.

3. Wörter mit Vor- und Nachsilben

1 Durch das Anhängen von Vorsilben oder Nachsilben an den Wortstamm kann ein Wort **seine Bedeutung verändern** wie z.B. bei trennen – un/zer/trenn/lich. Dabei kann sich die Schreibweise verändern: frieren – ver/froren.

2 Gebräuchliche **Vorsilben** sind be-, end-, ent-, ge-, miss-, un-, ur-, und ver-. Am häufigsten tauchen sie vor Verben, Adjektiven und Substantiven auf.

Substantive mit Vorsilben	**End**station, **Be**rührung, **Miss**verständnis, **Un**sinn, **Ver**langen, **Ent**bindung, **Ge**duld, **Ur**schrei
Verben mit Vorsilben	**ent**fallen, **miss**trauen, **ge**dulden, **ver**tauschen, **be**kunden, **be**gießen
Adjektive mit Vorsilben	**un**glücklich, **miss**mutig, **ur**alt, **ge**duldig, **ver**träumt, **end**los

3 Die Nachsilben -heit, -keit, -nis, -schaft, -tum und -ung deuten an, dass es sich um ein Substantiv handelt. Die Nachsilben -ig, -isch, -lich, -sam und -bar machen Wörter zu Adjektiven.

Substantive mit Nachsilben	Frech**heit**, Übel**keit**, Erkennt**nis**, Erb**schaft**, Duckmäuser**tum**, Verzeih**ung**
Adjektive mit Nachsilben	teufl**isch**, saft**ig**, nebel**ig**, fantast**isch**, erbärm**lich**, unterhalt**sam**, ein**sam**, unheim**lich**, erkenn**bar**, ess**bar**

Vorsicht:
Wörter, die auf -ig enden, werden häufig mit einem ch-Laut ausgesprochen. Verlängere das Wort um herauszufinden, wie es geschrieben wird: spritzig – spritziger Film. In den Verlängerungen kann man das g nämlich hören.

Bei Endungen auf -lich wird manchmal ein t eingeschoben: hoffentlich, eigentlich

Silbentrennung

1. Trennung nach Sprechsilben

1 Lange Wörter, die nicht mehr ans Ende einer Zeile passen, müssen getrennt werden. Es gibt **zwei Möglichkeiten der Worttrennung**: Zusammengesetzte Wörter trennt man nach ihren **Bestandteilen** wie in Zimt-eis. Wörter mit mehreren Silben trennt man nach **Sprechsilben** wie in Scho-ko-la-de.

Trennung nach einzelnen Bestandteilen	Fuß-ball, Ost-kreis, Heim-spiel, Berg-welt, Hand-spiel, Herbst-laub, Burg-tor, Schwimm-bad, Stink-tier, Lern-frust
Trennung nach Sprechsilben	Schild-krö-te, Zi-ga-ret-te, Zu-frie-den-heit, Com-pu-ter, Schwin-gun-gen, ver-tre-ten, un-ter-for-dern
Trennung nach Sprechsilben und einzelnen Bestandteilen	Hun-de-steu-er, Au-to-bahn-ka-pel-le, Hand-ta-schen-dieb, Steu-er-be-ra-ter

2 Wörter, die nur aus einer Silbe bestehen, werden nicht getrennt.

Beispiele: Eis, wir, doch, auf, Fuß, Spaß, wann, Tal, Schnee, stark, ging, du, gern, oft, laut

3 Besteht die erste Sprechsilbe eines Wortes aus einem einzelnen Vokal wie in Igel, so kann das Wort nicht getrennt werden.

Beispiele: Ober, Ader, über, Ufer, Ofen, Abend, Uhu, Eber, Efeu, Ire

2. Trennung von Konsonanten

1 Gibt es an der Trennungsstelle nur **einen Konsonanten** oder steht ein Konsonant zwischen zwei Vokalen wie in Hose oder traben, wird er auf die nächste Zeile gesetzt.

Beispiele: Mo-tor, Sei-fe, Ne-bel, Te-le-fon, Ta-fel, Sie-ger, Spo-ren, hü-ten, ba-den, spa-zie-ren, ka-na-lie-sie-ren

2 Gibt es **mehrere Konsonanten** an der Trennungsstelle, rutscht nur **der letzte** hinter den Trennstrich. Bei Wörtern, die an der Trennstelle einen Doppelkonsonanten besitzen, werden die Doppelbuchstaben daher auseinander gerissen.

Wörter mit mehreren Konsonanten an der Trennstelle	Pfings-ten, schimp-fen, schrump-fen, klot-zig, engs-ter, for-dern, Ge-burts-tag
Wörter mit Doppelkonsonanten an der Trennstelle	Bäl-le, Schwem-me, Trep-pe, Rin-ne, Flam-men, Grot-te, Kas-se

3 Bei zusammengesetzten Wörtern mit **drei gleichen Konsonanten** gilt ebenfalls die Regel: Der letzte Konsonant gehört auf die nächste Zeile.

Beispiele: Gewinn-nachzahlung, Schwimm-meister, Schnee-esser, Schiff-fahrt, Brenn-nessel

4 Wörter mit st, sp, pf und tz werden ebenfalls nach dieser Regel getrennt.

Beispiele: Hus-ten, Kas-ten, wis-pern, knus-pern, trop-fen, Zap-fen, Wit-ze, schwät-zen

7./8.

5 Konsonantenverbindungen wie ch, ck, sch, th, ph und rh gelten als **ein Laut** und dürfen **nicht getrennt** werden. Hier rutschen alle Konsonanten hinter dem Trennstrich auf die nächste Zeile.

Wörter mit -ch	ki-**chern**, be-**chern**, la-**chen**, fre-**che**, Kra-**cher**, Wo-**che**
Wörter mit -ck	Zu-**cker**, Brü-**cke**, Ma-**cker**, ho-**cken**, spi-**cken**, Rü-**cken**, schlu-**cken**
Wörter mit -sch	Wu-**schel**-kopf, Du-**sche**, Fla-**sche**, wa-**schen**, Ti-**sche**
Wörter mit -th	Apo-**theke**, Pan-**ther** (auch: Pan-ter), Zi-**ther**
Wörter mit -ph	Ste-**phan**, Katastro-**phe**, Philoso-**phie**, Meta-**pher**
Wörter mit -rh	Hämor-**rhoiden** (auch: Hämor-riden)

3. Trennung von Fremdwörtern

1 Fremdwörter können **wie in ihrer Herkunftsprache** und **nach den deutschen Trennregeln** getrennt werden. Für Wörter, die wir aus anderen Sprachen übernommen haben, gibt es gibt also zwei „richtige“ Trennweisen.

Originaltrennung	deutsche Trennung
Ma-gnet	Mag-net
neu-tral	neut-ral
Qua-drat	Quad-rat
Si-gnal	Sig-nal
Heliko-pter	Helikop-ter
par-allel	pa-rallel

2 Einige deutsche Wörter können ebenfalls auf **zwei Arten** getrennt werden. Es sind Wortzusammensetzungen, die man nicht mehr als solche wahrnimmt.

	mögliche Trennungen	
darum	dar-um	da-rum
warum	war-um	wa-rum
hinauf	hin-auf	hi-nauf
heran	her-an	he-ran
einander	ein-ander	ei-nander

4. Irreführende Trennungen

Bei Wörtern mit mehreren Silben kann es manchmal zu witzigen oder unsinnigen Trennungen kommen. Es ist daher ratsam, Wörter so zu trennen, dass der **Wortsinn** nach wie vor zu erkennen ist.

Beispiele: Ur-instinkt (und nicht: Urin-stinkt)
be-inhalten (und nicht: bein-halten)
See-ufer (und nicht: Seeu-fer)
be-stehende (und nicht: beste-hende)

Fremdwörter

1. Ein Fremdwort – zwei Schreibweisen

Etlichen Wörtern, die wir täglich benutzen, sieht man gar nicht mehr an, dass es Fremdwörter sind. Wörter wie Thema oder Apotheke bzw. Universität oder Reparatur wurden aus dem **Griechischen** bzw. **Lateinischen** in den deutschen Wortschatz übernommen. Andere Wörter wie Chance oder Interview stammen aus dem **Französischen** bzw. dem **Englischen**.

Fremdwörter dürfen so geschrieben werden wie in ihrer Herkunftssprache – sie können aber auch nach Vereinfachungsregeln geschrieben werden. **Manche Fremdwörter haben daher zwei „richtige" Schreibweisen.**

	Originalschreibweise	vereinfachte, eingedeutschte Schreibweise
ai → ä	auch: Mayonnaise	Majonäse
c → ss	Necessaire	auch: Nessessär
ch → sch	auch: Ketchup	Ketschup
é, ée → ee	Chicorée	auch: Schikoree
gh → g	Spaghetti	auch: Spagetti
ou → u	auch: Nougat	Nugat
ph → f	auch: Photographie	Fotografie
qu → k	Kommuniqué	auch: Kommunikee
rh → r	Hämorrhoiden	auch: Hämorriden
th → t	Panther	auch: Panter
y → j	auch: Mayonnaise	Majonäse

(Bei diesen Schreibweisen wird die jeweilige Nebenform mit „auch:" angezeigt. Beide Schreibweisen sind richtig und dürfen verwendet werden – die Hauptform wird aber bevorzugt empfohlen.)

Achtung: Wörter mit ph, rh und th wie Katastrophe, Rhythmus oder Thema ändern nicht ihre Schreibweise. Wörter mit den Silben phon, phot und graph können statt mit ph mit f geschrieben werden wie in Fotograf, Telefon und Grafik. Dasselbe gilt für Delphin, der auch Delfin geschrieben werden darf.

2. Englische Fremdwörter

1 Englisch ist die Sprache, aus der die meisten neuen Fremdwörter „importiert" werden. Für alle englischen Fremdwörter gilt, dass sie nach der **deutschen Groß- und Kleinschreibung** behandelt werden. Substantive werden also immer großgeschrieben.

Englische Fremdwörter, die der deutschen Groß- und Kleinschreibung folgen	**Floppydisk**, auch: **Floppy Disk** (engl. floppy disk) **Shortstory**, auch: **Short Story** (engl. short story) **Smalltalk**, auch: **Small Talk** (engl. small talk) **Talkshow** (engl. talk show) **Softdrink**, auch: **Soft Drink** (engl. soft drink) **Bigband**, auch: **Big band** (engl. big band)

2 Etliche englische Ausdrücke bestehen wie das Wort Jetset aus zwei Wörtern, nämlich jet und set. Einige dieser englischen Fremdwörter dürfen im Deutschen auch zusammengeschrieben werden. Für sie gibt es eine Haupt- und eine Nebenform.

	Hauptform	Nebenform
Englische Fremdwörter mit einer Haupt- und einer Nebenvariante	Happyend Hotdog Fastfood Hardcover Freejazz	Happy End Hot Dog Fast Food Hard Cover Free Jazz

! **Achtung:**
Vergleiche mit anderen englischen Fremdwörtern in der Wörterliste im Anhang!

3 Bei englischen Fremdwörtern, die auf -y enden, wird in der Pluralform stets ein s angehängt.

Pluralbildung englischer Fremdwörter auf -y	Hobby – **Hobbys** Lady – **Ladys** Baby – **Babys** Story – **Storys** Daddy – **Daddys** Dummy – **Dummys**

Achtung im Englischunterricht:
Im Englischen wird der Plural bei diesen Wörtern mit -ies gebildet:

my hobby – my hobbies
my story – my stories

Zeichensetzung

1. Satzzeichen, die Sätze gliedern – eine Übersicht

Satzzeichen haben verschiedene Funktionen in einem Satz. **Der Punkt, das Fragezeichen** und **das Ausrufezeichen** beenden einen Satz, sie heißen daher auch **Satzschlusszeichen. Komma, Semikolon** und **Gedankenstrich** verbinden Sätze oder Satzteile miteinander. Der **Doppelpunkt** kündigt Weiterführendes an und **Klammern** enthalten Zusatzinformationen oder Nachträge. Die Übersicht macht die Unterschiede deutlich:

Punkt, Fragezeichen und Ausrufezeichen am Satzende	Hertha lachte. Der Ball war im Honigfass gelandet. Ist der Ball etwa im Honigfass gelandet? Mann, der Ball ist im Honigfass gelandet!
Das Komma trennt Sätze, die inhaltlich stärker miteinander verbunden sind.	Hertha lachte, der Ball war im Honigfass gelandet.
Das Semikolon trennt Sätze deutlicher als das Komma. Trotzdem sind die Sätze inhaltlich miteinander verbunden.	Hertha lachte; der Ball war im Honigfass gelandet.
Der Gedankenstrich zeigt an, dass das Folgende ein Nachtrag oder ein zusätzlicher Gedanke ist.	Hertha lachte – der Ball war im Honigfass gelandet.
Der Doppelpunkt kündigt etwas Weiterführendes oder eine Erklärung an.	Hertha lachte: Der Ball war im Honigfass gelandet.
In einer Klammer stehen Zusatzinformationen oder Nachträge, die nicht direkt zum Text gehören.	Hertha lachte (der Ball war im Honigfass gelandet).

2. Das Fragezeichen

1 **Hinter direkten Fragen oder einzelnen Fragewörtern steht ein Fragezeichen.**

Fragewörter	Warum? Wieso? Wer? Wann? Weshalb? Womit?
direkte Fragen	Wie heißt du? Darf ich mir noch ein Stück Kuchen nehmen? Wo ist meine Brille? Können wir uns am Donnerstag treffen?

2 **Hinter indirekten Fragen steht kein Fragezeichen.** Es wird durch Wörter und Satzteile ersetzt.

indirekte Fragen	Sie wollte wissen, **weshalb der Mantel schmutzig war.** Frag doch mal, **wie lange wir draußen spielen dürfen.**

3. Komma bei Aufzählungen

1 Das Komma steht bei Aufzählungen. Aufzählungen können aus einzelnen Wörtern, Wortgruppen oder gleichwertigen Satzteilen bestehen.

Aufzählung mit einzelnen Wörtern	Für die Wahlparty kaufte er **Bier, Würstchen, Senf, Chips** und **eine Eistorte.**
Aufzählung mit Wortgruppen	Manfred hatte vergessen **das Paket aufzugeben, die Katzen zu füttern, den Rasen zu mähen** und **die Blumen zu gießen.**
Aufzählung mit Teilsätzen	**Die Deutschen spielen gegen Amerika, die Engländer wollen gegen Argentinien gewinnen, Italien kämpft gegen die Koreaner** und **die Russen schauen zu.**

Achtung:
Vor und, oder, sowie, sowohl – als auch steht auch bei Aufzählungen **kein** Komma.

2 **Vorsicht bei Aufzählungen mit Adjektiven!** Ist das **letzte Adjektiv fest mit dem Substantiv verbunden** wie in Der trockene englische Humor ist manchmal anstrengend, darf es **nicht** mehr durch ein Komma abgetrennt werden. Denn dieser Satz bedeutet: Der englische Humor ist trocken und manchmal anstrengend.

Aufzählung mit Adjektiven, bei der das letzte Adjektiv fest mit dem Substantiv verbunden ist.	die schöne, wertvolle **ägyptische Vase** (Die ägyptische Vase ist schön und wertvoll.) das teure **bayrische Bier** (Das bayrische Bier ist teuer.)
Aufzählung mit Adjektiven, bei der das letzte Adjektiv nicht mit dem Substantiv verbunden ist.	das **erfrischende, herzhafte, kühle Bier** (Das Bier ist erfrischend, herzhaft und kühl.) das **faule, freche, dicke Reitpferd** (Das Pferd ist faul, frech und dick.)

4. Komma bei Konjunktionen

1 Konjunktionen, die gleichwertige Wörter, Wortgruppen oder Sätze miteinander verbinden, stehen immer am Anfang des angehängten Satzteiles. **Ein Komma wird nur dann gesetzt, wenn ein Unterschied hervorgehoben werden soll oder eine Begründung angegeben wird.** Die folgende Übersicht solltest du dir deshalb einprägen:

Konjunktionen ohne Kommasetzung	Konjunktionen mit Kommasetzung
und	aber
oder	denn
sowohl ... als auch	dennoch
sowie	jedoch
entweder ... oder	doch
wie	sondern
nicht ... doch	nämlich
weder ... noch	also

Beispiele:

Guildo Horn singt sowohl in Birmingham als auch in Glasgow.
Rebecca nahm Münzen sowie einige Geldscheine an sich.
Er konnte sich weder an ihren Geburtstag noch an ihre Telefonnummer erinnern.

Die Prinzessin war reich, aber unglücklich.
Sie fahren nicht nur bei Sonnenschein, sondern auch bei Regen.
Ich sage jetzt nichts mehr, denn du lässt mich ja nie ausreden.

2 Verbinden die Konjunktionen und und oder **zwei selbstständige Hauptsätze, muss kein Komma gesetzt werden.** Allerdings **kann** zwischen diesen Sätzen ein Komma gesetzt werden. Es ist dann empfehlenswert, wenn die Satzgliederung dadurch deutlicher wird.

Beispiele: Der Standesbeamte traute das Ehepaar(,) und dann küssten sich die Jungvermählten.
„Du kommst jetzt vom Baum(,) oder wir streichen dir das Taschengeld für die nächste Woche."
Susanne sang(,) und Max hörte zu.

Bei dem folgenden Satz empfiehlt es sich zum Beispiel ein Komma zu setzen:
Sie küssten sich, und alle Gäste, die im Raum waren, sahen zu.

Die Variante ohne Komma führt hingegen zu Missverständnissen:
Sie küssten sich und alle Gäste, die im Raum waren, sahen zu. (Werden die Gäste auch geküsst?)

5. Komma bei Nebensätzen und Einschüben

1 Wird ein Satz in einen anderen eingefügt, so trennt man ihn durch **zwei Kommas** ab. Auch Wortgruppen können als Zusatzinformation in einen Satz eingefügt werden.

Beispiele: Ich werde dir das, was du mir angetan hast, nie verzeihen.
Die Fliegen, die in der Suppe schwammen, hatte der Koch vorher paniert.
Actionfilme, besonders James-Bond-Filme, sieht Heino am liebsten.

2 Stehen **Nebensätze vor oder hinter einem Hauptsatz**, werden sie durch ein **Komma** abgetrennt. Du erkennst einen Nebensatz daran, dass er mit Wörtern wie z. B. dass, weil, damit, ob, der, welcher, wo usw. eingeleitet wird und dass die Personalform des Verbs am Ende steht.

vorangestellter Nebensatz	**Wenn du willst,** hole ich dich morgen früh ab. **Als Ernie sich die Schuhe auszog,** griff Bert zur Gasmaske.
nachgestellter Nebensatz	Bert stöhnte laut, **bevor er in Ohnmacht fiel.** Ich glaube, **dass du das schaffen wirst!**

6. Komma bei erweitertem Infinitiv und Partizipgruppen

1 **Vor erweiterten Infinitiven mit „zu" oder bei Partizipgruppen kann das Komma wegfallen.** In einigen Fällen ist es aber durchaus sinnvoll, ein Komma zu setzen. Dadurch kann die Gliederung eines Satzes deutlich gemacht werden.

Satz mit erweitertem Infinitiv	Wir empfehlen(,) **ihm** nichts **zu sagen.** Er fuhr noch schneller(,) **um** die Verfolger **abzuhängen.**
Satz mit Partizipgruppe	Aus vollem Halse **lachend**(,) rief er mich an. Von allen Freunden laut **umjubelt** und **besungen**(,) erreichte er das Ziel.

Bei dem folgenden Satz empfiehlt es sich zum Beispiel, ein Komma zu setzen:
Die Lehrerin befahl, Horst schnell zu helfen. (Horst braucht Hilfe)
Die Lehrerin befahl Horst, schnell zu helfen. (Horst soll helfen)

2 In Sätzen mit erweiterten Infinitiven **muss dann ein Komma gesetzt werden,** wenn sie durch ein **hinweisendes Wort** oder eine Wortgruppe angekündigt oder wieder aufgenommen werden.

Beispiele: Daran, den Job länger zu behalten, dachte sie nicht.
Erinnere mich daran, dich morgen anzurufen.
Es ist durchaus sinnvoll, ein Komma zu setzen.
Zu tanzen, das macht mir Spaß.

7. Der Doppelpunkt

1 Der Doppelpunkt kündigt **etwas Weiterführendes oder eine Erklärung an**. Dies können z. B. Aufzählungen oder auch Zusammenführungen sein.

Doppelpunkt vor einer Aufzählung	Frau Schlemmer bestellte ein Eis für 5 Euro: **Erdbeer, Himbeer, Zitrone, Vanille und Nuss.**
Doppelpunkt vor einer Zusammenfassung	Abwarten und Tee trinken: **Das war sein Motto.**

2 Bei der **wörtlichen Rede** endet der Begleitsatz, wenn er **vorangestellt** wird, stets mit einem Doppelpunkt.

Beispiele: Der Mann sagte: „Mannomann!"
Max sagt ironisch: „Soll das etwa alles sein?"

3 Nach einem Doppelpunkt wird **das erste Wort großgeschrieben**, wenn eine wörtliche Rede folgt oder ein vollständiger Satz. Du schreibst es nur dann **klein**, wenn der folgende Satz nicht vollständig ist oder eine Aufzählung folgt.

Doppelpunkt vor vollständigem Satz oder wörtlicher Rede (Großschreibung)	Das Testament ließ keinen Zweifel offen: Der Enkel Rainer war alleiniger Erbe. Der Arbeitsminister betonte: „Die Renten sind sicher!"
Doppelpunkt vor nicht vollständigem Satz oder Aufzählung (Kleinschreibung)	Er teilte ihm mit, was umgehend getan werden musste: das Wasser abzustellen. Die Strafe war fürchterlich: einen Monat Fernsehverbot, kein Taschengeld und samstags immer Rasen mähen.

8. Satzzeichen bei wörtlicher Rede

1 Wörtlich wiedergegebene Äußerungen, Gedanken oder Zitate werden durch **Anführungszeichen** markiert. Die Satzzeichen, die jeweils dazugehören, stehen stets **vor** dem abschließenden Anführungszeichen.

Anführungszeichen bei wörtlicher Rede	Er sagte: „Wahnsinn, dieser Sonnenuntergang!“
Anführungszeichen bei Wiedergabe von Gedanken (oder Wünschen)	Urmel überlegte: „Wie komme ich auf meine Eisscholle?“
Anführungzeichen bei Zitaten	An diesen Satz von Gorbatschow „Wer zu spät kommt, den bestraft das Leben!“ muss ich oft denken.

2 Vorangestellte **Begleitsätze** enden stets mit einem Doppelpunkt. Steht der Begleitsatz am Schluss, endet die wörtliche Rede mit einem Komma. Ist der Begleitsatz in die Rede eingeschoben, schließt man ihn mit einem paarigen Komma ein.

vorangestellter Begleitsatz	Vincent lachte: „Das glaubst du ja wohl selbst nicht!“
Begleitsatz am Ende	„Warum hast du mich nicht gewarnt?“, fragte Oskar.
eingeschobener Begleitsatz	„Ich denke“, sagte Otto zu Fred, „wir sollten Frieden schließen“.

A

Aal, der (die Aa/le)
Abend, der (die Aben/de)
aber
Ab/fall, der (die Ab/fäl/le)
ab/pral/len: du prallst ab, er prall/te ab, sie ist ab/ge/prallt
Ab/sen/der, der (die Ab/sen/der)
acht
acht/zig
ähn/lich (ähn/li/cher, am ähn/lichs/ten)
är/gern, sich: du är/gerst dich, er är/ger/te sich, sie hat sich ge/är/gert
Af/fe, der (die Af/fen)
Af/ter/shave, das (*engl.*, die Af/ter/shaves): Rasierwasser; *auch:* Af/ter-Shave
Ah/le, die (die Ah/len): ein spitzes Werkzeug
Air/port, der (*engl.*, die Air/ports): Flughafen
Al/lee, die (*franz.*, die Al/le/en)
al/lein
al/ler/dings
Al/pha/bet, das (*griech.*, die Al/pha/be/te)
alt (äl/ter, am äl/tes/ten)
Am/boss, der (des Am/bos/ses, die Am/bos/se): Schmiedetisch
Amei/se, die (die Amei/sen)
an/de/re
an/fan/gen: du fängst an, er fing an, sie hat an/ge/fan/gen
an/ge/nehm (an/ge/neh/mer, am an/ge/nehms/ten)
Angst, die (die Ängs/te): ich habe Angst; *aber:* mir wird angst
angst und ban/ge (sein)
an/stren/gend (an/stren/gen/der, am an/stren/gends/ten)
Apo/stroph, der // Apos/troph (*griech.*, die Apo/stro/phe // Apos/tro/phe): Auslassungszeichen für einen Vokal, z. B. er hat's (er hat es)
Apo/the/ke, die (*griech.-lat.*, die Apo/the/ken)
Aqua/ri/um, das (*lat.*, die Aqua/ri/en): Behälter zur Pflege und Zucht von Wassertieren
ar/bei/ten: du ar/bei/test, er ar/bei/te/te, sie hat ge/ar/bei/tet
Arm, der (die Ar/me)
Ar/ti/scho/cke, die (*arab.*, die Ar/ti/scho/cken): Gemüsepflanze
As/phalt, der (*griech.-lat.-franz.*): Straßenbelag
Ath/let, der (*griech.*, die Ath/le/ten): Wettkämpfer
At/las, der (*griech.*, des At/las/ses // At/lan/ten, die At/las/se // At/lan/ten)
At/mo/sphä/re // At/mos/phä/re, die (*griech.*, die At/mo/sphä/ren // At/mos/phä/ren): Lufthülle der Erde
auf/at/men: du at/mest auf, er at/me/te auf, sie hat auf/ge/at/met

auf/hö/ren: du hörst auf, er hör/te auf, sie hat auf/ge/hört
auf/ma/chen: du machst auf, er mach/te auf, sie hat auf/ge/macht
auf/räu/men: du räumst auf, er räum/te auf, sie hat auf/ge/räumt
auf/re/gend (auf/re/gen/der, am auf/re/gends/ten)
Auf/re/gung, die (die Auf/re/gun/gen)
auf/schre/cken: du schreckst auf, er schreck/te auf, sie ist auf/ge/schreckt
Au/ge, das (die Au/gen)
Au/gen/maß, das (des Au/gen/ma/ßes, die Au/gen/ma/ße)
aus/gie/big (aus/gie/bi/ger, am aus/gie/bigs/ten)
aus/se/hen: du siehst aus, er sah aus, sie hat aus/ge/se/hen
au/ßer/dem
aus/zie/hen, (sich): du ziehst (dich) aus, er zog (sich) aus, sie hat (sich) aus/ge/zo/gen
Au/to, das (*griech.*, die Au/tos)
Axt, die (die Äx/te)

B

Ba/by, das (*engl.*, die Ba/bys)
Bän/del, das/der (die Bän/del)
Bär, der (die Bä/ren)
Bahn, die (die Bah/nen)
Bal/kon, der (*franz.*, die Bal/ko/ne)
Bal/lett/tän/zer, der (die Bal/lett/tän/zer)
Bal/lon, der (*franz.*, die Bal/lons // Bal/lo/ne)
Ba/na/ne, die (die Ba/na/nen)
Bann, der (die Ban/ne): Ausschluss aus einer Gemeinschaft
Bart, der (die Bär/te)
Bauch, der (die Bäu/che)
bau/en: du baust, er bau/te, sie hat ge/baut
Bau/er, der (die Bau/ern)
Baum, der (die Bäu/me)
Be/am/te, der (die Be/am/ten)
Bee/re, die (die Bee/ren)
Beet, das (die Bee/te)
be/feh/len: du be/fiehlst, er be/fahl, sie hat be/foh/len
be/in/hal/ten: du be/in/hal/test, er be/in/hal/te/te, sie hat be/in/hal/tet
bei/ßen: du beißt, er biss, sie hat ge/bis/sen
be/kannt (be/kann/ter, am be/kann/tes/ten)
be/kom/men: du be/kommst, er be/kam, sie hat be/kom/men
be/läm/mert (be/läm/mer/ter, am be/läm/merts/ten)
be/nut/zen (oder be/nüt/zen): du be/nutzt // be/nützt, er be/nutz/te // be/nütz/te, sie hat be/nutzt // be/nützt
be/reit/hal/ten: du hältst be/reit, er hielt be/reit, sie hat be/reit/ge/hal/ten

Be/schäf/ti/gung, die (die Be/schäf/ti/gun/gen)
Bett, das (die Bet/ten)
Bett/tuch, das (die Bett/tü/cher)
beu/gen, sich: du beugst dich, er beug/te sich, sie hat sich ge/beugt
Beu/le, die (die Beu/len)
Beu/te, die
Bi/bli/o/thek, die (*griech.-lat.*, die Bi/bli/o/the/ken)
Bier/kas/ten, der (die Bier/käs/ten)
bie/ten: du bie/test, er bot, sie hat gebo/ten
bil/lig (bil/li/ger, am bil/ligs/ten)
Bir/ne, die (die Bir/nen)
biss/chen
Bla/se, die (die Bla/sen)
blass (blas/ser, am blas/ses/ten)
blei/ben: du bleibst, er blieb, sie ist ge/blie/ben
blöd (blö/der, am blöds/ten)
bloß/stel/len: du stellst bloß, er stell/te bloß, sie hat bloß/ge/stellt
bö/se (bö/ser, am bö/ses/ten)
Boot, das (die Boo/te)
Bouil/lon, die (*franz.*, die Bouil/lons): Fleischbrühe
bre/chen: du brichst, er brach, sie hat ge/bro/chen
Brenn/nes/sel, die (die Brenn/nes/seln)
Brief, der (die Brie/fe)
Bril/le, die (die Bril/len)
Brot, das (die Bro/te)
Brot/krus/te, die (die Brot/krus/ten)
Bru/der, der (die Brü/der)
Büh/ne, die (die Büh/nen)
Bür/ger/meis/ter, der (die Bür/ger/meis/ter)
Bürs/te, die (die Bürs/ten)
bunt (bun/ter, am bun/tes/ten)
Bus, der (des Bus/ses, die Bus/se)

C

Ca/fé, das (*franz.*, die Ca/fés): Kaffeehaus, Konditorei
Ca/mem/bert, der (*franz.*, die Ca/mem/berts): franz. Weichkäse
Cap/puc/ci/no, der (*ital.*, die Cap/puc/ci/nos, *auch:* Cap/puc/ci/ni): ital. Milchkaffee
Cham/pig/non // Cham/pi/gnon, der (*franz.*, die Cham/pig/nons // Cham/pi/gnons)
Chef, der (die Chefs)
Chi/co/rée, der (*franz.*, die Chi/co/rées): Salat; *auch:* Schi/ko/ree
Chir/urg // Chi/rurg, der (*griech.-lat.*, die Chir/ur/gen // die Chi/rur/gen)
Clown, der (*lat.-franz.-engl.*, die Clowns)

D

da/bei sein
Dach, das (die Dä/cher)
Dach/gie/bel, der (die Dach/gie/bel)
Dad/dy, der (*engl.*, die Dad/dys): Vater
dar/ü/ber // da/rü/ber
dar/um // da/rum
dar/un/ter // da/run/ter
dass *(Konjunktion)*
Dau/men, der (die Dau/men)
Del/phin, der (*griech.*, die Del/phi/ne); *auch:* Del/fin
den/ken: du denkst, er dach/te, sie hat ge/dacht
des/halb
De/tek/tiv, der (*lat.-engl.*, die De/tek/ti/ve)
deut/lich (deut/li/cher, am deut/lichs/ten)
dick (di/cker, am di/cks/ten)
Dieb, der (die Die/be)
Die/ner, der (die Die/ner)
Diens/tag, der (die Diens/ta/ge)
dif/fe/ren/ziert (dif/fe/ren/zier/ter, am dif/fe/ren/zier/tes/ten): aufgegliedert, vielschichtig
Di/rek/tor, der (die Di/rek/to/ren)
Dis/ket/te, die (die Dis/ket/ten)
Dis/ko/thek, die (die Dis/ko/the/ken)
Don/ners/tag, der (die Don/ners/ta/ge)
doof (doo/fer, am doofs/ten)
Dra/che, der (die Dra/chen)
dre/hen: du drehst, er dreh/te, sie hat ge/dreht
drei
drei/ßig
Drü/cke/ber/ger, der (die Drü/cke/ber/ger)
Dü/ne, die (die Dü/nen)
dünn (dün/ner, am dünns/ten)
dür/fen: du darfst, er durf/te, sie hat ge/durft
Dummy, der (*engl.*, die Dummys): lebensgroße Puppe zu Testzwecken, z. B. Crashtests bei Autos
dun/kel (dunk/ler, am dun/kels/ten)
Du/sche, die (die Du/schen)
Dy/na/mo, der (die Dy/na/mos): Maschine zur Stromerzeugung

E

Edel/weiß, das: eine unter Naturschutz stehende Bergblume
Ehe, die (die Ehen)
Ei, das (die Ei/er)
Eif/fel/turm, der: Wahrzeichen von Paris
ei/gent/lich
ein, ei/ne, ei/nes, ei/ner
Ein/bruch, der (die Ein/brü/che)
ein/fach
eins
Ein/satz, der (die Ein/sät/ze)
Elch, der (die El/che): nordisches Tier
E/le/fant, der (die E/le/fan/ten)
elf
El/tern, die
Emp/fän/ger, der (die Emp/fän/ger)
En/de, das (die En/den)
end/lich
eng (en/ger, am engs/ten)
En/kel, der (die En/kel)
ent/schei/den: du ent/schei/dest, er ent/schied, sie hat ent/schie/den
ent/we/der ... o/der
er/he/ben, sich: du er/hebst dich, er er/hob sich, sie hat sich er/ho/ben
Er/lös, der (des Er/lö/ses, die Er/lö/se)
er/mü/den: du er/mü/dest, er er/mü/de/te, sie ist er/mü/det
er/schre/cken: du er/schrickst, er er/schrak, sie ist er/schro/cken
es/sen: du isst, er aß, sie hat ge/ges/sen
et/was
Eu/pho/rie, die (*griech.*, die Eu/pho/rien): gesteigertes Wohlbefinden
Eu/ro/pa/par/la/ment, das
Eu/ter, das (die Eu/ter)

F

Fäh/re, die (die Fäh/ren): Schiff zur Beförderung von Personen und Autos
fahl (fah/ler, am fahls/ten)
fah/ren: du fährst, er fuhr, sie ist ge/fah/ren
Fair/ness, die (*engl.*): faires Verhalten
Fall, der (die Fäl/le)
fal/len: du fällst, er fiel, sie ist ge/fal/len
Fa/mi/lie, die (die Fa/mi/li/en)
Fa/mi/li/en/stamm/baum, der (die Fa/mi/li/en/stamm/bäu/me)
Fass, das (die Fäs/ser)
Fast/food, das: Schnellimbiss; *auch:* Fast Food

Fast/nacht, die: Fasching, Karneval
fau/len/zen: du fau/lenzt, er fau/lenz/te, sie hat ge/fau/lenzt
Faul/pelz, der (die Faul/pel/ze)
Feh/ler, der (die Feh/ler)
Fens/ter, das (die Fens/ter)
fern/se/hen: du siehst fern, er sah fern, sie hat fern/ge/se/hen
Fett/trop/fen, der (die Fett/trop/fen)
feucht (feuch/ter, am feuch/tes/ten)
fies (fie/ser, am fie/ses/ten)
Film, der (die Fil/me)
fin/den: du fin/dest, er fand, sie hat ge/fun/den
Fin/ger, der (die Fin/ger)
Flä/che, die (die Flä/chen)
Fla/sche, die (die Fla/schen)
Flie/ge, die (die Flie/gen)
flie/gen: du fliegst, er flog, sie ist ge/flo/gen
Flie/se, die (die Flie/sen): Kachel
Floß, das (des Flo/ßes, die Flö/ße)
Flucht, die
Flug, der (die Flü/ge)
Fluss, der (des Flus/ses, die Flüs/se)
fort/set/zen: du setzt fort, er setz/te fort, sie hat fort/ge/setzt
Fo/to/gra/fie, die (die Fo/to/gra/fien); *auch:* Pho/to/gra/phie
Foul, das (*engl.*, die Fouls): unfaires sportliches Verhalten
Frank/fur/ter Würst/chen, das (die Frank/fur/ter Würst/chen): Spezialität aus Frankfurt
Frei/tag, der (die Frei/ta/ge)
fres/sen: du frisst, er fraß, sie hat ge/fres/sen
Freu/de, die (die Freu/den)
freu/en, sich: du freust dich, er freu/te sich, sie hat sich ge/freut
frisch (fri/scher, am fri/sches/ten)
Fri/seur, der (*franz.*, die Fri/seu/re); *auch:* Fri/sör
fröh/lich (fröh/li/cher, am fröh/lichs/ten)
Frosch, der (die Frö/sche)
Frost/beu/le, die (die Frost/beu/len)
früh (frü/her, am frü/hes/ten)
Früh/ling, der
Früh/stück, das (die Früh/stü/cke)
füh/len: du fühlst, er fühl/te, sie hat ge/fühlt
fül/len: du füllst, er füll/te, sie hat ge/füllt
fünf
fünf/zig
Fuß, der (des Fuß/es, die Fü/ße)
Fuß/ball, der (die Fuß/bäl/le)

G

gam/meln: du gam/melst, er gam/mel/te, sie hat ge/gam/melt
Gar/de/ro/be, die (*franz.*, die Gar/de/ro/ben)
Gar/di/nen/stan/ge, die (die Gar/di/nen/stan/gen)
Gar/ten, der (die Gär/ten)
Gas/se, die (die Gas/sen)
Gast, der (die Gäs/te)
ge/ben: du gibst, er gab, sie hat ge/ge/ben
ge/fähr/lich (ge/fähr/li/cher, am ge/fähr/lichs/ten)
Ge/fahr, die (die Ge/fah/ren)
Ge/fühl, das (die Ge/füh/le)
Gegner, der (die Geg/ner)
ge/hen: du gehst, er ging, sie ist ge/gan/gen
Geist, der (die Geis/ter)
gelb
Geld, das (die Gel/der)
Ge/lee, das (*franz.*, die Ge/lees)
Ge/mü/se, das
ge/nau
ge/ni/al (ge/ni/a/ler, am ge/ni/als/ten)
ge/nie/ßen: du ge/nießt, er ge/noss, sie hat ge/nos/sen
Ge/o/gra/phie, die (*griech.-lat.*): Länderkunde, Erdkunde; *auch:* Ge/o/gra/fie
ge/ra/de
Ge/räusch/ku/lis/se, die (die Ge/räusch/ku/lis/sen)
gern (lie/ber, am liebs/ten)
ge/samt
ge/schickt (ge/schick/ter, am ge/schick/tes/ten)
Ge/schirr, das
Ge/schmack, der (die Ge/schmä/cke)
Ge/sell/schaft, die (die Ge/sell/schaf/ten)
Ge/sicht, das (die Ge/sich/ter)
Ge/stank, der
ges/tern
Ge/walt, die (die Ge/wal/ten)
ge/win/nen: du ge/winnst, er ge/wann, sie hat ge/won/nen
Gieß/kan/ne, die (die Gieß/kan/nen)
Glo/bus, der (*lat.*, des Glo/bu/ses, die Glo/ben): Erdkugelmodell
glück/lich (glück/licher, am glück/lichs/ten)
Glüh/bir/ne, die (die Glüh/bir/nen)
glü/hen: du glühst, er glüh/te, sie hat ge/glüht
Gra/ben, der (die Grä/ben)
Gräu/el, der (die Gräu/el): Abscheu, Grausen
Grand Canyon, der: Riesenschlucht in den USA

Gras, das (des Gra/ses, die Grä/ser)
grau
grau/sam (grau/sa/mer, am grau/sams/ten)
grei/fen: du greifst, er griff, sie hat ge/grif/fen
Gren/ze, die (die Gren/zen)
groß (grö/ßer, am größ/ten)
grün
Gum/mi/bär/chen, das (die Gum/mi/bär/chen)
güns/tig (güns/ti/ger, am güns/tigs/ten)
Guss, der (des Gus/ses, die Güs/se)
gut (bes/ser, am bes/ten)

H

Haar, das (die Haa/re)
haben: du hast, er hat/te, sie hat ge/habt
hän/gen: du hängst, er hing, sie hat ge/han/gen
häss/lich (häss/li/cher, am häss/lichs/ten)
Häupt/ling, der (die Häupt/lin/ge)
Ha/fen, der (die Hä/fen)
Hahn, der (die Häh/ne)
Ha/ken, der (die Ha/ken)
Hals, der (des Hal/ses, die Häl/se)
hal/ten: du hältst, er hielt, sie hat ge/hal/ten
Hand, die (die Hän/de)
Hap/py/end, das (*engl.*, die Hap/py/ends): Glückliches Filmende; *auch:* Hap/py End
Ha/se, der (die Ha/sen)
Ha/sel/nuss, die (die Ha/sel/nüs/se)
Hass, der (des Has/ses)
has/sen: du hasst, er hass/te, sie hat ge/hasst
Hau/fen, der (die Hau/fen)
haupt/säch/lich
Haus/e/cke, die (die Haus/e/cken)
he/ben: du hebst, er hob, sie hat ge/ho/ben
heim/fah/ren: du fährst heim, er fuhr heim, sie ist heim/ge/fah/ren
heiß (hei/ßer, am hei/ßes/ten)
hei/ßen: du heißt, er hieß, sie hat ge/hei/ßen
Hek/tar // Hekt/ar, das (*griech.-lat.*): Flächenmaß
hel/fen: du hilfst, er half, sie hat ge/hol/fen
Hemd, das (die Hem/den)
Hen/ne, die (die Hen/nen)
Herbst, der (die Herbs/te)
He/ring, der (die He/rin/ge)

Herz, das (die Her/zen)
herz/haft (herz/haf/ter, am herz/haf/tes/ten)
heu/len: du heulst, er heul/te, sie hat ge/heult
heu/te
Him/mel, der (die Him/mel)
hi/nü/ber
Hob/by, das (*engl.*, die Hob/bys)
hoch (hö/her, am höchs/ten)
höchs/tens
Höh/le, die (die Höh/len)
hö/ren: du hörst, er hör/te, sie hat ge/hört
hohl (hoh/ler, am hohls/ten)
Hot/dog, der (*engl.*, die Hot/dogs); *auch:* Hot Dog
Hüf/te, die (die Hüf/ten)
Hund, der (die Hun/de)
hun/dert
hung/rig (hung/ri/ger, am hung/rigs/ten)
hus/ten: du hus/test, er hus/te/te, sie hat ge/hus/tet
Hus/ten/bon/bon, das (die Hus/ten/bon/bons)
Hut, der (die Hü/te)
Hy/drant, der (*griech.*, die Hy/dran/ten): Wasserquelle für die Feuerwehr
Hyp/no/se, die (*griech.*, die Hyp/no/sen): schlafähnlicher Zustand

I

Idee, die (die Ide/en)
Igel, der (die Igel)
im/mer
in
in/ner/halb
Ins/ti/tut, das (die Ins/ti/tu/te): Forschungsanstalt
in/ter/es/sant // in/te/res/sant (*franz.*, in/ter/es/san/ter // in/te/res/santer, am in/ter/es/san/tes/ten // in/te/res/san/tes/ten)
in/ter/na/ti/o/nal
in/zwi/schen
ir/gend/wo
ir/re/füh/ren: du führst ir/re, er führ/te ir/re, sie hat ir/re/ge/führt

J

ja/gen: du jagst, er jag/te, sie hat ge/jagt
Jahr, das (die Jah/re)
je/der, je/de, je/des
je/mand
jetzt

Job, der (*engl.*, die Jobs)
Jo/ghurt, der (die Jo/ghur/te); *auch:* Jo/gurt
Jo/ker, der (*engl.*, die Jo/ker): universell einsetzbare Spielkarte
Jong/leur, der (*franz.*, die Jong/leu/re): Ball-Artist
Jour/na/list, der (*franz.*, die Jour/na/lis/ten)
jung (jün/ger, am jüngs/ten)

K

Kän/gu/ru, das (*austr.*, die Kän/gu/rus)
Kä/se/mes/ser, das (die Kä/se/mes/ser)
Kaf/fee, der (*arab.-franz.*, die Kaf/fees)
Ka/ka/du, der (die Ka/ka/dus): trop. Vogel
Ka/kao, der (*mexik.-span.*, die Ka/kaos)
Kak/tus, der (*griech.-lat.*, des Kak/tu/ses, die Kak/te/en): stachelige Pflanze
kalt (käl/ter, am käl/tes/ten)
Kamm, der (die Käm/me)
Ka/raf/fe, die (*arab.-span.-ital.-franz.*, die Ka/raf/fen): Glasflasche mit Stöpsel
Ka/ros/se, die (die Ka/ros/sen): Prunkwagen
Ka/rot/te, die (die Ka/rot/ten)
Kar/ren, der (die Kar/ren)
Kar/tof/fel, die (die Kar/tof/feln)
Ka/rus/sell, das (*franz.*, die Ka/rus/sells)
Kas/set/te, die (die Kas/set/ten)
Kas/ten, der (die Käs/ten)
Ka/ta/ly/sa/tor, der (*griech.*, die Ka/ta/ly/sa/to/ren): 1. Stoff, der eine chem. Reaktion herbeiführt, 2. Vorrichtung, in der Autoabgase gereinigt werden
Ka/tas/tro/phe, die (*griech.*, die Ka/tas/tro/phen)
Kat/ze, die (die Kat/zen)
kau/en: du kaust, er kau/te, sie hat ge/kaut
Kau/gum/mi, der (die Kau/gum/mis)
kein, kei/ne, kei/ner, kei/nes
Keks, der (des Kek/ses, die Kek/se)
ken/nen: du kennst, er kann/te, sie hat ge/kannt
Ket/schup, das (*hind.-engl.*, die Ket/schups); *auch:* Ket/chup
Ket/te, die (die Ket/ten)
Ki/no, das (die Ki/nos)
klap/pern: du klap/perst, er klap/per/te, sie hat ge/klap/pert
Klapp/stuhl, der (die Klapp/stüh/le)
klar (kla/rer, am klars/ten)
Klas/sen/bes/te, der (die Klas/sen/bes/ten)
kle/ben: du klebst, er kleb/te, sie hat ge/klebt
Klee, der
Kleid, das (die Klei/der)

klein (klei/ner, am kleins/ten)
klug (klü/ger, am klügs/ten)
Kna/be, der (die Kna/ben)
Knä/cke/brot, das (die Knä/cke/bro/te)
Knäu/el, das (die Knäu/el)
Knie, das (die Knie)
knusp/rig (knusp/ri/ger, am knusp/rigs/ten)
Koch, der (die Kö/che)
Kö/nig, der (die Kö/ni/ge)
kön/nen: du kannst, er konn/te, sie hat ge/konnt
Köst/lich/keit, die (die Köst/lich/kei/ten)
ko/misch (ko/mi/scher, am ko/mischs/ten)
kom/men: du kommst, er kam, sie ist ge/kom/men
Kom/pass, der (des Kom/pas/ses, die Kom/pas/se): ein Gerät zur Bestimmung der Himmelsrichtung
kom/plett
Kon/kur/renz, die
Kon/tra/bass, der (*lat.*, die Kon/tra/bäs/se): großes Streichinstrument
Kon/zern, der (*lat.-franz.-engl.*, die Kon/zer/ne): große Firma
Kopf, der (die Köp/fe)
Kor/ken/zie/her, der (die Kor/ken/zie/her)
Kra/gen, der (die Kra/gen)
krat/zen: du kratzst, er krat/z/te, sie hat ge/kratzt
Kra/wat/te, die (die Kra/wat/ten)
Kreis, der (des Krei/ses, die Krei/se)
Ku/chen, der (die Ku/chen)
küm/mern, sich: du küm/merst dich, er küm/mer/te sich, sie hat sich ge/küm/mert
Kür/bis, der (des Kür/bis/ses, die Kür/bis/se)
küs/sen: du küsst, er küss/te, sie hat ge/küsst
Kuh, die (die Kü/he)
Kur/ve, die (die Kur/ven)
kurz (kür/zer, am kür/zes/ten)
Kuss, der (des Kus/ses, die Küs/se)

L

la/chen: du lachst, er lach/te, sie hat ge/lacht
La/den, der (die Lä/den)
Lady, die (*engl.*, die La/dys)
Lärm, der
läu/ten: du läu/test, er läu/te/te, sie hat ge/läu/tet
lahm (lah/mer, am lahms/ten)
Lamm, das (die Läm/mer)

Land, das (die Län/der)
lang (län/ger, am längs/ten)
lang/sam (lang/sa/mer, am lang/sams/ten)
lang/wei/lig (lang/wei/li/ger, am lang/wei/ligs/ten)
Lap/top, der (*engl.*, die Lap/tops): tragbarer Computer
las/sen: du lässt, er ließ, sie hat ge/las/sen
Last/wa/gen, der (die Last/wa/gen)
lau/fen: du läufst, er lief, sie ist ge/lau/fen
Laus, die (die Läu/se)
laut (lau/ter, am lau/tes/ten)
Laut, der (die Lau/te)
le/dig/lich
leer
le/gen: du legst, er leg/te, sie hat ge/legt
Leg/gings, die; *auch:* Leg/gins
leicht (leich/ter, am leich/tes/ten)
Leicht/ath/le/tik, die
lei/den: du lei/dest, er litt, sie hat ge/lit/ten
lei/der
le/sen: du liest, er las, sie hat ge/le/sen
letz/te
letzt/ma/lig
Leu/te, die
Le/xi/kon, das (*griech.*, die Le/xi/ka // Le/xi/ken): alphabetisch geordnetes Nachschlagewerk
Lid, das (die Li/der)
lie/ben: du liebst, er lieb/te, sie hat ge/liebt
Lie/bes/lied, das (die Lie/bes/lie/der)
Lied, das (die Lie/der)
lie/gen: du liegst, er lag, sie hat ge/le/gen
links
Loch, das (die Lö/cher)
Löf/fel, der (die Löf/fel)
lö/sen: du löst, er lös/te, sie hat ge/löst
Lö/sung, die (die Lö/sun/gen)
Los/bu/de, die (die Los/bu/den)
Lot/to/schein, der (die Lot/to/schei/ne)
Luft/pum/pe, die (die Luft/pum/pen)
Lust, die (die Lüs/te)
lus/tig (lus/ti/ger, am lus/tigs/ten)

M

Ma/gnet // Mag/net, der (*griech.-lat.,* die Ma/gne/ten // Mag/ne/ten): Eisen anziehender Körper
Mais/kol/ben, der (die Mais/kol/ben)
Ma/jo/nä/se, die (die Ma/jo/nä/sen); *auch:* Ma/yo/nai/se
Ma/na/ger, der (*engl.*, die Ma/na/ger)
manch/mal
Markt, der (die Märk/te)
Mars, der: der „rote“ Planet
Mas/se, die (die Mas/sen)
maß/los (maß/lo/ser, am maß/lo/ses/ten)
Maß/stab, der (die Maß/stä/be)
Mast, der (die Mas/ten)
Ma/the/ma/tik, die (*griech.*): Lehre von den Zahlen
Mau/er, die (die Mau/ern)
Me/dail/le, die (*franz.*, die Me/dail/len): Auszeichnung, Sportlerehrung
Meer, das (die Mee/re)
Mee/ting, das (*engl.*, die Mee/tings): Treffen, Konferenz
meis/tens
Meis/ter, der (die Meis/ter)
Me/lo/ne, die (die Me/lo/nen)
Mensch, der (die Men/schen)
mes/sen: du misst, er maß, sie hat ge/mes/sen
Mes/ser, das (die Mes/ser)
Me/tall, das (die Me/tal/le)
mies (mie/ser, am mie/ses/ten)
Mie/te, die (die Mie/ten)
Mi/kro/fon // Mik/ro/fon, das (*griech.-lat.,* die Mi/kro/fo/ne // Mik/ro/fo/ne); *auch:* Mi/kro/phon
Mil/li/on, die (die Mil/li/o/nen)
min/des/tens
Miss/ge/schick, das (die Miss/ge/schi/cke)
mit/ein/an/der // mit/ei/nan/der
Mit/leid, das
Mit/tag, der (die Mit/ta/ge)
Mit/te, die (die Mit/ten)
Mitt/woch, der (die Mitt/wo/che)
Mo/narch, der (die Mo/nar/chen): legitimer (Allein-)Herrscher
Mons/ter, das (die Mons/ter)
Mon/tag, der (die Mon/ta/ge)
mor/gen
Mor/gen, der (die Mor/gen)
Mo/tiv, das (die Mo/ti/ve): Leitgedanke, Beweggrund, Antrieb

Mot/to, das (*lat.-ital.*, die Mot/tos): Leitsatz, Richtlinie
Müll, der
Mün/ze, die (die Mün/zen)
müs/sen: du musst, er muss/te, sie hat ge/musst
Müt/ze, die (die Müt/zen)
Mund, der (die Mün/der)
Mu/se/um, das (die Mu/se/en)
Mu/si/ker, der (die Mu/si/ker)
Mut/ter, die (die Müt/ter)

N
nach/dem
Nacht, die (die Nächte)
näm/lich
na/he (nä/her, am nächs/ten)
Nah/rungs/mit/tel, das (die Nah/rungs/mit/tel)
Na/me, der (die Na/men)
Na/se, die (die Na/sen)
nass (nas/ser, am nas/ses/ten)
Ne/bel, der (die Ne/bel)
neh/men: du nimmst, er nahm, sie hat ge/nom/men
neu (neu/er, am neu/es/ten)
neun
neun/zig
nie/mand
Nie/sel/re/gen, der
nie/sen: du niest, er nies/te, sie hat ge/niest
nör/geln: du nör/gelst, er nör/gel/te, sie hat ge/nör/gelt
nö/tig (nö/ti/ger, am nö/tigs/ten)
Not, die (die Nö/te)
Nu/del, die (die Nu/deln)
Nu/gat, das; *auch:* Nou/gat
num/me/rie/ren: du num/me/rierst, er num/me/rier/te, sie hat num/me/riert
Nuss, die (die Nüs/se)
Nuss/schnit/te, die (die Nuss/schnit/ten)

O
Obst, das
öff/nen: du öff/nest, er öff/ne/te, sie hat ge/öff/net
Ofen, der (die Öfen)
Ofen/rohr, das (die Ofen/roh/re)
oft (öf/ter, am öf/tes/ten; *besser:* am häu/figs/ten)
oh/ne

Ohr, das (die Oh/ren)
Ohr/läpp/chen, das (die Ohr/läpp/chen)
O/lym/pi/a/de, die
On/kel, der (die On/kel)
Op/fer, das (die Op/fer)
Or/ches/ter, das (die Or/ches/ter)
Os/ten, der
O/ze/an, der (*griech.*, die O/ze/a/ne)

P

Paar, das (die Paa/re)
paar: einige, etwas, mehrere
Pa/ket, das (die Pa/ke/te)
Pa/last, der (die Pa/läs/te)
Pan/ther, der (*griech.-lat.*, die Pan/ther); *auch:* Pan/ter
Pa/pier, das (die Pa/pie/re)
Papst, der (die Päps/te)
par/al/lel // pa/ral/lel (*griech.*): nebeneinander laufend, gleichzeitig
Park, der (die Parks)
Par/ty, die (*engl.*, die Par/tys)
Pass, der (des Pas/ses, die Päs/se)
Pas/sa/gier, der (*lat.-ital.-franz.*, die Pas/sa/gie/re): Fahrgast, Fluggast
pas/sen: du passt, er pass/te, sie hat ge/passt
Pfan/ne, die (die Pfan/nen)
Pfau, der (die Pfau/en): großer Vogel, der „ein Rad schlagen kann“
Pfir/sich, der (die Pfir/si/che)
Pflan/ze, die (die Pflan/zen)
pflü/gen: du pflügst, er pflüg/te, sie hat ge/pflügt
Pflug, der (die Pflü/ge): Ackergerät zur Auflockerung der Erde
Pi/ckel, der (die Pi/ckel)
Pick/nick, das (*franz.*)
Pi/lot, der (die Pi/lo/ten)
Pin/gu/in, der (die Pin/gu/i/ne): Tier der Antarktis
Pla/kat, das (die Pla/ka/te)
Platz, der (die Plät/ze)
plat/zen: du platzst, er platz/te, sie ist ge/platzt
plat/zie/ren: du plat/zierst, er plat/zier/te, sie hat plat/ziert
plei/te (sein)
plötz/lich
po/lie/ren: du po/lierst, er po/lier/te, sie hat po/liert
Pop/corn, das (*engl.*): gerösteter Mais
Port/mo/nee, das (die Port/mo/nees); *auch:* Porte/mon/naie
Po/sau/ne, die (die Po/sau/nen): Blasinstrument

Post, die
po/ten/zi/ell: möglich, denkbar; *auch:* po/ten/ti/ell
prah/len: du prahlst, er prahl/te, sie hat ge/prahlt
Pra/li/ne, die (*franz.*, die Pra/li/nen)
prall (pral/ler, am pralls/ten)
preis/ge/ben: du gibst preis, er gab preis, sie hat preis/ge/ge/ben
Press/luft/ham/mer, der (die Press/luft/häm/mer)
Prinz, der (die Prin/zen)
Pro/fes/sor, der (die Pro/fes/so/ren)
Pro/gramm, das (*griech.-lat.*, die Pro/gram/me)
Pub/li/kum, das *(lat.-franz.-engl.)*; *auch:* Pu/bli/kum
Pull/over // Pul/lo/ver, der (*engl.*, die Pull/over // Pul/lo/ver)
Py/ra/mi/de, die (*ägypt.-griech.-lat.*, die Py/ra/mi/den)

Q

Quad/rat // Qua/drat, das (*lat.*, die Quad/ra/te // Qua/dra/te)
quä/len: du quälst, er quäl/te, sie hat ge/quält
Qual, die (die Qua/len)
Quit/te, die (die Quit/ten)
Quiz, das (*engl.*): Frage- und Antwortspiel
Quo/te, die (*lat.*, die Quo/ten): verhältnismäßiger Anteil

R

Ra/dio, das (die Ra/dios)
Rät/sel, das (die Rät/sel)
Rand, der (die Rän/der)
ra/scheln: du ra/schelst, er ra/schel/te, sie hat ge/ra/schelt
Ra/sen, der
ra/sen: du rast, er ras/te, sie ist ge/rast
ra/ten: du rätst, er riet, sie hat ge/ra/ten
Rat/te, die (die Rat/ten)
rau (rau/er, am rau/es/ten)
rechts
Re/cyc/ling, das (*engl.*): Wiederverwertung von Abfällen
red/se/lig (red/se/li/ger, am red/se/ligs/ten)
Re/gen, der
reich (rei/cher, am reichs/ten)
rei/ßen: du reißt, er riss, sie hat ge/ris/sen
reiß/fest (reiß/fes/ter, am reiß/fes/tes/ten)
ren/nen: du rennst, er rann/te, sie ist ge/rannt
Res/tau/rant, das (die Res/tau/rants)
Re/zept, das (die Re/zep/te)
Rhyth/mus, der (*griech.-lat.*, die Rhyth/men)

Rie/se, der (die Rie/sen)
Rie/sen/rad, das (die Rie/sen/rä/der)
Riss, der (des Ris/ses, die Ris/se)
Roh/heit, die (die Roh/hei/ten)
Roll/la/den, der (die Roll/lä/den)
ro/sig (ro/si/ger, am ro/sigs/ten)
rot
Rou/la/de, die (*franz.*, die Rou/la/den): ein Fleischgericht
Rou/ti/ne, die *(franz.)*: Übung, Erfahrung
Ruck/sack, der (die Ruck/sä/cke)
rück/wärts
Rüs/sel, der (die Rüs/sel)
ru/hig (ru/hi/ger, am ru/higs/ten)
Ru/i/ne, die (die Ru/i/nen): zerfallenes Bauwerk

S

Saal, der (die Sä/le)
Sa/che, die (die Sa/chen)
Sack, der (die Sä/cke)
Sän/ger, der (die Sän/ger)
saf/tig (saf/ti/ger, am saf/tigs/ten)
Sak/ko, das (*österr.*, die Sak/kos): Herrenjackett, Abendkleidung
Salz/streu/er, der (die Salz/streu/er)
Sams/tag, der (die Sams/ta/ge)
Schal, der (die Schals // Scha/le)
Scha/le, die (die Scha/len)
Schatz, der (die Schät/ze)
Scheck, der (die Schecks)
schie/len: du schielst, er schiel/te, sie hat ge/schielt
schie/ßen: du schießt, er schoss, sie hat ge/schos/sen
Schiff/fahrt, die (die Schiff/fahr/ten)
Schild, das (die Schil/der)
schla/fen: du schläfst, er schlief, sie hat ge/schla/fen
schla/gen: du schlägst, er schlug, sie hat ge/schla/gen
schlau (schlau/er, am schlau/es/ten // schlaus/ten)
schlecht (schlech/ter, am schlech/tes/ten)
schle/cken: du schleckst, er schleck/te, sie hat ge/schleckt
schließ/lich
schlimm (schlim/mer, am schlimms/ten)
Schloss, das (des Schlos/ses, die Schlös/ser)
schlu/cken: du schluckst, er schluck/te, sie hat ge/schluckt
Schlüs/sel, der (die Schlüs/sel)
Schluss, der (des Schlus/ses, die Schlüs/se)

schmat/zen: du schmatzst, er schmatz/te, sie hat ge/schmatzt
schmerz/haft (schmerz/haf/ter, am schmerz/haf/tes/ten)
schmie/rig (schmie/ri/ger, am schmie/rigs/ten)
schmut/zig (schmut/zi/ger, am schmut/zigs/ten)
schnäu/zen, sich: du schnäuzt dich, er schnäuz/te sich, sie hat sich ge/schnäuzt
Schnaps, der (die Schnäp/se)
schnau/fen: du schnaufst, er schnauf/te, sie hat ge/schnauft
Schnau/ze, die (die Schnau/zen)
Schnee, der
schnei/den: du schnei/dest, er schnitt, sie hat ge/schnit/ten
schnell (schnel/ler, am schnells/ten)
Schnor/chel, der (die Schnor/chel): Tauchgerät
schön (schö/ner, am schöns/ten)
Schrank, der (die Schrän/ke)
schreck/lich (schreck/li/cher, am schreck/lichs/ten)
Schrei, der (die Schrei/e)
schrei/ben: du schreibst, er schrieb, sie hat ge/schrie/ben
Schuh, der (die Schu/he)
Schuld, die (die Schul/den)
Schul/ter, die (die Schul/tern)
Schuss, der (des Schus/ses, die Schüs/se)
Schwamm, der (die Schwäm/me)
schwarz
Schwei/ne/stall, der (die Schwei/ne/stäl/le)
Schweiß/trop/fen, der (die Schweiß/trop/fen)
schwer (schwe/rer, am schwers/ten)
Schwes/ter, die (die Schwes/tern)
schwie/rig (schwie/ri/ger, am schwie/rigs/ten)
schwim/men: du schwimmst, er schwamm, sie ist ge/schwom/men
Schwimm/meis/ter, der (die Schwimm/meis/ter)
schwit/zen: du schwitzst, er schwitz/te, sie hat ge/schwitzt
schwö/ren: du schwörst, er schwor, sie hat ge/schwo/ren
Sci/ence/fic/tion, die (*engl.*): fantasievolle Erzählung; *auch:* Science Fiction
sechs
sech/zig
See, der (die Seen)
See/le, die (die See/len)
See/ro/se, die (die See/ro/sen)
See/stern, der (die See/ster/ne)
Se/gel, das (die Se/gel)
se/hen: du siehst, er sah, sie hat ge/se/hen
Sei/fen/bla/se, die (die Sei/fen/bla/sen)

sein, seine, sein
sein: du bist, er war, sie ist ge/we/sen
Sei/te, die (die Sei/ten)
seit/wärts
Se/kun/de, die (die Se/kun/den)
selb/stän/dig // selbst/stän/dig (selb/stän/di/ger // selbst/stän/di/ger, am selb/stän/digs/ten // selbst/stän/digs/ten)
sel/ten (sel/te/ner, am sel/tens/ten)
selt/sam (selt/sa/mer, am selt/sams/ten)
Sham/poo, das (*engl.*, die Sham/poos): Haarwaschmittel
Shirt, das (*engl.*, die Shirts): Hemd
Shoo/ting/star, der (*engl.*, die Shoo/ting/stars): Emporkömmling, Aufsteiger
Shop, der (*engl.*, die Shops): Laden, Geschäft
Shorts, die (*engl.*): kurze Hosen
si/cher (si/che/rer, am si/chers/ten)
Sieb, das (die Sie/be)
sie/ben
sieb/zig
Si/gnal // Sig/nal, das (*lat.*, die Si/gna/le // Sig/na/le)
sin/gen: du singst, er sang, sie hat ge/sun/gen
Sinn, der (die Sin/ne)
Si/re/ne, die (*griech.-lat.-franz.*, die Si/re/nen)
sit/zen: du sitzt, er saß, sie hat ge/ses/sen
Skan/dal, der (*griech.-lat.-franz.*, die Skan/da/le): Aufsehen erregendes Ärgernis
Skate/board, das (*engl.*, die Skate/boards)
Small/talk, der (*engl.*): oberflächliche Unterhaltung; auch: Small Talk
so/dass // so dass
So/fa, das (die So/fas)
so/fort
so/gar
Sohn, der (die Söh/ne)
Som/mer, der (die Som/mer)
son/der/bar (son/der/ba/rer, am son/der/bars/ten)
Son/der/müll, der
son/dern
Song, der (*engl.*, die Songs): Lied, Schlager
Son/ne, die (die Son/nen)
Son/nen/uhr, die (die Son/nen/uh/ren)
Sonn/tag, der (die Sonn/ta/ge)
so/wie
so/wohl
spät (spä/ter, am spä/tes/ten)
Spa/ghet/ti, die; *auch:* Spa/get/ti

Spaß, der (des Spa/ßes, die Spä/ße)
Spaß/ma/cher, der (die Spaß/ma/cher)
spa/zie/ren ge/hen: du gehst spa/zie/ren, er ging spa/zie/ren, sie ist spa/zie/ren ge/gan/gen
Spei/se/kam/mer, die (die Spei/se/kam/mern)
Spen/de, die (die Spen/den)
spe/zi/a/li/sie/ren, sich: du spe/zi/a/li/sierst dich, er spe/zi/a/li/sier/te sich, sie hat sich spe/zi/a/li/siert
Spie/gel, der (die Spie/gel)
Spie/gel/ei, das (die Spie/gel/ei/er)
spie/len: du spielst, er spiel/te, sie hat ge/spielt
Spin/ne, die (die Spin/nen)
sprin/gen: du springst, er sprang, sie ist ge/sprun/gen
Stab, der (die Stä/be)
Stän/gel, der (die Stän/gel)
Stahl, der (die Stäh/le; *selten:* Stah/le): hartes Metall
Stall, der (die Stäl/le)
Star, der (*engl.*, die Stars): berühmte Persönlichkeit
stark (stär/ker, am stärks/ten)
statt/fin/den: du fin/dest statt, er fand statt, sie hat statt/ge/fun/den
Staub, der
Steak, das (*engl.*, die Steaks)
ste/hen: du stehst, er stand, sie hat ge/stan/den
Stem/pel, der (die Stem/pel)
Stern, der (die Ster/ne)
Stie/fel, der (die Stie/fel)
Stiel, der (die Stie/le)
still (stil/ler, am stills/ten)
Stil/le, die
stin/ken: du stinkst, er stank, sie hat ge/stun/ken
Stoff/fet/zen, der (die Stoff/fet/zen)
sto/ßen: du stößt, er stieß, sie hat ge/sto/ßen
stra/fen: du strafst, er straf/te, sie hat ge/straft
straff (straf/fer, am straffs/ten)
straf/fen: du straffst, er straff/te, sie hat ge/strafft
Stra/ße, die (die Stra/ßen)
Strauch, der (die Sträu/cher)
streng (stren/ger, am strengs/ten)
Stroh/halm, der (die Stroh/hal/me)
Stro/phe, die (*griech.*, die Stro/phen): Abschnitt eines Gedichts oder Lieds
Stuhl/leh/ne, die (die Stuhl/leh/nen)
Sucht, die (die Süch/te)
süß (sü/ßer, am sü/ßes/ten)
Syn/the/si/zer, der (*engl.*, die Syn/the/si/zer): elektronisches Musikinstrument

T

Talk/show, die (*engl.*, die Talk/shows)
Tan/ne, die (die Tan/nen)
Tan/te, die (die Tan/ten)
Ta/sche, die (die Ta/schen)
Tas/se, die (die Tas/sen)
tau/send
Team, das (*engl.*, die Teams): Mannschaft, Gruppe
Tee, der (*chines.*, die Tees)
teil/neh/men: du nimmst teil, er nahm teil, sie hat teil/ge/nom/men
Te/le/fon, das (*griech.-lat.*, die Te/le/fo/ne)
Tep/pich, der (die Tep/pi/che)
The/a/ter, das (*griech.*, die The/a/ter)
The/ra/pie, die (*griech.*, die The/ra/pien): Behandlung von Krankheiten
Thun/fisch, der (die Thun/fi/sche); *auch:* Tun/fisch
tief (tie/fer, am tiefs/ten)
Toch/ter, die (die Töch/ter)
To/i/let/te, die (*franz.*, die To/i/let/ten)
Toll/patsch, der (die Toll/pat/sche)
To/te Meer, das: See zwischen Israel und Jordanien
tot/schla/gen: du schlägst tot, er schlug tot, sie hat tot/ge/schla/gen
Tou/rist, der (*griech.-lat.-engl.-franz.*, die Tou/ris/ten)
träl/lern: du träl/lerst, er träl/ler/te, sie hat ge/träl/lert
Trä/ne, die (die Trä/nen)
träu/men: du träumst, er träum/te, sie hat ge/träumt
Trau/er, die
Tren/nung, die (die Tren/nun/gen)
trin/ken: du trinkst, er trank, sie hat ge/trun/ken
Tri/umph, der (*lat.*, die Tri/um/phe)
Trop/fen, der (die Trop/fen)
trotz/dem
Tü/te, die (die Tü/ten)
tun: du tust, er tat, sie hat ge/tan
Turm, der (die Tür/me)
Typ(us), der (*griech.*, die Ty/pen)

U

übel (üb/ler, am ü/bels/ten)
über
über/schwäng/lich (über/schwäng/li/cher, am über/schwäng/lichs/ten)
Um/zäu/nung, die (die Um/zäu/nun/gen)
un/an/ge/nehm (un/an/ge/neh/mer, am un/an/ge/nehms/ten)
un/be/kannt

Un/ge/heu/er, das (die Un/ge/heu/er)
un/ge/nau
Un/glück, das (die Un/glü/cke)
un/heim/lich (un/heim/li/cher, am un/heim/lichs/ten)
U/ni/ver/sum, das (*lat.*): Weltall
un/schul/dig
un/ter
Ur/laub, der (die Ur/lau/be)

V
Va/ter, der (die Vä/ter)
Ver/bre/cher, der (die Ver/bre/cher)
ver/drieß/lich
Ver/käu/fer, der (die Ver/käu/fer)
ver/kau/fen: du ver/kaufst, er ver/kauf/te, sie hat ver/kauft
ver/lie/ren: du ver/lierst, er ver/lor, sie hat ver/lo/ren
ver/pas/sen: du ver/passt, er ver/pass/te, sie hat ver/passt
ver/ste/hen: du ver/stehst, er ver/stand, sie hat ver/stan/den
ver/stört (ver/stör/ter, am ver/stör/tes/ten)
viel (mehr, am meis/ten)
viel, viele, vieles
viel/deu/tig
viel/leicht
vier
vier/zig
Vo/gel, der (die Vö/gel)
Volk, das (die Völ/ker)
voll
voll/kom/men
von/ei/nan/der // von/ein/an/der
Vor/hang, der (die Vor/hän/ge)
Vor/rat, der (die Vor/rä/te)
vor/wärts

W
wach/sen: du wächst, er wuchs, sie ist ge/wach/sen
wa/ckeln: du wa/ckelst, er wa/ckel/te, sie hat ge/wa/ckelt
wäh/rend
Wahl, die (die Wah/len)
Wal, der (die Wa/le)
Wald, der (die Wäl/der)
Wald/ster/ben, das
Wall, der (die Wäl/le): Erdaufschüttung

Wal/nuss, die (die Wal/nüs/se)
Wal/ross, das (die Wal/rös/ser)
Wand, die (die Wän/de)
warm (wär/mer, am wärms/ten)
war/nen: du warnst, er warn/te, sie hat ge/warnt
wa/schen: du wäschst, er wusch, sie hat ge/wa/schen
Was/ser/la/che, die (die Was/ser/la/chen)
we/der
Wein, der (die Wei/ne)
Weis/heit, die (die Weis/hei/ten)
weiß
weit (wei/ter, am wei/tes/ten)
Welt, die (die Wel/ten)
Welt/meis/ter, der (die Welt/meis/ter)
we/nig (we/ni/ger, am we/nigs/ten)
we/ni/ge, we/ni/ges
wer/den: du wirst, er wur/de, sie ist ge/wor/den
wer/fen: du wirfst, er warf, sie hat ge/wor/fen
Wett/be/werb, der (die Wett/be/wer/be)
Wet/te, die (die Wet/ten)
wett/ei/fern: du wett/ei/ferst, er wett/ei/fer/te, sie hat ge/wett/ei/fert
wi/der/spens/tig (wi/der/spens/ti/ger, am wi/der/spens/tigs/ten)
wi/der/spre/chen: du wi/der/sprichst, er wi/der/sprach, sie hat wi/der/spro/chen
wie viel
wie/der
wie/der/ho/len: du wie/der/holst, er wie/der/hol/te, sie hat wie/der/holt
Wie/se, die (die Wie/sen)
wild (wil/der, am wil/des/ten)
Win/ter, der (die Win/ter)
win/zig (win/zi/ger, am win/zigs/ten)
wis/sen: du weißt, er wuss/te, sie hat ge/wusst
Wis/sen/schaft/ler, der (die Wis/sen/schaft/ler)
Witz, der (die Wit/ze)
Wo/che, die (die Wo/chen)
Woh/nung, die (die Woh/nun/gen)
Wort, das (die Wör/ter)
Wüs/te, die (die Wüs/ten)
Wun/der, das (die Wun/der)
Wurst, die (die Würs/te)
Wu/schel/kopf, der (die Wu/schel/köp/fe)

Z

Zäh/heit, die
zäh/len: du zählst, er zähl/te, sie hat ge/zählt
zah/len: du zahlst, er zahl/te, sie hat ge/zahlt
Zahn, der (die Zäh/ne)
Zaun, der (die Zäu/ne)
zehn
Zeit/schrift, die (die Zeit/schrif/ten)
Zei/tung, die (die Zei/tun/gen)
zer/drü/cken: du zer/drückst, er zer/drück/te, sie hat zer/drückt
zer/reis/sen: du zer/reisst, er zer/riss, sie hat zer/ris/sen
Ziel, das (die Zie/le)
ziem/lich
Zier/rat, der (die Zier/ra/te)
Zim/mer, das (die Zim/mer)
Zoo, der (die Zoos)
zu/frie/den (zu/frie/de/ner, am zu/frie/dens/ten)
Zun/ge, die (die Zun/gen)
zu viel
zwan/zig
zwei
Zwie/bel, die (die Zwie/beln)
zwi/schen
zwölf
Zy/lin/der, der (*griech.-lat.*, die Zy/lin/der): 1. röhrenförmiger Körper, 2. Kopfbedeckung